SABAIC DICTIONARY
(English-French-Arabic)
DICTIONNAIRE SABÉEN
(anglais-français-arabe)

PUBLICATION OF THE UNIVERSITY OF SANAA, YAR

A.F.L. BEESTON · M.A. GHUL · W.W. MÜLLER · J. RYCKMANS

SABAIC DICTIONARY

(*English-French-Arabic*)

Éditions Peeters
Louvain-la-Neuve

Librairie du Liban
Beyrouth

1982

PUBLICATION OF THE UNIVERSITY OF SANAA, YAR

A.F.L. BEESTON · M.A. GHUL · W.W. MÜLLER · J. RYCKMANS

DICTIONNAIRE SABÉEN

(*anglais-français-arabe*)

Éditions Peeters
Louvain-la-Neuve

Librairie du Liban
Beyrouth

1982

ISBN 2-8017-0194-7

D/1982/0602/15

FOREWORD

The four authors of the present work, at the behest of the Colloquium on Yemeni Civilization held in Aden in 1975, undertook to cooperate in meeting an urgent need of both students of ancient South Arabian culture and general Semitists, namely the compilation of a dictionary of Sabaic. The outlines of the plan were described in an article by A.F.L. Beeston, *The Epigraphic South Arabian Dictionary Project* (Raydān 1, 1978, p. 23-6). The authors have, since 1975, been meeting three times each year, alternately in Irbid, Louvain, Marburg and Oxford; account has been taken in the dictionary of all relevant literature up to the end of 1981, and in a few cases, of articles published or to be published in 1982.

Publication has been made possible by a generous grant from the University of Sanaa, together with a grant from the Ford Foundation to the Center for Yemeni Studies in Sanaa, which have made it possible to have a selling price fixed at a figure considerably below cost; the authors wish to express their gratitude for this.

The authors have not received, and will not receive, any remuneration, but would like to thank the Fonds National Belge de la Recherche Scientifique, the Deutsche Forschungsgemeinschaft and Yarmouk University for grants which have contributed towards their partial reimbursement for travelling expenses incurred in attending the thrice-yearly editorial meetings. They are further grateful to cand. phil. Chr. Schuffert of Marburg, who has kindly assisted in the compilation of the list of abbreviations &c.

AVANT-PROPOS

À la demande du *Colloquium on Yemeni Civilisation* tenu à Aden en 1975, les quatre auteurs du présent ouvrage se sont engagés à rédiger ensemble un dictionnaire sabéen afin de rencontrer un besoin urgent des étudiants de l'ancienne culture de l'Arabie du Sud aussi bien que des sémitisants en général. Les grandes lignes du projet ont été exposées dans un article de A.F.L. Beeston, *The Epigraphic South Arabian Dictionary Project*, dans *Raydān*, 1 (1978), p. 23-26. Depuis 1975 les auteurs se sont réunis trois fois par an, tour à tour à Irbid (Jordanie), Louvain, Marburg et Oxford. On a tenu compte de toutes les publications pertinentes parues jusqu'à la fin de 1981, ainsi que de certains articles publiés ou à paraître en 1982.

La publication de l'ouvrage a été rendue possible grâce à une généreuse subvention de l'Université de Sanaa, et à un subside de la Ford Foundation au Centre for Yemeni Studies à Sanaa. Les auteurs tiennent à exprimer leur vive gratitude à ces institutions, dont l'intervention a permis de fixer un prix de vente considérablement inférieur au prix de revient.

Les auteurs n'ont reçu et ne recevront aucune rémunération; ils souhaitent toutefois exprimer leurs remerciements au Fonds National Belge de la Recherche Scientifique, à la Deutsche Forschungsgemeinschaft et à l'Université du Yarmouk pour l'octroi de subventions qui leur ont permis de couvrir une partie des frais de voyage occasionnés par les séances de travail quadrimestrielles. Ils sont en outre reconnaissants à M. Chr. Schuffert, candidat en philosophie de l'Université de Marburg, d'avoir bien voulu collaborer à l'établissement des index.

LETTER ORDER AND TRANSLITERATION
ORDRE DES LETTRES ET TRANSLITTÉRATION

ʾ	𐩱	*n*	𐩬
ʿ	𐩲	*q*	𐩤
b	𐩨	*r*	𐩧
d	𐩵	*s¹*	𐩪
ḏ	𐩹	*s²*	𐩦
ḍ	𐩳	*s³*	𐩯
f	𐩰	*ṣ*	𐩮
g	𐩴	*t*	𐩩
ġ	𐩶	*ṯ*	𐩻
h	𐩠	*ṭ*	𐩷
ḫ	𐩭	*w*	𐩥
ḥ	𐩢	*y*	𐩺
k	𐩫	*z*	𐩸
l	𐩡	*ẓ*	𐩼
m	𐩣		

TABLE OF CONTENTS / TABLE DES MATIÈRES

Foreword V
Avant-Propos VII
Letter Order and Transliteration / Ordre des lettres et translittération . . VIII
Table of Contents / Table des matières IX
Introduction (English) XI
Introduction (en français) XIV
Grammatical and Technical Abbreviations / Abréviations grammaticales et techniques. XVII
Sigla of the Inscriptions Cited / Sigles des inscriptions citées / رموز النقوش المستشهد بها XX
Abbreviations for References to Authors Cited / Abréviations des références aux auteurs cités / اختصارات الاشارة الى المؤلفين المستشهد بهم XXVI
Concordance of Sigla / Concordance des sigles / كشاف توافق رموز النقوش XXX
Bibliographical Abbreviations / Abréviations bibliographiques / اختصارات المراجع XXXIII
Bibliography / Bibliographie / المراجع XXXIV
Dictionary / Dictionnaire / المعجم 1-173

Arabic Section / Section arabe:

Foreword / Avant-Propos ٥
Letter Order and Transliteration / Ordre des lettres et translittération . . ٦
Table of Contents / Table des matières ٧
Introduction ٩
Grammatical and Technical Abbreviations / Abréviations grammaticales et techniques ١٣
List of Arabic Titles in the Bibliography / Liste des titres arabes de la bibliographie ١٧

INTRODUCTION

Scope

Our criteria for classification of an inscription as Sabaic are partly linguistic, partly based on provenance, palaeography etc. Linguistically, texts using s^1 for the causative verb-stem and the pronoun forms are excluded. The eastern Arabian texts from al-Ḥasā, the Qaryat al-Faw texts, and the earliest inscriptions from Ethiopia, seem to be in local languages not classifiable as Sabaic. But a few of the more substantial inscriptions from Naǧrān and adjacent areas have been included by us, on the assumption that these (whatever the native language was) may represent a use of Sabaic as a prestige-language for writing purposes, just as the Nabataeans used Aramaic. The boustrophedon inscription YM 546 is here taken as Sabaic, since no certainly Minaic inscriptions are written in this style and its classification by Beeston in CIAS I.9-10 as Minaic is highly dubious.

ZI 11 begins in standard Sabaic (as far as the words *ʾyln/ḏhbm*) but the remainder of it seems not to be in Sabaic and is therefore excluded; as also are one or two of the Širǧān texts (like VL 24), on the same ground.

Proper names are in principle not included; in a few cases, where there is uncertainty whether a word is or is not a proper name, the interpretation as a proper name is signalized by 'n.pr'.

We have disregarded word-forms attested by editorial emendation or supplementation, except in a very few cases, where the restoration seems certain, this being marked by *round brackets* ( ) for an emendation and *square brackets* [ ] for a supplementation. On the other hand, we have incorporated the corrected (or our preferred) reading, indicating this between *braces* { } by {sic} or {sic edd} or by a reference to some published discussion of the textual point, in two types of case: (a) those where the text as published needs correction on the basis of a photograph, squeeze, or other evidence (whether available to the original editor or only subsequently); (b) words including an ambiguous letter, where the editor of the text has been forced to make his own choice of reading, which is not always that favoured by us. The most frequent ambiguity is between *g* and *l* which often tend to become virtually indistinguishable in middle and late texts[1].

An *exclamation mark* (!) is appended to cited forms which appear to be either faulty or at any rate anomalous.

[1] One example is Gr 3/1, where the published text has *lʿwrm* whereas we believe *gʿwrm* to be correct, or at least much more plausible. The user who does not find a word under the one form should look for the other.

Entry headings

An *asterisk* (*) is prefixed to headings for which no attested form exhibits all the root letters.

Pronouns, particles etc. not reducible to triliteral roots are entered in *lower case type*; as has been done also with some cross-references from forms not easily traceable to a root.

Citations

Full references are not normally given for the commoner words and forms, i.e. those found in more than three texts. Two occurences of a single form in the same text are both cited, but for more than two the line-reference is given only for the first occurence, followed by $^{+}$. Line numbering is that of the line in which the first letter of the word occurs. Duplicates of the same text are discarded.

Standard grammatical inflections of words from 'strong' roots are not given. But all attested forms are cited where the morphological structure of the word could have affected the presence of a root letter in the graphic form, in derivatives of roots containing *w* or *y*, 'doubled' roots, and roots with *n* as first consonant.

A *hyphen* (-) after a noun or verb signifies that the form shown has a pronoun affixed. After a pronoun or particle it signifies that the form is normally written as part of the following word, with no intervening divider. The hyphen is also used to set off the 'mimation' and the 'emphatic' *-n*.

A *dash* (—) replaces the head-word in quotations.

Obelisks † † enclose references to texts of the monotheistic period, and forms or meanings characteristic of that period.

Glosses

Contextual suitability is essential for validating the sense of an unknown word. Some of our texts are so badly damaged, or so obscure in their overall meaning, that no rational conjecture can be made at this stage about the sense of a rare word occurring in such a text. These words are entered for future reference, but with *angular brackets* < > substituted in place of a gloss.

It is of the utmost importance to pay attention to the *question-marks* ?? enclosing glosses which have some degree of plausibility on present evidence but which must not be regarded as established. When such a word turns up in a new context, it is vital to re-examine the previously known context in the light of the new context, and not to assume that the proposed gloss can be taken as basic for evaluating the new context.

Many technical terms are strictly speaking untranslatable and can only be glossed by an approximative indication. Words which appear to have a technical sense are hence signalized by one (or possibly two) of the symbols (listed in the Abbreviations) within square brackets, which show the general context of a technical term.

In the English and French parts, *roman type* is used for the gloss of the actual word under consideration, and for information (between round brackets) as to its use; *italics* for explanatory additions derived from the surrounding context (the typical subject of a verb being placed between round brackets).

A *comma* separates renderings synonymous in themselves, which are desirable in order to clarify what we have intended our interpretation to convey, although this interpretation reflects only a single sense of the Sabaic word. The *semi-colon* separates glosses representing different meanings of a polysemous Sabaic term, and the appropriate gloss for the context must be selected. The *inequality symbol* (≠) separates radically different interpretations which have been proposed for a single context. But no attempt has been made to record all interpretations which have been at one time or another proposed for a word; some of these were in themselves implausible, some have been invalidated by subsequent evidence.

The *simple oblique* (/) is used (a) in pairs such as 'king/queen', (b) where the grammatical status of the Sabaic word (e.g. as noun or verb) is uncertain, (c) in a few cases between glosses which are not near enough to synonymity to warrant the use of the comma, but are still more or less optional choices. The *tilde* (~) has a more general use: it replaces the oblique and the comma whenever only part of the gloss is subject to an alternative.

INTRODUCTION

Champ d'application

Les critères que nous avons retenus pour classer une inscription comme sabéenne sont en partie d'ordre linguistique, et en partie fondés sur la provenance, la paléographie, etc. Du point de vue linguistique, sont exclus les textes qui utilisent des formes en s^1 pour la conjugaison causative du verbe et pour le pronom personnel. Les textes d'al-Ḥasā, en Arabie orientale, ceux de Qaryat al-Faw, ainsi que les plus anciennes inscriptions de l'Ethiopie, paraissent être rédigés en des langues locales qu'on ne peut ranger sous l'étiquette sabéenne. Mais quelques-unes des inscriptions les plus significatives du Nağrān et des régions adjacentes ont été incluses, dans l'hypothèse que — quelle qu'ait été par ailleurs la langue de la région — ces inscriptions peuvent attester l'emploi du sabéen comme langue de prestige destinée aux textes écrits, de la façon dont les Nabatéens ont employé l'araméen. L'inscription boustrophédone YM 546 est ici considérée comme sabéenne, du fait qu'aucune inscription certainement identifiable comme minéenne ne suit cette disposition de l'écriture, et que son classement comme minéenne par Beeston dans CIAS I, p. 9-10, est fort incertain.

L'inscription ZI 11 débute en sabéen normal jusqu'aux mots *ʾyln/d̲hbm* inclusivement, mais la suite du texte paraît ne pas être du sabéen, et a dès lors été exclue. Il en va de même, et pour des raisons similaires, pour l'un ou l'autre des textes de Širğān (par exemple VL 24).

Les noms propres sont en principe exclus, mais dans quelques cas où l'on peut douter si un mot est, ou n'est pas, un nom propre, l'interprétation comme nom propre est marquée par l'abréviation «n. pr.».

Nous n'avons pas tenu compte des mots dont la forme attestée résulte d'une correction ou d'une restitution d'éditeur, sauf en quelques rares cas où la restitution paraît certaine. Les *parenthèses* ( ) indiquent alors une correction, et les *crochets* [ ] une restitution. Par ailleurs, les *accolades* { } encadrant soit l'abréviation {sic} ou {sic edd}, soit la référence à une discussion de la lecture en cause, ont été utilisées pour marquer des lectures corrigées, ou qui nous paraissent préférables, dans les deux séries de cas suivants: (a) la forme qui apparaît dans la publication originale doit être corrigée d'après une photographie, un estampage, ou toute autre donnée — qui était déjà, ou n'était pas encore accessible au premier éditeur; (b) le mot comporte une lettre ambiguë pour laquelle l'éditeur a dû choisir sa propre lecture, qui n'est pas toujours celle qui nous paraît préférable. La plus fréquente ambiguïté est celle qui existe entre les lettres *g* et *l*, qui en arrivent souvent à être pratiquement confondues dans les textes d'époques moyenne ou récente[1].

[1] L'inscription Gr 3/1 présente un cas de ce genre: le texte publié porte le mot *lʿwrm*, alors que nous

Un *point d'exclamation* (!) suit les formes citées qui paraissent fautives ou tout au moins anormales.

En-têtes des entrées

Un *astérisque* (*) précède les en-têtes pour lesquelles aucune forme attestée ne contient toutes les lettres de la racine.

Les pronoms, particules, etc. qui ne peuvent être ramenés à une racine trilittère sont enregistrés en *minuscules*. Il en est de même pour les renvois à certaines formes qu'il est difficile de rattacher à une racine.

Référenciation

Normalement on ne donne pas les références complètes pour les mots ou les formes les plus courants, c'est-à-dire qui interviennent dans plus de trois textes. Deux occurences d'une forme dans le même texte sont citées, mais au delà, la référence à la ligne n'est donnée que pour la première occurence, et suivie du signe +. La ligne citée est celle dans laquelle se présente la première lettre du mot. Il n'est pas tenu compte des doublets d'un même texte.

Les inflexions grammaticales des mots appartenant à des racines «fortes» ne sont pas indiquées. Mais quand il s'agit de dérivés de racines «redoublées», ou qui contiennent les lettres *w* ou *y*, ou de racines ayant un *n* comme première radicale, on cite toutes les formes attestées dans lesquelles la structure morphologique du mot pourrait avoir déterminé la présence ou l'absence, dans la graphie, d'une lettre radicale.

Le *tiret* (-) terminant un nom ou un verbe indique la présence d'un pronom suffixé à la forme; après un pronom ou une particule, il signifie que ce mot fait corps avec le mot suivant, sans barre de séparation. Le tiret sert encore à mettre en évidence le *-m* de la «mimation» et le *-n* de l'«état emphatique».

Le *trait* (—) remplace le lemme dans les citations.

Les *obélisques* † † encadrent les références à des textes de la période monothéiste, ainsi que les formes ou les significations propres aux textes de cette période.

Traductions

Pour vérifier le sens exact d'un mot inconnu, il est essentiel d'apprécier s'il convient au contexte. Certains textes sont à ce point endommagés, ou leur sens global est si obscur, qu'aucune conjecture raisonnable ne peut pour l'instant être faite quant au sens d'un mot rare qui s'y présente. De tels mots sont enregistrés en vue de servir de référence pour l'avenir, mais ils sont accompagnés de *chevrons* < > remplaçant la traduction.

pensons que la forme correcte — ou au moins beaucoup plus plausible — est *gʿwrm*. Le lecteur qui ne trouve pas un mot sous l'une des formes devra la chercher sous l'autre.

Il est capital de tenir compte des *points d'interrogation* ? ? encadrant des traductions qui présentent une certaine vraisemblance d'après les données actuelles, mais qui ne sauraient être considérées comme établies. Lorsqu'un mot de ce genre apparaît dans un nouveau contexte, il est indispensable d'utiliser celui-ci pour réexaminer le contexte précédemment attesté, et de ne pas supposer que la traduction proposée peut servir à fonder l'interprétation du nouveau contexte.

Beaucoup de termes techniques sont à proprement parler intraduisibles, et l'interprétation qui leur est donnée n'est qu'approximative. Les mots qui paraissent avoir un sens technique sont dès lors distingués par une, ou éventuellement deux, des capitales entre crochets, reprises dans la liste des abréviations grammaticales et techniques, qui indiquent le contexte général d'emploi du terme en question.

Dans les parties en caractères latins, les *romains* servent à la traduction du mot étudié, ainsi qu'à des indications grammaticales et chronologiques relatives à son emploi et mises entre parenthèses. Les *italiques* sont utilisés pour des explications complémentaires extraites du contexte environnant. Le sujet du verbe y figure entre parenthèses.

La *virgule* sépare des traductions synonymes, dont la mention s'impose pour éclairer notre interprétation de ce qui n'est qu'un sens unique du mot sabéen. Le *point-virgule* sépare les traductions correspondant aux sens différents d'un terme sabéen polysémique, sens parmi lesquels il s'agira de choisir celui qui convient au contexte. Le *symbole d'inégalité* ($\neq$) sépare les interprétations radicalement différentes qui ont été proposées pour le même contexte. On n'a toutefois pas entrepris de noter toutes les interprétations qui ont jamais pu être proposées pour un mot donné: certaines en effet étaient en elles-mêmes invraisemblables, tandis que d'autres ont été démenties par l'apport de données nouvelles.

La simple *barre oblique* (/) est employée (a) dans des paires telles que «roi/reine»; (b) là où le statut grammatical du mot sabéen (par exemple nom *ou* verbe) est incertain; (c) en certains cas, entre des traductions qui ne sont pas synonymes au point de justifier l'emploi de la virgule, mais entre lesquelles un choix reste plus ou moins ouvert. Le *tilde* ($\sim$) est d'un emploi plus général: il remplace la barre oblique ou la virgule chaque fois que l'alternative proposée ne porte que sur une partie de la traduction.

GRAMMATICAL AND TECHNICAL ABBREVIATIONS
ABRÉVIATIONS GRAMMATICALES ET TECHNIQUES

adjective	a	adjectif
agricultural/irrigational context	[A]	contexte agricole/d'irrigation
absolute	abs	absolu
accusative	acc	accusatif
on	ad	à propos de
adverb	adv	adverbe
auxiliary	aux	auxiliaire
causative	caus	causatif
compare	cf	voir, comparer
constructional context	[C]	contexte de construction
collective	coll	collectif
commentary	comm	commentaire
conjunction	conj	conjonction
construct	constr	construit
corrigendum	corr	corrigendum, à corriger
dual	d	duel
demonstrative	dem	démonstratif
diminutive	dimin	diminutif
present editors	edd	les auteurs de l'ouvrage
for example	e.g.	
feminine	f	féminin
genitive	gen	génitif
in the same place	ibid	au même endroit
imperfect	imp	imparfait
imperative	imperat	impératif
impersonal	impers	impersonnel
indeclinable	indecl	indéclinable
infinitive	inf	infinitif
intransitive	intr	intransitif
juridical or administrative context	[J]	contexte juridique ou administratif
to be read as	leg	à lire
loan-word	[LW]	mot d'emprunt
masculine	m	masculin
military context	[M]	contexte militaire
noun; note	n	nom; note
negative	neg	négatif, négation
number	no	N°
nominative	nom	nominatif
plural; page	p	pluriel; page
particle	partic	particule
passive	pass	passif
	p. ex.	par exemple
pejorative	pejor	péjoratif
person	pers	personne

participle	pp	participe
preposition	prep	préposition
	qqch	quelque chose
	qqn	quelqu'un
religious context	[R]	contexte religieux
relative	rel	relatif
singular	s	singulier
social structure context	[S]	contexte de structure sociale
Sabaic	Sab	sabéen
thus!	sic	comme indiqué
someone	s.o.	
specially	spec	
something	s.t.	
under heading	s.v.	sous la rubrique
transitive	tr	transitif
verb	v	verbe
verbs	vv	verbes
(used) with; *links two portions of the same text*	+	(employé) avec; *relie des fragments d'un même texte*
at least one more citation in the same text	.+.	au moins une autre référence dans le même texte
root unattested in full form	*	racine non attestée dans sa forme complète
abnormal form	(!)	forme anormale
see also	→	voir
or (see p. XIII); *before line number of text*	/	ou (voir p. XVI); *indique la ligne d'une inscription*
only in the monotheistic period	††	uniquement à l'époque monothéiste
mutually exclusive interpretations	≠	*sépare des interprétations qui s'excluent*
editor's subdivision of a text	§	subdivision factice de l'éditeur d'un texte
and	&	et
etcetera	&c	et cetera
root	√	racine
in the sense of; identical to	=	au sens de; identique à
dubious	? ?	douteux
textual emendation; typical subject of verb	( )	correction textuelle; sujet d'un verbe
textual restoration	[ ]	restitution textuelle
remarks by authors of articles or editors of texts	{ }	remarques d'auteurs d'articles ou d'éditeurs de textes
obscure	< >	obscur
replaces the head-word of an entry in a quotation	—	*remplace le lemme dans les citations*
in the interior of a cited form, divides its constituent elements; at the end of a cited form, replaces an affix pronoun	-	*à l'intérieur d'une forme citée, en isole les éléments constitutifs; à la fin d'une forme, remplace un pronom suffixe*
signifies a choice between two terms forming only part of a longer gloss	~	*indique le choix entre deux termes à l'intérieur d'une expression plus vaste*

Classical Arabic usage of the same root	(ف)	emploi analogue d'un mot de même racine en arabe classique
Modern Yemeni usage of the same root	(ي)	emploi analogue d'un mot de même racine en yéménite moderne

SIGLA OF THE INSCRIPTIONS CITED / رموز النقوش المستشهد بها
SIGLES DES INSCRIPTIONS CITÉES

Alfieri 1	=	CIAS I, p. 5-8
AM	=	Aden Museum
AM 221 (= Gl 1656)	=	CIAS I, p. 103-104
AM 343	=	CIAS I, p. 183-185
Ashm	=	Ashmolean Museum
Ashm 1957.17	=	Beeston, Two Middle Sabaean Votive Texts (1959)
B. Ašwal 1,2	=	Bayt al-Ašwal; Garbini, Una bilingue sabeo-ebraica (1970)
Baynūn 1,2	=	W.W. Müller, *Inscriptions to be published/Inscriptions à paraître*
BR M. Bayḥān 1-5	=	Robin et Bâfaqîh, Inscriptions inédites du Maḥram Bilqîs (Mârib) au Musée de Bayḥân (1980)
BR Yanbuq 1-49	=	Bâfaqîh et Robin, Inscriptions inédites de Yanbuq (1979)
C 1-978	=	CIH; Corpus Inscriptionum Semiticarum. Pars quarta. Inscriptiones ḥimyariticas et sabaeas continens
Cap 1	=	Capuzzi, Yasir Yuhanᶜim
Chelhod 14	=	Robin, Le pays de Hamdān (1977) p. 235-238
Condé 3	=	J. Ryckmans, Himyaritica (3) (1974) p. 260-263
Condé Nordschleuse	=	von Wissmann, Die Geschichte des Sabäerreichs (1976) p. 430-431
Dhī al-Ṣawlaᶜ	=	Chr. Robin, *Inscription to be published/Inscription à paraître*
Díaz	=	Díaz, Inscripción sudarábiga
DJE	=	Deutsche Jemen-Expedition
DJE 10	=	Müller, Epigraphische Nachlese aus Ḥāz (1972) p. 81-84
DJE 12 (= Lu 21)	=	Müller, Sabäische Inschriften aus dem Museum in Taᶜizz (1972) p. 87-95
DJE 21	=	Müller, Neuentdeckte sabäische Inschriften aus al-Ḥuqqa (1972) p. 116-117
Ḍulaᶜ 2	=	Garbini, Iscrizioni sabee da Ḍulaᶜ (1972) p. 517-518
E 6	=	Eryani/Iryānī, Fī tārīḫ
E 7 (= ZI 18)	=	Eryani/Iryānī, Fī tārīḫ
E 10-17	=	Eryani/Iryānī, Fī tārīḫ
E 18	=	J. Ryckmans, L'inscription Iryani 18 (1980)
E 19-31	=	Eryani/Iryānī, Fī tārīḫ
E 32	=	Müller, Das Ende des antiken Königreichs Ḥaḍramaut. Die sabäische Inschrift Schreyer-Geukens = Iryānī 32 (1981)
E App B 3	=	Eryani/Iryānī, Fī tārīḫ, p. 184-188
F 2-127	=	Fakhry, Archaeological Journey. I. II
Gar AY 5-9	=	Garbini, Antichità yemenite [II] (1970)
Gar ISA 2-5	=	Garbini, Iscrizioni sudarabiche (1976)
Gar NIS 3,4	=	Garbini, Nuove iscrizioni sabee (1973)
Gar ŠY	=	Garbini, Una nuova iscrizione di Šaraḥbiʾil Yaᶜfur (1969); Garbini, Note di epigrafia sabea II (1974) p. 294-298
Gl	=	Glaser

Gl 799 (= C 46)	= Schaffer, SEG 7 (1972) p. 50-53
Gl 933, 934	= Botterweck, Altsüdarabische Glaser-Inschriften, p. 440-441
Gl 1096	= Höfner, SEG 8 (1973) p. 17
Gl 1100	= Schaffer, SEG 7 (1972) p. 11-12
(Gl 1575+) 1130+1134	= Höfner, Drei sabäische Personenwidmungen (1948/52) p. 39
Gl 1136	= Schaffer, SEG 7 (1972) p. 12-13
Gl 1138	= Höfner, SEG 14 (1981) p. 7-10
Gl 1142, 1143	= Höfner, Taʾlab als Patron (1954)
Gl 1177 (= Ry 502)	= Schaffer, SEG 7 (1972) p. 14-20
Gl 1188	= Tschinkowitz, SEG 6 (1969), p. 10-11
Gl 1194	= Schaffer, SEG 7 (1972) p. 21-22
Gl 1200	= Höfner, SEG 14 (1981) p. 12-13
Gl 1209 (= C 338)	= Rhodokanakis, Altsabäische Texte II (1933) p. 173-186
Gl 1217, 1218	= Solá Solé, SEG 4 (1964) p. 18-22
Gl 1225	= Solá Solé, SEG 4 (1964) p. 55
Gl 1321, 1325	= Solá Solé, SEG 4 (1964) p. 33-35
Gl 1327	= Solá Solé, SEG 4 (1964) p. 8-9
Gl 1330 (= C 308bis)	= Solá Solé, SEG 4 (1964) p. 56-57
Gl 1361	= Solá Solé, SEG 4 (1964) p. 36-38
Gl 1363	= Solá Solé, SEG 4 (1964) p. 10-12
Gl 1364	= Solá Solé, SEG 4 (1964) p. 43-46
Gl 1365	= Schaffer, SEG 7 (1972) p. 24-27
Gl 1366	= Solá Solé, SEG 4 (1964) p. 40
Gl 1367	= Solá Solé, SEG 4 (1964) p. 16-17
Gl 1369	= Solá Solé, SEG 4 (1964) p. 41-43
Gl 1376	= Schaffer, SEG 10 (1975) p. 9-11
Gl 1379 (= C 318)	= Rhodokanakis, Dingliche Rechte (1930) p. 167-168
Gl 1388	= Tschinkowitz, SEG 6 (1969) p. 14-15
Gl 1440	= Höfner, SEG 14 (1981) p. 13-17
Gl 1441, 1442	= Schaffer, SEG 7 (1972) p. 31-36
Gl 1443	= Solá Solé, SEG 4 (1964) p. 14-15
Gl 1444	= Solá Solé, SEG 4 (1964) p. 48-49
Gl 1446	= Tschinkowitz, SEG 6 (1969) p. 17
Gl 1519-1521	= Höfner und Solá Solé, SEG 2 (1961) p. 16-21
Gl 1526	= Höfner und Solá Solé, SEG 2 (1961) p. 25-26
Gl 1532	= Höfner, SEG 8 (1973) p. 24-29
Gl 1533	= Höfner, SEG 8 (1973) p. 29-35; Höfner, SEG 12 (1976) p. 39-40
Gl 1537, 1539, 1547	= Schaffer, SEG 7 (1972) p. 36-43
Gl 1563 (= R 4907)	= Höfner und Solá Solé, SEG 2 (1961) p. 34-36
Gl 1572-1573a	= Höfner, SEG 8 (1973) p. 35-43
Gl 1574 (= R 4964)	= Höfner, SEG 8 (1973) p. 43-52
Gl 1575 (+1130+1134)	= Höfner, Drei sabäische Personenwidmungen (1948/52) p. 39
Gl 1593-1596	= Schaffer, SEG 7 (1972) p. 48-50
Gl 1598, 1628	= Höfner, SEG 14 (1981) p. 17-26
(Ṣirwāḥ 3+) Gl 1642	= Tschinkowitz, SEG 6 (1969) p. 22
Gl 1651, 1653	= Tschinkowitz, SEG 6 (1969) p. 24-25
Gl 1655	= Höfner, SEG 8 (1973) p. 54-65
Gl 1658	= Schaffer, SEG 10 (1975) p. 12-14
Gl 1677	= Höfner, SEG 8 (1973) p. 7-8

Gl 1701	= Lundin, SEG 5 (1965) p. 41
Gl 1721	= Höfner, SEG 8 (1973) p. 68-69
Gl 1733	= Höfner, SEG 8 (1973) p. 73-74
Gl 1739	= Tschinkowitz-Nagler, SEG 11 (1975) p. 17
Gl 1743	= Lundin, SEG 5 (1965) p. 44
Gl 1782	= Schaffer, SEG 10 (1975) p. 16
Gl A 452	= Schaffer, SEG 7 (1972) p. 53-56
Gl A 668	= Schaffer, SEG 10 (1975) p. 16-17
Gl A 704	= Tschinkowitz-Nagler, SEG 11 (1975) p. 23
Gl A 707	= Höfner, SEG 14 (1981) p. 26-27
Gl A 716	= Tschinkowitz-Nagler, SEG 11 (1975) p. 24
Gl A 731, 744	= Höfner, SEG 14 (1981) p. 28-31
Gl A 752	= Tschinkowitz-Nagler, SEG 11 (1975) p. 26-27
Gl A 773a + b + 798	= Botterweck, Altsüdarabische Glaser-Inschriften, p. 437
Gr 1-41	= Grjaznevič; Južnaja Aravija 1
GRy Graff	= G. Ryckmans, Graffites sabéens (1957)
Ḥadaqān 15, 16	= Gruntfest, Novye nadpisi iz Ḥadaḳāna, p. 45-50
(C 448 +) Hakir 1, Hakir 2	= Garbini, Iscrizioni sabee da Hakir (1971)
Ham 9, 11	= Hamilton; Brown and Beeston, Sculptures and Inscriptions from Shabwa
Ist	= Istanbul
Ist 7608bis (= R 3904)	= G. Ryckmans, Une inscription chrétienne sabéenne (1946); Rodinson, L'inscription RES 3904 (1970)
Ist 7617	= J. Ryckmans, *Inscription to be published/Inscription à paraître*
Ist 7626, 7630, 7632	= Beeston, Four Sabaean Texts of the Istanbul Archeological Museum (1952)
Ist 7687	= J. Ryckmans, Un vase en bronze avec inscription sud-arabe aux Musées Archéologiques d'Istanbul (1979)
J	= Ja; Jamme
J 489 A	= Jamme, Inscriptions on the Sabaean Bronze Horse (1954)
J 492 (= R 4710)	= Jamme, Inscriptions du Musée de Ṣanʿâ (1954) p. 328-329
J 511-525	= Jamme, Inscriptions sud-arabes de la collection Ettore Rossi (1955)
J 539-547	= Jamme, Inscriptions des alentours de Mâreb I (1955)
J 550-851	= Jamme, Sabaean Inscriptions from Maḥram Bilqîs (1962)
J 866	= Jamme, Quatre inscriptions sud-arabes (1957)
J 877	= Jamme, Sabaean Inscriptions from Maḥram Bilqîs (1962) p. 335-336
J 1028-1031a	= Jamme, Sabaean and Ḥasaean Inscriptions (1966)
J 2107-2118	= Doe and Jamme, New Sabaean Inscriptions
J 2147, 2152	= Jamme, Liḥyanite, Sabaean and Thamudic Inscriptions (1970)
J 2208, 2355	= Jamme, Miscellanées II (1971) p. 52-53, 89
J 2484	= Jamme, Miscellanées III (1972) p. 85-86
J 2834-2870	= Jamme, Carnegie Museum 1974/1975 Yemen Expedition (1976)
J 2897	= Jamme, Pre-Islamic Miscellanea (1981) p. 97-98
J 2904-2949	= Jamme, Miscellanées XI (1980)

Ko 1-5	= Kortler; Müller, Sabäische Felsinschriften von der jemenitischen Grenze zur Rubʿ al-Ḫālī (1978)
Lu	= Lundin
Lu 3, 11	= Lundin, Novye južnoarabskie nadpisi muzeja v Ṣanʿā [I] (1963)
Lu 22 (= DJE 14), Lu 23 (= DJE 13)	= Lundin, Sabejskie nadpisi (1972)
Lu 26	= Lundin, Novye južnoarabskie nadpisi iz Vadi Ḫirr (1973) p. 81-85
MAFRAY Asāḥil 8	= Mission archéologique française en République Arabe du Yémen; Robin et Ryckmans, Les inscriptions de al-Asâḥil (1980) p. 133-134
MAFRAY Balaq Ǧanūbī 1 (= Gl 1719+1717+1718)	= Robin et Ryckmans, Dédicace de bassins rupestres antiques (1982) p, 108-111
MAFRAY Quṭra 1	= Robin, Mission archéologique (1979) p. 185-188
MAFY B. Kulāb 1, 2	= Mission archéologique française au Yémen / Bayt Kulāb; Robin, Le pays de Hamdān (1977) p. 292-295
MAFY B. Zubayr 2, 4	= MAFY/Banī Zubayr; Robin, Le pays de Hamdān (1977) p. 394-400
MAFY Ḥamida 2, 5	= Robin, Le pays de Hamdān (1977) p. 318-326
MAFY Ḫamir 1, 5	= Robin, Le pays de Hamdān (1977) p. 212-224
MAFY Ḫaywān 1	= Robin, Le pays de Hamdān (1977) p. 193-195
MAFY Ḥumayrāʾ 2, 4	= Robin, Le pays de Hamdān (1977) p. 421-426
(Ry 534+) MAFY Rayda 1	= Robin, Le pays de Hamdān (1977) p. 305-309
MAFY Yašīʿ 1-8	= Robin, Le pays de Hamdān (1977) p. 244-264
Māriya 1, 2	= Moretti, Iscrizioni sabee a Màriya
M. Māriya	= Maṣnaʿat Māriya; Iryani-Garbini, A Sabaean Rock-Engraved Inscription; Müller, Die sabäische Felsinschrift von Maṣnaʿat Māriya (1978)
MNAO	= Garbini, Iscrizione sabea nel Museo Nazionale d'Arte Orientale in Roma (1971)
MoMi Sab	= Mordtmann und Mittwoch, Sabäische Inschriften (1931)
Mü 1	= Müller, Sabäische Texte zur Polyandrie (1974) p. 125-130
N 14-75	= Nāmī, Našr nuqūš sāmiyya qadīma (1943)
Naqīl Kuḥl	= Robin, Mission archéologique (1979) p. 183
NNAG 1-4	= Nāmī, Nuqūš ʿarabiyya ǧanūbiyya (1947)
NNAG 5-8	= Nāmī, Nuqūš ʿarabiyya ǧanūbiyya. Al-Maǧmūʿa aṯ-ṯāniya (1954)
NNAG 11	= Nāmī, Nuqūš ʿarabiyya ǧanūbiyya. Al-Maǧmūʿa aṯ-ṯāliṯa (1958)
NNAG 12	= Nāmī, Nuqūš ʿarabiyya ǧanūbiyya. Al-Maǧmūʿa ar-rābiʿa (1960); J. Ryckmans, La mancie par *ḥrb* en Arabie du Sud ancienne (1968)
NNAG 13+14	= Nāmī, Nuqūš ʿarabiyya ǧanūbiyya. Al-Maǧmūʿa ar-rābiʿa (1960); J. Ryckmans, L'inscription sud-arabe Nami NAG 13-14 (1969)
NNAG 15 (= E 8)	= Nāmī, Nuqūš ʿarabiyya ǧanūbiyya. Al-Maǧmūʿa al-ḫāmisa (1961)
NNAG 16, 19	= Nāmī, Nuqūš ʿarabiyya ǧanūbiyya. Al-Maǧmūʿa as-sādisa (1962)

Ph 124c, 135c	= Philby and Tritton, Najran Inscriptions
R 2740-5094	= RES; Répertoire d'Épigraphie Sémitique
Ra 2-137	= Rathjens, Sabaeica III (1966)
RB B. Bakr 1	= Robin-Bron/Banī Bakr; Robin-Bron, Deux inscriptions sudarabiques du Haut-Yāfiʿ
Rob 1	= Robin, Le pays de Hamdān (1977) p. 159-161
Rob Ḫadara 4, 9	= Robin, Le pays de Hamdān (1977) p. 370-376
Rob Ḫamir 1	= Robin, Le pays de Hamdān (1977) p. 226-231
Rob Ḫazāʾin 47	= Robin, Quelques graffites préislamiques de al-Ḫazāʾin (1978) p. 123-124
Rob Kāniṭ 4-20	= Robin, Le pays de Hamdān (1977) p. 331-356
Rob Maš 1	= Robin/Mašāmayn; Robin et Ryckmans, L'attribution d'un bassin à une divinité (1978)
Rob Nağr 1 (= R 5010)	= Robin, Le pays de Hamdān (1977) p. 384-385
Rob Rayda 2	= Robin, Le pays de Hamdān (1977) p. 311-314
Rob Réserve de Mārib 2	= Robin-Bron, Deux inscriptions sudarabiques du Haut-Yāfiʿ, p. 139
Rob Umm Laylā 1	= Robin, Le pays de Hamdān (1977) p. 164-173
Rob Ẓāhir 1	= Robin, Documents de l'Arabie antique (1979) p. 128-131
Ry 30	= G. Ryckmans, Inscriptions sud-arabes. Première série (1927)
Ry 362-443	= G. Ryckmans, Inscriptions sud-arabes. Huitième série (1949)
Ry 500-515	= G. Ryckmans, Inscriptions sud-arabes. Dixième série (1953)
Ry 520, 522	= G. Ryckmans, Inscriptions sud-arabes. Onzième série (1954)
Ry 533, Ry 534 (+ MAFY Rayda 1)	= G. Ryckmans, Inscriptions sud-arabes. Douzième série (1955)
Ry 538	= G. Ryckmans, Inscriptions sud-arabes. Quatorzième série (1956)
Ry 544, 548	= G. Ryckmans, Inscriptions sud-arabes. Quinzième série (1957)
Ry 585-591	= G. Ryckmans, Inscriptions sud-arabes. Dix-septième série (1959)
Ry 613, 614	= G. Ryckmans, Inscriptions sud-arabes. Dix-huitième série (1960)
Schm/Mārib 19 A	= Schmidt/Mārib 19 A; Müller, Sabäische Felsinschriften vom Ǧabal Balaq al-Ausaṭ (1982) p. 71
Sh 7-22	= Šarafaddīn, Tārīḫ
Sh 31	= Sharafaddin, Yemen, p. 44; Lundin, Sabejskij činovnik (1974); Müller, Eine sabäische Gesandtschaft (1974)
Sh 32	= Sharafaddin, Yemen, p. 44; Šarafaddīn, Tārīḫ
Sh Ḥuqqa	= Šarafaddīn Ḥuqqa; Müller, Neuentdeckte sabäische Inschriften aus al-Ḥuqqa (1972) p. 118-120
Ṣirwāḥ 3 (+ Gl 1642)	= Höfner, SEG 12 (1976) p. 44-45
ST	= Ministry of Tourism, Ṣanʿāʾ
ST 1	= CIAS I, p. 41-42
ST 2	= CIAS I, p. 31-33
Tanʿim	= Müller, Ergebnisse der Deutschen Jemen-Expedition 1970 (1973) p. 153-155
VL	= Van Lessen
VL 23	= von Wissmann, Zur Archäologie und antiken Geographie von Südarabien (1968) p. 79-80

VL 25	=	Ghul, New Qatabāni Inscriptions II (1959) p. 425-429
VL 29a	=	Doe, The Wadi Shirjan, p. 7, pl. 5, 6
Wellcome A 103664	=	Beeston, The South Arabian Collection of the Wellcome Museum (1980)
W. Sana	=	Wādī Sana; Beeston, Epigraphic and Archaeological Gleanings (1962) p. 41-42
W. Sirr 1	=	Wādī al-Sirr; Stiegner, Altsüdarabische Fragmente (1981) p. 327-330
YM	=	Yemen Museum Ṣanʿāʾ
YM 281 (= Ra 69)	=	CIAS I, p. 207-210
YM 349	=	CIAS I, p. 59-62
YM 367	=	CIAS I, p. 203-205
YM 375	=	CIAS I, p. 225-227
YM 383	=	Radt, Katalog, p. 18; Costa, The Pre-Islamic Antiquities at the Yemen National Museum (1978) p. 51
YM 386	=	CIAS I, p. 35-37, 453-454
YM 390	=	CIAS I, p. 51-53
YM 391 (= E App B 1)	=	CIAS I, p. 55-58
YM 392, 394	=	CIAS I, p. 67-73
YM 396	=	CIAS I, p. 211-214
YM 438, 440	=	CIAS I, p. 75-81
YM 441, 451	=	CIAS I, p. 87-91
YM 453	=	CIAS I, p. 92, 395-396
YM 467	=	CIAS I, p. 275-278
YM 544	=	CIAS I, p. 201-202
YM 546	=	CIAS I, p. 9-11
YM 547 (= Gar NIS 2)	=	CIAS I, p. 15-18
YMN 1-8	=	Yūsuf ʿAbdallāh, Mudawwanat an-nuqūš al-yamaniyya al-qadīma. Dirāsāt Yamaniyya 2 (1979)
YMN 9-13	=	Yūsuf ʿAbdallāh, Mudawwanat an-nuqūš al-yamaniyya al-qadīma. Dirāsāt Yamaniyya 3 (1979)
Ẓafar 56	=	Costa, Antiquities from Ẓafar (1973) p. 194
Ẓafar 77	=	Garbini, Un oroscopo himyarita (1970); Costa, Antiquities from Ẓafar (1973) p. 197-198
ZI 11	=	Zaid ʿInān, Tārīḫ
ZI 18 (= E 7)	=	Zaid ʿInān, Tārīḫ
ZI 20-72	=	Zaid ʿInān, Tārīḫ

ABBREVIATIONS FOR REFERENCES TO AUTHORS CITED

اختصارات الاشارة الى المؤلفين المستشهد بهم

ABRÉVIATIONS DES RÉFÉRENCES AUX AUTEURS CITÉS

Avanzini St 1	=	Avanzini, Studi di lessico sudarabico antico I
Baf *Tārīḫ*	=	Bāfaqīh, Tārīḫ al-Yaman al-qadīm (1973)
Bau Jazyk	=	Bauėr, Jazyk južnoaravijskoj pis'mennosti (1966)
Bau K meram	=	Bauėr, K meram dliny v drevnej južnoj Aravii (1976)
Bau Sab nadp	=	Bauėr, Sabejskaja nadpis' (1963)
Bee	=	A. F. L. Beeston
Bee Add Irv Hom	=	Beeston, Addenda to Irvine, Homicide (1967)
Bee Aux	=	Beeston, Epigraphic South Arabian Auxiliaries (1975)
Bee Boundary	=	Beeston, A Sabaean Boundary Formula (1949)
Bee BSOAS 35 (1972)	=	Beeston, Review of Jamme, Sabaean Inscriptions
Bee Calendars	=	Beeston, Epigraphic South Arabian Calendars (1956)
Bee CIAS I	=	Beeston in: Corpus des inscriptions et antiquités sud-arabes. I
Bee Disp Rel	=	Beeston, A Disputed Sabaic 'Relative' Pronoun (1976)
Bee Gram	=	Beeston, A Descriptive Grammar (1962)
Bee Maʿdikarib	=	Beeston, A Note on Maʿdikarib's Wādī Māsil Text (1982)
Bee Marg 1 / 2	=	Beeston, Sabaean Marginalia I (1972) / II (1974)
Bee Min Market	=	Beeston, A Minaean Market Code (1978)
Bee Misf	=	Beeston, A Sabaean Trader's Misfortunes (1969)
Bee Mureighan	=	Beeston, Notes on the Mureighan Inscription (1954)
Bee Notes 1 / 6 / 7 / 8 / 9 / 10 / 11 / 12	=	Beeston, Notes on Old South Arabian Lexicography I (1950) / VI (1954) / VII (1972) / VIII (1973) / IX (1975) / X (1976) / XI (1978) / XII (1981)
Bee Orientalia 25 (1956)	=	Beeston, Review of Caskel, Entdeckungen in Arabien
Bee St 1 / 2	=	Beeston, Studies in Sabaic Lexicography I (1979) / II (1980)
Bee Taʾlab	=	Beeston, The 'Taʾlab Lord of Pastures' Texts (1955)
Bee Temp Mar	=	Beeston, Temporary Marriage in Pre-Islamic South Arabia (1978)
Bee Textual	=	Beeston, Textual and Interpretational Problems of CIH 522 (1980)
Bee Two Inscr	=	Beeston, Two South Arabian Inscriptions (1937)
Bee Two Roots	=	Beeston, Two Epigraphic South Arabian Roots (1981)
Bee Warf	=	Beeston, Warfare in Ancient South Arabia (1976)
BR M. Bilqīs	=	Bāfaqīh - Robin, Min nuqūš Maḥram Bilqīs (1978)
Bron AION 41 (1981)	=	Bron, Notes d'épigraphie sud-arabique
Cas Hisn	=	Caskel, Der Sinn der Inschrift in Ḥiṣn al-Ġurāb (1970)
CoRoss	=	Conti Rossini, Chrestomathia arabica meridionalis epigraphica
Dequin Jemen	=	Dequin, Arabische Republik Jemen
Drewes Note	=	Drewes, A Note on ESA ʾsy
E *Tārīḫ*	=	Eryani / Iryānī, Fī tārīḫ al-Yaman
Gar	=	G. Garbini

Gar AY	= Garbini, Antichità yemenite (1970)
Gar Deux Notes	= Garbini, Deux notes sudarabiques (1978)
Gar Note 1/2	= Garbini, Note di epigrafia sabea I (1973) / II (1974)
Gar Oros	= Garbini, Un oroscopo himyarita (1970)
Gar Osserv	= Garbini, Osservazioni linguistiche e storiche sull'iscrizione di Maᶜdikarib Yaᶜfur (1979)
Ghul	= M. A. Ghul
Ghul Miḥrāb	= Ghul, Was the Ancient South Arabian *mḏqnt* the Islamic *miḥrāb*? (1962)
Ghul NQI I	= Ghul, New Qatabāni Inscriptions I (1959)
Gl	= E. Glaser
GRy	= G. Ryckmans
GRy Graff	= G. Ryckmans, Graffites sabéens relevés en Arabie Saᶜudite (1957)
Höf	= M. Höfner
Höf Gram	= Höfner, Altsüdarabische Grammatik (1943)
Höf SEG 2/8/12	= Höfner, Sammlung Eduard Glaser II (1961) / VIII (1973) / XII (1976)
Höf Sühne	= Höfner, Eine altsüdarabische Sühne-Inschrift (1967)
Höf ZDMG 114 (1964)	= Höfner, Rezension von Jamme, Sabaean Inscriptions
Irv	= A. K. Irvine
Irv Hom	= Irvine, Homicide in pre-Islamic South-Arabia (1967)
Irv Monetary	= Irvine, Some Notes on Old South Arabian Monetary Terminology (1964)
Irv Surv	= Irvine, A Survey of Old South Arabian Lexical Material (1962)
Ja	= A. Jamme
Ja MMA 2	= Jamme, Miscellanées d'ancient arabe. II (1971)
Ja SIMB	= Jamme, Sabaean Inscriptions from Maḥram Bilqîs (1962)
JRy	= J. Ryckmans
JRy App Wiss al-Qaṭīf	= J. Ryckmans, Appendice à von Wissmann, Zur Kenntnis von Ostarabien, besonders al-Qaṭīf (1967)
JRy BiOr 14 (1957)	= J. Ryckmans, Compte rendu de Caskel, Entdeckungen in Arabien
JRy Conf	= J. Ryckmans, Les confessions publiques sabéennes (1972)
JRy Exp astr	= J. Ryckmans, Une expression astrologique méconnue dans les inscriptions sabéennes (1975/1976)
JRy Him 1/2/3/4/5	= J. Ryckmans, Himyaritica 1 (1956) / 2 (1966) / 3 (1974) / 4 (1974) / 5 (1975)
JRy Inscr Nami	= J. Ryckmans, L'inscription sud-arabe Nami NAG 13-14 (1969)
JRy Inst	= J. Ryckmans, L'institution monarchique en Arabie méridionale (1951)
JRy *Mᶜmr*	= J. Ryckmans, À propos du *mᶜmr* sud-arabe (1953)
JRy Mancie	= J. Ryckmans, La mancie par *ḥrb* en Arabie du Sud ancienne (1968)
JRy Nouv int	= J. Ryckmans, Nouvelle interprétation d'un texte sabéen (1968)
JRy Sens de *ḏʾl*	= J. Ryckmans, Le sens de *ḏʾl* en sud-arabe (1954)

JRy Un parallèle	= J. Ryckmans, Un parallèle sud-arabe à l'imposition du nom de Jean-Baptiste (1981)
Lu	= A. G. Lundin
Lu Deux inscr	= Lundin/Loundine, Deux inscriptions sabéennes (1973)
Lu JA	= Lundin, Južnaja Aravija v VI veke (1961)
Lu Jār al-Labbā	= Lundin, Inscriptions from Jār al-Labbā (1972)
Lu O Prave	= Lundin, O prave na vodu v sabejskom gosudarstve èpochi mukarribov (1964)
Mla Hierod	= Mlaker, Die Hierodulenlisten von Maᶜīn (1943)
MoMi Him	= Mordtmann und Mittwoch, Himjarische Inschriften (1932)
MoMi Sab	= Mordtmann und Mittwoch, Sabäische Inschriften (1931)
Mü	= W. W. Müller
Mü Abess	= Müller, Abessinier und ihre Namen und Titel in vorislamischen südarabischen Texten (1978)
Mü AfO 21 (1966)	= Müller, Rezension von Jamme, Sabaean Inscriptions
Mü apud Wiss Gesch 2	= Müller apud von Wissmann, Die Geschichte von Sabaʾ II (1982)
Mü Asa Misz	= Müller, Altsüdarabische Miszellen I (1980)
Mü Bronze	= Müller, The Inscriptions on the Hellenistic Bronze Statues (1979)
Mü CIH 140	= Müller, CIH 140. Eine Neuinterpretation (1974)
Mü Ende	= Müller, Das Ende des antiken Königsreichs Ḥaḍramaut (1981)
Mü Ergebnisse	= Müller, Ergebnisse der Deutschen Jemen-Expedition 1970 (1973)
Mü Frankincense	= Müller, Notes on the Use of Frankincense in South Arabia (1976)
Mü Gesandtschaft	= Müller, Eine sabäische Gesandtschaft in Ktesiphon (1974)
Mü Ḥāz	= Müller, Epigraphische Nachlese aus Ḥāz (1972)
Mü Ḥuqqa	= Müller, Neuentdeckte sabäische Inschriften aus al-Ḥuqqa (1972)
Mü Neuinterpr	= Müller, Neuinterpretation altsüdarabischer Inschriften (1976)
Mü Paulin Ausdr	= Müller, Eine paulinische Ausdrucksweise in einer spätsabäischen Inschrift (1980)
Mü Taᶜizz	= Müller, Sabäische Inschriften aus dem Museum in Taᶜizz (1972)
Mü Weihrauch	= Müller, Weihrauch (1978)
Mü-Wiss Lavastrom	= Müller und von Wissmann, Über die von einem Lavastrom bedrohten Tempel der Stadt Damhān (1976)
Mü ZDMG 127 (1977)	= Müller, Rezension von Höfner, Sammlung Eduard Glaser VIII
Pir	= J. Pirenne
Pir CIAS I	= Pirenne dans: Corpus des inscriptions et antiquités sud-arabes. I
Pir Invective	= Pirenne, L'invective avant le combat (1970)
Pir QYF-QF	= Pirenne, Sud-arabe QYF-QF // MQF (1980)
Rho	= N. Rhodokanakis
Rho KTB 2	= Rhodokanakis, Ḳatabanische Texte zur Bodenwirtschaft (Zweite Folge) (1922)

Rob	=	Chr. Robin
Rob Arabie antique	=	Robin, L'Arabie du Sud antique (1976)
Rob Cal him	=	Robin, Le calendrier himyarite (1981)
Rob-Ry Al-Asâḥil	=	Robin-Ryckmans, Les inscriptions de al-Asâḥil (1980)
Rod GHIDHĀʾ	=	Rodinson, G͟hid͟hāʾ, EI² II (1965)
Sch SEG 7 / 10	=	Schaffer, Sammlung Eduard Glaser VII (1972) / X (1975)
Serj Hunt	=	Serjeant, South Arabian Hunt (1976)
Serj Irr Syst	=	Serjeant, Some Irrigation Systems in Ḥaḍramawt (1964)
Sol Dique	=	Solá Solé, Las dos grandes inscripciones sud-arábigas del dique de Mârib (1960)
Sol SEG 4	=	Solá Solé, Sammlung Eduard Glaser IV (1964)
Wiss Gesch 2	=	von Wissmann, Die Geschichte von Sabaʾ II (1982)

CONCORDANCE OF SIGLA / كشاف توافق رموز النقوش

CONCORDANCE DES SIGLES

Many texts exist in multiple editions differing textually or in interpretation or both. For exhaustive lists see the works of Avanzini and Höfner cited below.

The following compendious list records cases of texts cited in the present work, in which the text, or a previously published interpretation, which we had used, differ from these appearing elsewhere under another siglum; the latter are here placed within round brackets. Square brackets indicate an alternative siglum to the one we use, in cases where the text does not differ.

لكثير من النقوش طبعات منشورة متعددة تتباين في ضبط النص أو تفسيره أو في الأمرين معا. ومن شاء أن يطّلع على قوائم وافية بذلك فليرجع إلى كتابي الساندرا أڤانتزيني وماريا هوفنر المشار إليهما أدناه.

والقائمة الطويلة التالية تحوي الحالات التي تتعلق بالنقوش المستشهد بها في هذا المعجم، حيث كان النص الذي اعتمدناه أو تفسيره الذي سبق نشره وأخذنا به مختلفا عن النص أو التفسير الوارد في موضع آخر تحت رمز آخر؛ وقد جعلنا مثل هذا الرمز الآخر بين قوسين مدورين. أما ما جعلناه بين حاصرتين مربعتين فيدل على رمز مباين للرمز الذي استعملناه دون أن يخالفه في النص أو التفسير.

De nombreux textes sont disponibles en plusieurs éditions qui présentent des différences textuelles et/ou d'interprétation. Voir les listes exhaustives dans les ouvrages d'Avanzini et de Höfner cités ci-après.

La liste succinte donnée ci-dessous signale celles des inscriptions, citées dans le présent ouvrage, pour lesquelles nous avons utilisé un texte, ou une interprétation publiée antérieurement, qui diffèrent de ceux qui sont donnés ailleurs sous un autre sigle; ce dernier est ici indiqué entre parenthèses. Des crochets servent à indiquer un sigle facultatif, distinct de celui que nous utilisons, lorsqu'il n'y a pas de différence dans le texte.

Avanzini, Alessandra: *Glossaire des inscriptions de l'Arabie du Sud*. I. Firenze 1977 (Quaderni di Semitistica 3), p. 19-185: Les inscriptions.

Höfner, Maria, unter Mitarbeit von Brigitte Schaffer, Helga Scherer(-Nagler), Roswitha Stiegner: *Beleg-Wörterbuch zum Corpus inscriptionum semiticarum, pars IV, inscriptiones ḥimyariticas et sabaeas continens* (*CIH*). Wien 1980 (SAWW, 363. Band. Veröffentlichungen der Arabischen Kommission. Band 2), p. 161-176: Index 3 und Index 4.

AM 221	(Gl 1656; AM 221/2 = Gl 1656/1)
(C 46)	Gl 799
(C 126)	Ra 42
(C 308bis)	Gl 1330

(C 318)	Gl 1379 (Gl 1379/2 = C 318/1)
(C 338)	Gl 1209
DJE 12	[Lu 21]
[DJE 13]	Lu 23
[DJE 14]	Lu 22
E 7	(ZI 18; E 7 §2: *s*^{1}*tʾzl*, ZI 18: *s*^{1}*tʿzl*)
(E App B 1)	YM 391
(Gar AY 8)	Gr 28
(Gar NIS 2)	YM 547
Gl 799	(C 46)
(Gl 913)	J 2856
Gl 1177	(Ry 502; Gl 1177/4 = Ry 502/1)
Gl 1209	(C 338)
Gl 1330	(C 308bis)
Gl 1379	(C 318; Gl 1379/2 = C 318/1)
Gl 1563	(R 4907)
Gl 1574	(R 4964; Gl 1574/4 = R 4964/2)
(Gl 1654)	J 2870
(Gl 1656)	AM 221 (AM 221/2 = Gl 1656/1)
(Gl 1679)	J 2848y/1-3
(Gl 1681a+b)	J 2848n
(Gl 1687)	J 2848y/11-14
(Gl 1717, 1718, 1719)	MAFRAY Balaq Ǧanūbī 1
(Gl 1766)	J 2848an
(Gl 1773a+b)	J 2848y/4-10
(Gl 1774cc+1778)	J 2848ab
(Gl 1780)	J 2848ah
Gr 28	(Gar AY 8)
[Gr 40]	Hakir 2
Hakir 2	[Gr 40]
Ist 7608bis	(R 3904)
J 492	(R 4710)
J 611	(NNAG 10)
J 645	[NNAG 9]
(J 1819)	VL 23 = Širǧān 19
[J 2354]	VL 25 = Širǧān 1
J 2355	(Širǧān 2)
(J 2356a)	VL 29a = Širǧān 3+4
J 2848n	(Gl 1681a+b)
J 2848y	(Gl 1679+1773a+b+1687)
J 2848ab	(Gl 1774cc+1778)
J 2848ah	(Gl 1780)
J 2848an	(Gl 1766)
J 2856	(Gl 913)
J 2869	(R 4979)
J 2870	(Gl 1654)
Lu 3	[YM 333]
[Lu 17]	NNAG 19 [= YM 363]
[Lu 21]	DJE 12
Lu 22	[DJE 14]

Lu 23	[DJE 13]
MAFRAY Balaq Ǧanūbī 1	(Gl 1719+1717+1718)
MAFY Ḥumayrāʾ 4	[YM 590]
[NNAG 9]	J 645
(NNAG 10)	J 611
NNAG 19	[Lu 17 = YM 363]
(R 3904)	Ist 7608bis
(R 4710)	J 492
(R 4907)	Gl 1563
(R 4964)	Gl 1574 (Gl 1574/4 = R 4964/2)
(R 4979)	J 2869
(R 4984)	Ra 10
(R 5010)	Rob Nağr 1
Ra 10	(R 4984)
Ra 42	(C 126)
Ra 69	[YM 281]
Rob Nağr 1	(R 5010)
(Ry 502)	Gl 1177 (Gl 1177/4 = Ry 502/1)
Sh 31	text and numbering of lines according to / texte et numérotation des lignes d'après / النص وترقيم السطور حسب Lundin, Sabejskij činovnik (1974)
Širğān 1 = VL 25	[J 2354]
(Širğān 2)	J 2355
Širğān 3+4 = VL 29a	(J 2356a)
Širğān 19 = VL 23	(J 1819)
VL 23 = Širğān 19	(J 1819)
VL 25 = Širğān 1	[J 2354]
VL 29a = Širğān 3+4	(J 2356a)
[YM 281]	Ra 69
[YM 333]	Lu 3
[YM 363]	NNAG 19 [= Lu 17]
YM 391	(E App B 1)
YM 547	(Gar NIS 2)
[YM 590]	MAFY Ḥumayrāʾ 4
(ZI 18)	E 7 (E 7 §2: *s^{1}tʾzl*, ZI 18: *s^{1}tʿzl*)

BIBLIOGRAPHICAL ABBREVIATIONS / اختصارات المراجع

ABRÉVIATIONS BIBLIOGRAPHIQUES

AfO	Archiv für Orientforschung. Graz.
AION	Annali dell'Istituto Orientale di Napoli.
BiOr	Bibliotheca Orientalis. Leiden.
BSOAS	Bulletin of the School of Oriental and African Studies. London.
CIAS	Corpus des inscriptions et antiquités sud-arabes. Louvain.
EI^2	The Encyclopaedia of Islam. New Edition / Encyclopédie de l'Islam. Nouvelle édition. Leiden-Paris.
JRAS	Journal of the Royal Asiatic Society. London.
JSS	Journal of Semitic Studies. Manchester.
NESE	Degen, Rainer - Müller, Walter W. - Röllig, Wolfgang: Neue Ephemeris für Semitische Epigraphik. Wiesbaden.
PS	Palestinskij Sbornik. Moskva-Leningrad.
PSAS	Proceedings of the Seminar for Arabian Studies. London.
RSO	Rivista degli Studi Orientali. Roma.
SAWW	Sitzungsberichte der (Österreichischen) Akademie der Wissenschaften in Wien. Philosophisch-historische Klasse.
SEG	Sammlung Eduard Glaser. Wien.
WZKM	Wiener Zeitschrift für die Kunde des Morgenlandes.
ZDMG	Zeitschrift der Deutschen Morgenländischen Gesellschaft. Wiesbaden.

BIBLIOGRAPHY / BIBLIOGRAPHIE / المراجع

ʿAbdallāh, Yūsuf Muḥammad: Mudawwanat an-nuqūš al-yamaniyya al-qadīma. Nuqūš ǧadīda, *Dirāsāt Yamaniyya* 2 (March 1979) p. 47-75.

—: —, *Dirāsāt Yamaniyya* 3 (October 1979) p. 29-64.

Avanzini Torzini, Alessandra: Studi di lessico sudarabico antico I, *Atti e Memorie dell'Accademia Toscana di Scienze e Lettere La Colombaria* 43 (n.s. 29) 1978, p. 53-76.

Bāfaqīh, Muḥammad ʿAbdalqādir: *Tārīḫ al-Yaman al-qadīm*. Bairūt 1973.

— -Robin, Christian: Min nuqūš Maḥram Bilqīs, *Raydān* 1 (1978) p. ١١-٥٦.

Bâfaqîh, Muḥammad et Robin, Christian: Inscriptions inédites de Yanbuq (Yémen démocratique), *Raydān* 2 (1979) p. 15-75.

Bauėr, G. M.: Sabejskaja nadpis' iz Sobranija E. Glazera No. 1210, *Semitskie Jazyki. Sbornik statej*. Moskva 1963, p. 135-147.

—: *Jazyk južnoaravijskoj pis'mennosti*. Moskva 1966.

—: K meram dliny v drevnej južnoj Aravii, *Semitskie Jazyki. Sbornik statej*. Vyp. 3. Moskva 1976, p. 24-31.

Beeston, A. F. L.: Two South Arabian Inscriptions: Some Suggestions, *JRAS* 1937, p. 59-78.

—: A Sabaean Boundary Formula, *BSOAS* 13 (1949) p. 1-3.

—: Notes on Old South Arabian Lexicography I, *Le Muséon* 63 (1950) p. 53-57.

—: Four Sabaean Texts of the Istanbul Archeological Museum, *Le Muséon* 65 (1952) p. 271-283, pl. I-III.

—: Notes on Old South Arabian Lexicography VI, *Le Muséon* 67 (1954) p. 311-322.

—: Notes on the Mureighan Inscription, *BSOAS* 16 (1954) p. 389-392.

—: The 'Taʾlab Lord of Pastures' Texts, *BSOAS* 17 (1955) p. 154-156.

—: *Epigraphic South Arabian Calendars and Dating*. London 1956.

—: Review of W. Caskel: *Entdeckungen in Arabien*, *Orientalia* 25 (1956) p. 292-302.

—: Two Middle Sabaean Votive Texts, *BiOr* 16 (1959) p. 17-18.

—: *A Descriptive Grammar of Epigraphic South Arabian*. London 1962.

—: Epigraphic and Archaeological Gleanings from South Arabia, *Oriens Antiquus* 1 (1962) p. 41-52, tav. X.

—: Addenda to A. K. Irvine: Homicide in pre-Islamic South Arabia, *BSOAS* 30 (1967) p. 291-292.

—: A Sabaean Trader's Misfortunes, *JSS* 14 (1969) p. 227-230.

—: Notes on Old South Arabian Lexicography VII, *Le Muséon* 85 (1972) p. 535-544.

—: Sabaean Marginalia [I], *AION* 32 (1972) p. 394-400.

—: Review of A. Jamme: *Sabaean Inscriptions from Maḥram Bilqîs* (*Mârib*), *BSOAS* 35 (1972) p. 349-353.

—: Notes on Old South Arabian Lexicography VIII, *Le Muséon* 86 (1973) p. 443-453.

—: Sabaean Marginalia II, *AION* 34 (1974) p. 421-428.

—: Notes on Old South Arabian Lexicography IX, *Le Muséon* 88 (1975) p. 187-198.

—: Epigraphic South Arabian Auxiliaries, *JSS* 20 (1975) p. 191-192.

—: *Warfare in Ancient South Arabia* (*2nd.-3rd. centuries A.D.*) London 1976 (Qahtan. Studies in Old South Arabian Epigraphy. Fasc. 3).

—: Notes on Old South Arabian Lexicography X, *Le Muséon* 89 (1976) p. 407-423.

—: A Disputed Sabaic 'Relative' Pronoun, *BSOAS* 39 (1976) p. 421-422.

—: Notes on Old South Arabian Lexicography XI, *Le Muséon* 91 (1978) p. 195-209.

—: Temporary Marriage in Pre-Islamic South Arabia, *Arabian Studies* 4 (1978) p. 21-25.

—: A Minaean Market Code, *BSOAS* 41 (1978) p. 142-145.

—: Studies in Sabaic Lexicography I, *Raydān* 2 (1979) p. 89-100.
—: The South Arabian Collection of the Wellcome Museum in London, *Raydān* 3 (1980) p. 11-16.
—: Studies in Sabaic Lexicography II, *Raydān* 3 (1980) p. 17-26.
—: Textual and Interpretational Problems of CIH 522 (BM 102457), *Raydān* 3 (1980) p. 27-29.
—: Notes on Old South Arabian Lexicography XII, *Le Muséon* 94 (1981) p. 55-73.
—: Two Epigraphic South Arabian Roots: HYᶜ and KRB, *Al-Hudhud. Festschrift Maria Höfner zum 80. Geburtstag*. Graz 1981, p. 21-34.
—: A Note on Maᶜdikarib's Wādī Māsil Text, *AION* 42 (1982) p. 307-311.
Botterweck, G. Joh.: Altsüdarabische Glaser-Inschriften, *Orientalia* 19 (1950) p. 435-444.
Bron, François: Notes d'épigraphie sud-arabique, *AION* 41 (1981) p. 161-164, pl. I-III.
Brown, W. L. and Beeston, A. F. L.: Sculptures and Inscriptions from Shabwa, *JRAS* 1954, p. 43-62, pl. XVIII-XXII.
Capuzzi, Anna: Yasir Yuhanᶜim in una nuova iscrizione sabea, *AION* 29 (1969) p. 419-422.
Caskel, Werner: *Entdeckungen in Arabien*. Köln und Opladen 1954 (Arbeitsgemeinschaft für Forschung des Landes Nordrhein-Westfalen. Geisteswissenschaften. Heft 30, Abhandlung).
—: Der Sinn der Inschrift in Ḥiṣn al-Ġurāb, *Folia Orientalia* 12 (1970) p. 51-60.
Cohen, Marcel: *Documents sudarabiques*. Paris 1934.
Conti Rossini, Karolus: *Chrestomathia arabica meridionalis epigraphica edita et glossario instructa*. Roma 1931.
Corpus des inscriptions et antiquités sud-arabes. Tome I. Section 1: *Inscriptions*. Section 2: *Antiquités*. Louvain 1977.
Corpus Inscriptionum Semiticarum. Pars quarta. *Inscriptiones ḥimyariticas et sabaeas continens*. Tomus I. II. III. Parisiis 1889. 1911. 1929.
Costa, Paolo: Antiquities from Ẓafar (Yemen), *AION* 33 (1973) p. 185-206, pl. I-XXVI.
—: *The Pre-Islamic Antiquities at the Yemen National Museum*. Roma 1978.
Degen, Rainer und Müller, Walter W.: Eine hebräisch-sabäische Bilinguis aus Bait al-Ašwal, *NESE* 2 (1974) p. 117-123, Taf. IX, X.
Dequin, H.: *Arabische Republik Jemen. Wirtschaftsgeographie eines Entwicklungslandes*. Riyadh 1976.
Díaz Esteban, Fernando: Inscripción sudarábiga en Madrid, *Trabajos de Prehistoria* 26 (1969) p. 359-363, 1 pl.
Doe, D. B.: *The Wadi Shirjan*. Bulletin Number 4. *Appendix to the Department of Antiquities Report, 1961-63*. Aden, August 1964.
— and Jamme, A.: New Sabaean Inscriptions from South Arabia, *JRAS* 1968, p. 1-28, pl. I-V.
Drewes, A. J.: A Note on ESA ʾsy, *Raydān* 2 (1979) p. 101-103.
Eryani cf. Iryānī
Fakhry, Ahmed: *An Archaeological Journey to Yemen* (*March-May, 1947*). Part I. Cairo 1952.
—: —. Part II. *Epigraphical Texts* by G. Ryckmans. Cairo 1952.
Garbini, Giovanni: Una nuova iscrizione di Šaraḥbiʾil Yaᶜfur, *AION* 29 (1969) p. 559-566, tav. I-IV.
—: Una bilingue sabeo-ebraica da Ẓafar, *AION* 30 (1970) p. 153-165, tav. I, II.
—: Antichità yemenite [I], *AION* 30 (1970) p. 400-404, tav. I-XVIII. [II] *AION* 30 (1970) p. 537-548, tav. XIX-XLVI.
—: Un oroscopo himyarita, *AION* 30 (1970) p. 439-446, tav. I-II.
—: Iscrizioni sabee da Hakir, *AION* 31 (1971) p. 303-311, tav. I-III.
—: Iscrizione sabea nel Museo Nazionale d'Arte Orientale in Roma, *Arte orientale in Italia*. I. *Scritti miscellanei del Museo Nazionale d'Arte Orientale Roma*. 1971, p. 25-30.

—: Iscrizioni sabee da Ḍulaᶜ, *AION* 32 (1972) p. 513-518, pl. I, II.
—: Nuove iscrizioni sabee, *AION* 33 (1973) p. 31-46, tav. I-IV.
—: Note di epigrafia sabea [I], *AION* 33 (1973) p. 431-438, tav. I-IV.
—: — - II, *AION* 34 (1974) p. 291-299.
—: Iscrizioni sudarabiche, *AION* 36 (1976) p. 293-315, tav. I-V.
—: Deux notes sudarabiques, *Semitica* 28 (1978) p. 97-102.
—: Osservazioni linguistiche e storiche sull'iscrizione di Maᶜdikarib Yaᶜfur (Ry 510), *AION* 39 (1979) p. 469-475.
Ghul, Mahmud ʿAli: New Qatabāni Inscriptions [I], *BSOAS* 22 (1959) p. 1-22, pl. I-IV. II, *BSOAS* 22 (1959) p. 419-438, pl. I-III.
—: Was the Ancient South Arabian *mdqnt* the Islamic *miḥrāb*?, *BSOAS* 25 (1962) p. 331-335.
Gruntfest, Ja. B.: Novye nadpisi iz Ḥadakāna i Šibām-Suhajma, *Pis'mennye pamjatniki i problemy istorii i kul'tury narodov vostoka. IX Godičnaja naučnaja sessija LO IV AN SSSR. Drevnjaja Aravija* (*Materialy i soobščenija*) Leningrad 1973, p. 45-55.
Höfner, Maria: *Altsüdarabische Grammatik*. Leipzig 1943 [Nachdruck Osnabrück 1976] (Porta linguarum orientalium. XXIV).
—: Drei sabäische Personenwidmungen, *WZKM* 51 (1948/52) p. 38-42.
—: Taʾlab als Patron der Kleinviehhirten, *Serta Cantabrigiensia*, Aquis Mattiacis 1954, p. 29-36.
—: Rezension von A. Jamme: *Sabaean Inscriptions from Maḥram Bilqîs* (*Mârib*), *ZDMG* 114 (1964) p. 423-426.
—: Eine altsüdarabische Sühne-Inschrift, *Hebräische Wortforschung. Festschrift zum 80. Geburtstag von Walter Baumgartner*. Leiden 1967, p. 106-113.
—: *Sammlung Eduard Glaser VIII. Inschriften aus Ṣirwāḥ, Ḫaulān* (I. Teil). Wien 1973 (SAWW, 291. Band, 1. Abhandlung).
—: *Sammlung Eduard Glaser XII. Inschriften aus Ṣirwāḥ, Ḫaulān* (II. Teil). Mit einem Anhang von Walter W. Müller. Wien 1976 (SAWW, 304. Band, 5. Abhandlung).
—: *Sammlung Eduard Glaser XIV. Sabäische Inschriften* (*Letzte Folge*). Wien 1981. (SAWW, 378. Band).
— und Solá Solé, J. M.: *Sammlung Eduard Glaser II. Inschriften aus dem Gebiet zwischen Mārib und dem Ǧōf*. Wien 1961 (SAWW, 238. Band, 3. Abhandlung).
ᶜInān, Zaid b. ᶜAlī: *Tārīḫ ḥaḍārat al-Yaman al-qadīm*. Al-Qāhira 1396 h [= 1976].
Irvine, Arthur K.: *A Survey of Old South Arabian Lexical Materials Connected with Irrigation Techniques*. Thesis, Oxford 1962.
—: Some Notes on Old South Arabian Monetary Terminology, *JRAS* 1964, p. 18-36.
—: Homicide in pre-Islamic South Arabia, *BSOAS* 30 (1967) p. 277-291.
Iryānī, Muṭahhar ᶜAlī al-: *Fī tārīḫ al-Yaman. Šarḥ wa-taᶜlīq ᶜalā nuqūš lam tunšar. 34 naqšan min maǧmūᶜat al-Qāḍī ᶜAlī ᶜAbdallāh al-Kuhālī*. Al-Qāhira 1973. (Eryani, Motahhar Ali al-: *In Yemen History. 34 New Inscriptions. Explanation and Interpretation*).
Iryani, Muṭahhar al- - Garbini, Giovanni: A Sabaean Rock-Engraved Inscription at Mosnaᶜ, *AION* 30 (1970) p. 405-408, pl. I-III.
Jamme, A.: Inscriptions du Musée de Ṣanᶜâ d'après les photographies de M. C. Ansaldi, *Le Muséon* 67 (1954) p. 323-338.
—: Inscriptions on the Sabaean Bronze Horse of the Dumbarton Oaks Collection, *Dumbarton Oaks Papers* 8 (1954) p. 317-330.
—: Inscriptions sud-arabes de la collection Ettore Rossi, *RSO* 30 (1955) p. 103-130, pl. I-III.
—: Inscriptions des alentours de Mâreb (Yémen). I, *Cahiers de Byrsa* 5 (1955) p. 265-281, pl. I, II.
—: *Le faux sabéen RES 4964*. Washington 1956.
—: *Quatre inscriptions sud-arabes*. Washington 1957.

—: *Sabaean Inscriptions from Maḥram Bilqîs (Mârib)*. Baltimore 1962 (Publications of the American Foundation for the Study of Man. Vol. III).
—: *Sabaean and Ḥasaean Inscriptions from Saudi Arabia*. Roma 1966 (Studi Semitici 23).
—: Liḥyanite, Sabaean and Thamudic Inscriptions from Western Saudi Arabia, *RSO* 45 (1970) p. 91-113, pl. I-X.
—: *Miscellanées d'ancient* [sic] *arabe*. II. Washington, D.C. 1971.
—: —. III. Washington, D.C. 1972.
—: *Carnegie Museum 1974/1975 Yemen Expedition*. Pittsburgh 1976.
—: *Miscellanées d'ancient* [sic] *arabe*. XI. Washington 1980.
—: Pre-Islamic Arabian Miscellanea, *Al-Hudhud. Festschrift Maria Höfner zum 80. Geburtstag*. Graz 1981, p. 95-112.
Južnaja Aravija. Pamjatniki drevnej istorii i kul'tury. Vypusk 1. Moskva 1978.
Kračkovskij, I. Ju.: Dve južnoarabskie nadpisi v Leningrade, *Izbrannye sočinenija* I (1955) p. 396-414, pl. I, II.
Loundine, A. G.: Deux inscriptions sabéennes de Mārib, *Le Muséon* 86 (1973) p. 179-192.
Lundin, A. G.: Južnaja Aravija v VI veke. *PS* 8 (71) (1961).
—: Novye južnoarabskie nadpisi muzeja v Ṣanʿā [I], *Ėpigrafika Vostoka* 15 (1963) p. 36-50.
—: O prave na vodu v sabejskom gosudarstve ėpochi mukarribov, *PS* 11 (74) (1964) p. 45-57.
—: *Sammlung Eduard Glaser V. Die Eponymenliste von Saba (aus dem Stamme Ḫalīl)*. Wien 1965 (SAWW, 248. Band, 1. Abhandlung).
—: *Gosudarstvo mukarribov Saba' (Sabejskij ėponimat)*. Moskva 1971.
—: Sabejskie nadpisi muzeja v Taʿizze, *Ėpigrafika Vostoka* 21 (1972) p. 10-18.
—: O charaktere nadpisej iz Džar al-Labba, *Vestnik Drevnej Istorii* 1972, 1, p. 28-37.
—: Inscriptions from Jār al-Labbā, *PSAS* 2 (1972) p. 65.
—: Novye južnoarabskie nadpisi iz Vadi Ḫirr, *Pis'mennye pamjatniki i problemy istorii i kul'tury narodov vostoka. IX Godičnaja naučnaja sessija LO IV AN SSSR. Drevnjaja Aravija (Materialy i soobščenija)* Leningrad 1973, p. 81-89.
—: Sabejskij činovnik i diplomat III v.n.ė., *PS* 25 (1974) p. 95-104.
Mlaker, K.: *Die Hierodulenlisten von Maʿīn nebst Untersuchungen zur altsüdarabischen Rechtsgeschichte und Chronologie*. Leipzig 1943 (Sammlung Orientalistischer Arbeiten. 15. Heft).
Mordtmann, J. H. und Mittwoch, Eugen: *Sabäische Inschriften*. Hamburg 1931 (Rathjens - v. Wissmannsche Südarabien-Reise. Band 1. Abhandlungen aus dem Gebiet der Auslandskunde. Band 36. Reihe B. Völkerkunde, Kulturgeschichte und Sprachen. Band 17).
— und —: *Himjarische Inschriften in den Staatlichen Museen zu Berlin*. Leipzig 1932 (Mitteilungen der Vorderasiatisch-Aegyptischen Gesellschaft, 37. Band, 1. Heft).
Moretti, Patrizia: Iscrizioni sabee a Màriya, *AION* 31 (1971) p. 119-122, tav. I, II.
Müller, Walter W.: Rezension von A. Jamme: *Sabaean Inscriptions from Maḥram Bilqîs (Mârib)*, *AfO* 21 (1966) p. 104-109.
—: Epigraphische Nachlese aus Ḥāz, *NESE* 1 (1972) p. 75-85, Taf. IX-XI.
—: Sabäische Inschriften aus dem Museum in Taʿizz, *NESE* 1 (1972) p. 87-101, Taf. XI-XII.
—: Neuentdeckte sabäische Inschriften aus al-Ḥuqqa, *NESE* 1 (1972) p. 103-125, Taf. XIII-XV.
—: Ergebnisse der Deutschen Jemen-Expedition 1970, *AfO* 24 (1973) p. 150-161.
—: Sabäische Texte zur Polyandrie, *NESE* 2 (1974) p. 125-138, Taf. X.
—: Eine sabäische Gesandtschaft in Ktesiphon und Seleukeia, *NESE* 2 (1974) p. 155-165.
—: CIH 140. Eine Neuinterpretation auf der Grundlage eines gesicherteren Textes, *AION* 34 (1974) p. 413-420.
—: Neuinterpretation altsüdarabischer Inschriften: RES 4698, CIH 45+44, Fa 74, *AION* 36 (1976) p. 55-67, tav. I-IV.

—: Notes on the Use of Frankincense in South Arabia, *PSAS* 6 (1976) p. 124-136.
—: Rezension von M. Höfner: *Sammlung Eduard Glaser VIII. Inschriften aus Ṣirwāḥ, Ḫaulān* (I. Teil), *ZDMG* 127 (1977) p. 125-128.
—: Sabäische Felsinschriften von der jemenitischen Grenze zur Rubᶜ al-Ḫālī, *NESE* 3 (1978) p. 113-136, Taf. V-VIII.
—: Die sabäische Felsinschrift von Maṣnaᶜat Māriya, *NESE* 3 (1978) p. 137-148, Taf. IX.
—: Abessinier und ihre Namen und Titel in vorislamischen südarabischen Texten, *NESE* 3 (1978) p. 159-168.
—: Weihrauch, Pauly-Wissowa: *Realencyclopädie der Classischen Altertumswissenschaft.* Supplement-Band XV. München 1978, p. 700-777.
—: The Inscriptions on the Hellenistic Bronze Statues from Nakhlat al-Ḥamrāʾ, Yemen, *PSAS* 9 (1979) p. 79-80.
—: Altsüdarabische Miszellen (I), *Raydān* 3 (1980) p. 63-73.
—: Eine paulinische Ausdrucksweise in einer spätsabäischen Inschrift, *Raydān* 3 (1980) p. 75-81.
—: Das Ende des antiken Königreichs Ḥaḍramaut. Die sabäische Inschrift Schreyer-Geukens = Iryānī 32, *Al-Hudhud. Festschrift Maria Höfner zum 80. Geburtstag.* Graz 1981, p. 225-256.
—: Sabäische Felsinschriften vom Ǧabal Balaq al-Ausaṭ, *Archäologische Berichte aus dem Jemen.* I (1982) p. 67-72.
— apud Hermann von Wissmann: *Die Geschichte von Sabaʾ II. Das Großreich der Sabäer bis zu seinem Ende im frühen 4. Jh. v. Chr.* Wien 1982.
— und von Wissmann, Hermann: Über die von einem Lavastrom bedrohten Tempel der Stadt Damhān, des heutigen al-Ḥuqqa, im antiken Gau Maʾḏin (Jemen), *Anzeiger der phil.-hist. Klasse der Österreichischen Akademie der Wissenschaften*, 113. Jahrgang (1976) p. 112-146.
Nāmī, Ḫalīl Yaḥyā: *Našr nuqūš sāmiyya qadīma min ǧanūb bilād al-ᶜarab wa-šarḥihā.* Al-Qāhira 1943.
—: Nuqūš ᶜarabiyya ǧanūbiyya, *Maǧallat Kulliyyat al-Ādāb* 9.1 (1947) p. 1-3, pl. I-IV.
—: —. Al-Maǧmūᶜa aṯ-ṯāniya, *Maǧallat Kulliyyat al-Ādāb* 16.2 (1954) p. 21-43, pl. I-IV.
—: —. Al-Maǧmūᶜa aṯ-ṯāliṯa, *Maǧallat Kulliyyat al-Ādāb* 20.1 (1958) p. 55-63.
—: —. Al-Maǧmūᶜa ar-rābiᶜa, *Ḥauliyyāt Kulliyyat al-Ādāb* 22.2 (1960) p. 53-63, pl. I-IV.
—: —. Al-Maǧmūᶜa al-ḫāmisa, *Ḥauliyyāt Kulliyyat al-Ādāb* 23.1 (1961) p. 1-9, 1 pl.
—: —. Al-Maǧmūᶜa as-sādisa, *Ḥauliyyāt Kulliyyat al-Ādāb* 24.1 (1962) p. 1-8, pl. I-IV.
Philby, H. St. J. B. and Tritton, A. S.: Najran Inscriptions, *JRAS* 1944, p. 119-129, pl. XIV, XV.
Pirenne, Jacqueline: L'invective avant le combat ou Le sens du verbe wśᶜ-twśᶜ en sud-arabe préislamique, *Beiträge zur Alten Geschichte und deren Nachleben. Festschrift für Franz Altheim zum 6.10.1968.* Herausgegeben von Ruth Stiehl und Hans Erich Stier. Zweiter Band. Berlin 1970, p. 27-34.
—: Sud-arabe QYF-QF // MQF. De la lexicographie à la spiritualité des idolâtres, *Semitica* 30 (1980) p. 93-124, pl. IV.
Radt, Wolfgang: *Katalog der staatlichen Antikensammlung von Ṣanᶜāʾ und anderer Antiken im Jemen, aufgenommen von der Deutschen Jemen-Expedition 1970.* Berlin 1973.
Rathjens, Carl: *Sabaeica. Bericht über die archäologischen Ergebnisse seiner zweiten, dritten und vierten Reise nach Südarabien.* I. Teil. *Der Reisebericht.* Hamburg 1953 (Mitteilungen aus dem Museum für Völkerkunde in Hamburg. XXIV).
—: —. II. Teil. *Die unlokalisierten Funde.* Hamburg 1955 (Mitteilungen aus dem Museum für Völkerkunde in Hamburg. XXIV).
—: —. III. Teil. *Bearbeitung der von Carl Rathjens in Sabaeica I und II in Abbildungen*

veröffentlichten altsüdarabischen Inschriften, sowie einiger sonstiger von ihm gesammelter Inschriftensteine von Maria Höfner. Hamburg 1966 (Mitteilungen aus dem Museum für Völkerkunde in Hamburg. XXVIII).

Répertoire d'Épigraphie Sémitique publié par la Commission du Corpus Inscriptionum Semiticarum. Tome V. VI. VII. VIII. Paris 1929. 1935. 1950. 1968.

Rhodokanakis, Nikolaus: *Ḳatabanische Texte zur Bodenwirtschaft* (*Zweite Folge*). Wien 1922 (SAWW, 198. Band, 2. Abhandlung).

—: *Altsabäische Texte I.* Wien 1927 (SAWW, 206. Band, 2. Abhandlung).

—: Dingliche Rechte im alten Südarabien, *WZKM* 37 (1930) p. 121-173.

—: Altsabäische Texte II, *WZKM* 39 (1933) p. 173-226.

Robin, Christian: L'Arabie du Sud antique. Le royaume de Saba, *Bible et Terre Sainte* 177 (Janvier 1976) p. 1-17.

—: *Le pays de Hamdān et Ḫawlān Quḍāʿa* (*Nord-Yémen*) *avant l'Islam*. Thèse. Paris 1977.

—: Quelques graffites préislamiques de al-Ḫazāʾin (Nord-Yémen), *Semitica* 28 (1978) p. 103-128, pl. III-VI.

—: Mission archéologique et épigraphique française au Yémen du Nord en automne 1978, *Comptes rendus de l'Académie des Inscriptions et Belles-Lettres*. Avril-Juin 1979, p. 174-202.

—: Documents de l'Arabie antique, *Raydān* 2 (1979) p. 121-134.

—: Le calendrier himyarite: nouvelles suggestions, *PSAS* 11 (1981) p. 43-53.

— et Bâfaqîh, Muḥammad: Inscriptions inédites du Maḥram Bilqîs (Mârib) au Musée de Bayḥân, *Raydān* 3 (1980) p. 83-112.

— - Bron, François: Deux inscriptions sudarabiques du Haut-Yāfiʿ (Sud-Yémen), *Semitica* 29 (1979) p. 137-145, pl. VIII.

— et Ryckmans, Jacques: L'attribution d'un bassin à une divinité en Arabie du Sud antique, *Raydān* 1 (1978) p. 39-64.

— et —: Les inscriptions de al-Asâḥil, ad-Durayb et Ḫirbat Saʿûd (Mission archéologique française en République Arabe du Yémen: prospection des antiquités préislamiques, 1980), *Raydān* 3 (1980) p. 113-181, pl. 1-30.

— et —: Dédicace de bassins rupestres antiques à proximité de Bâb al-Falağ (Mârib), *Archäologische Berichte aus dem Jemen*. I (1982) p. 107-115.

Rodinson, Maxime: G͟hid͟hāʾ, *The Encyclopaedia of Islam. New Edition*. Volume II. Leiden-London 1965, p. 1057-1072.

—: L'inscription RES 3904, *École Pratique des Hautes Études. IVe Section. Sciences Historiques et Philologiques. Annuaire 1969/1970*. Paris 1970, p. 161-182.

Ryckmans, Gonzague: Inscriptions sud-arabes. Première série, *Le Muséon* 40 (1927) p. 161-200.

—: Une inscription chrétienne sabéenne aux Musées d'Antiquités d'Istanbul, *Le Muséon* 59 (1946) p. 165-172.

—: Inscriptions sud-arabes. Huitième série, *Le Muséon* 62 (1949) p. 55-124, pl. I-VIII.

—: —. Dixième série, *Le Muséon* 66 (1953) p. 267-317, pl. I-VI.

—: —. Onzième série, *Le Muséon* 67 (1954) p. 99-119, pl. I, II.

—: —. Douzième série, *Le Muséon* 68 (1955) p. 297-312, pl. I.

—: —. Treizième série, *Le Muséon* 69 (1956) p. 139-163, pl. I.

—: —. Quatorzième série, *Le Muséon* 69 (1956) p. 369-389, pl. II, III.

—: —. Quinzième série, *Le Muséon* 70 (1957) p. 97-126, pl. I-V.

—: Graffites sabéens relevés en Arabie Saʿudite, *Scritti in onore di Giuseppe Furlani*, *RSO* 32 (1957) p. 557-566.

—: Inscriptions sud-arabes. Dix-septième série, *Le Muséon* 72 (1959) p. 159-176, pl. I-III.

—: —. Dix-huitième série, *Le Muséon* 73 (1960) p. 5-25, pl. I-III.

Ryckmans, Jacques: *L'institution monarchique en Arabie méridionale avant l'Islam* (*Maʿîn et Saba*). Louvain 1951 (Bibliothèque du Muséon. Vol. 28).
—: À propos du *mʿmr* sud-arabe: RES 3884 bis, *Le Muséon* 66 (1953) p. 343-369.
—: Le sens de *ḏʾl* en sud-arabe, *Le Muséon* 67 (1954) p. 339-348.
—: Himyaritica I, *Le Muséon* 69 (1956) p. 91-98.
—: Compte rendu de W. Caskel: *Entdeckungen in Arabien*, *BiOr* 14 (1957) p. 93-95.
—: Himyaritica (2), *Le Muséon* 79 (1966) p. 475-500.
—: Le texte Sharafaddin, Yemen, p. 44, bas, droite. Appendice à Hermann von Wissmann: Zur Kenntnis von Ostarabien, besonders al-Qaṭīf, im Altertum, *Le Muséon* 80 (1967) p. 508-512, pl. I.
—: La mancie par *ḫrb* en Arabie du Sud ancienne: L'inscription Nami NAG 12, *Festschrift Werner Caskel zum siebzigsten Geburtstag am 5. März 1966 gewidmet von Freunden und Schülern.* Herausgegeben von Erwin Gräf. Leiden 1968, p. 261-273.
—: Nouvelle interprétation d'un texte sabéen, *BiOr* 25 (1968) p. 5-8.
—: L'inscription sud-arabe Nami NAG 13-14, *Albright Volume. Eretz-Israel. Archaeological, Historical and Geographical Studies* 9 (1969) p. 102-108.
—: Les confessions publiques sabéennes: le code sud-arabe de pureté rituelle, *AION* 32 (1972) p. 1-15.
—: Himyaritica (3), *Le Muséon* 87 (1974) p. 237-263, pl. III.
—: — (4), *Le Muséon* 87 (1974) p. 493-521.
—: — (5), *Le Muséon* 88 (1975) p. 199-219.
—: Une expression astrologique méconnue dans les inscriptions sabéennes, *Miscellanea in honorem Josephi Vergote. Orientalia Lovaniensia Periodica* 6/7 (1975/1976) p. 521-529, pl. XIX.
—: Un vase en bronze avec inscription sud-arabe aux Musées Archéologiques d'Istanbul, *Raydān* 2 (1979) p. 135-149.
—: ʿUzzā et Lāt dans les inscriptions sud-arabes: à propos de deux amulettes méconnues, *JSS* 25 (1980) p. 193-204.
—: L'inscription Iryani 18, *Raydān* 3 (1980) p. 183-185.
—: Un parallèle sud-arabe à l'imposition du nom de Jean-Baptiste et de Jésus, *Al-Hudhud. Festschrift Maria Höfner zum 80. Geburtstag.* Graz 1981, p. 283-294.
Šarafaddīn cf. Sharafaddin.
Schaffer, Brigitte: *Sammlung Eduard Glaser VII. Sabäische Inschriften aus verschiedenen Fundorten.* Wien 1972 (SAWW, 282. Band, 1. Abhandlung).
—: *Sammlung Eduard Glaser X. Sabäische Inschriften aus verschiedenen Fundorten.* II. Teil. Wien 1975 (SAWW, 299. Band, 3. Abhandlung).
Serjeant, R. B.: *South Arabian Hunt.* London 1976.
—: Some Irrigation Systems in Ḥaḍramawt, *BSOAS* 27 (1964) p. 33-76, pl. I-IV.
Sharafaddin, A. H.: *Yemen. "Arabia Felix".* Taiz 1961.
Šarafaddīn, Aḥmad Ḥusain: *Tārīḫ al-Yaman aṯ-ṯaqāfī.* Al-Ǧuzʾ aṯ-ṯāliṯ. Al-Qāhira 1967.
Solá Solé, J. M.: *Las dos grandes inscripciones sudarábigas del dique de Mârib* (*Edición crítica de sus textos*) con un Apéndice de A. Jamme. Barcelona-Tübingen 1960.
—: *Sammlung Eduard Glaser IV. Inschriften aus Riyām.* Wien 1964 (SAWW, 243. Band, 4. Abhandlung).
Stiegner, Roswitha G.: Altsüdarabische Fragmente. Wādī al-Sirr (N-Jemen) 1978, *Al-Hudhud. Festschrift Maria Höfner zum 80. Geburtstag.* Graz 1981, p. 325-346.
Tschinkowitz, Helga: *Sammlung Eduard Glaser VI. Kleine Fragmente* (I. Teil). Wien 1969 (SAWW, 261. Band, 4. Abhandlung).
Tschinkowitz-Nagler, Helga: *Sammlung Eduard Glaser XI. Kleine Fragmente* (II. Teil). Wien 1975 (SAWW, 301. Band, 3. Abhandlung).

von Wissmann, Hermann: *Zur Archäologie und antiken Geographie von Südarabien.* Istanbul 1968 (Uitgaven van het Nederlands Historisch-Archaeologisch Instituut te Istanbul XXIV).
—: Die Geschichte des Sabäerreichs und der Feldzug des Aelius Gallus, *Aufstieg und Niedergang der römischen Welt. Geschichte und Kultur Roms im Spiegel der neueren Forschung.* II. *Principat.* Neunter Band (1. Halbband). Herausgegeben von Hildegard Temporini. Berlin 1976, p. 308-544.
—: *Die Geschichte von Saba᾿ II. Das Großreich der Sabäer bis zu seinem Ende im frühen 4. Jh. v. Chr.* Herausgegeben von Walter W. Müller. Wien 1982.

ʾ

ʾB → ʾ*BW*

ʾBD

n. *k-ʾbd* Gl 1572/6 ?*for* ever | *pour* toujours | أبدًا، (الى) الأبد?

n.p. *ʾbdt* J 633/7 [M] ?irregular troops | irréguliers | متطوعة، جند شُذّاذ، جند غير نظامي {Bee Notes 7.538}?

ʾBH

v. *tʾbh-* J 555/3 appoint *s.o. as an official* | nommer *qqn à une fonction publique* | نصّب ~ عيّن (أحدًا في منصب)

ʾBL

n. *ʾbl*, f. *ʾblt*, p. *ʾʾbl* camel | chameau | جمل; p. †*ʾʾbl* C 540/92, C 541/127 camel-load | charge de chameau | حمل بعير †

v. *ʾbl* J 665/38 [M] < >

ʾBN

n. *ʾbn* C 448 + Hakir 1/2, †C 540/30, p. *ʾʾbn* C 540/74† stone | pierre | حجر

ʾBR

n. *tʾbr-m* C 461/3 < >

ʾBW

n. *ʾb*, p. *ʾbh*, *ʾʾbw* C 294/1, C 332/7 father; ancestor, forbear | père; ancêtre, aïeul | أب، والد؛ جدّ، سَلَف

n.coll. *ʾbwt* C 609/2,6 [S] ?ancestry, agnates | ascendance, agnats | آباء، أجداد، أسلاف? → *BYT*

ʾBY

n. *tʾby* R 4176/4? permanent residence *in a place* | résidence permanente *en un lieu* | الاقامه الدائمة (في مكان) {Bee Min Market 144} ≠ ancestral boasting | vantardise au sujet des ancêtres | التفاخر بالآباء {Ghul NQI 1.11 n.2}?

ʾDB **I**

v. *ʾdb* J 576/10 [M] ?challenge *s.o. to* (*kl-*) *do s.t.* | mettre *qqn* au défi *de* (*kl-*) *faire qqch* | تحدّى (أحدًا أن يفعل شيئًا) {Bee Warf}?

n.coll. *ʾdbt* Ry 533/11 [M] auxiliaries | auxiliaires | أعوان، جند

n.p. *mʾdbt* [S] vassal | vassal | تابع ، مولى

ʾDB **II**

n.f. *ʾdb* J 540/2,3, ?d.? *ʾdb-nn* J 541/8 [C] *type of building* | *sorte de construction* | (نوع من المباني)

v. *ʾdb* J 540/3, J 541/8 [C] construct *an ʾdb* | construire *une ʾdb* | بنى «أدب»

ʾDM

n.coll. *ʾdm, ʾdwmt, ʾdym* YM 438/12, *ʾdymt* [S] vassals, subjects | vassaux, sujets | أتباع، موالٍ، رعية; [R] servants, devotees *of a deity* | serviteurs ~ adeptes *d'une divinité* | عبّاد ~ عِباد (إله) (cf *ʿbd*)

?v.? *ʾdm* J 643/22 (*—hmw*/...*wtmnʿhmw*) ?[M] put up a resistance against *s.o.* | résister *aux attaques de qqn* | قاوم (أحدًا) {JRy Nouv int 8}?

n. *tʾdm* J 644/24 [M] military mission, enterprise | mission ~ entreprise militaire | بعث عسكرى، عملية حربية

ʾDW

v. *ʾdw* R 4144/4 give, grant | donner, accorder | أعطى، أدّى

ʾḏ

conj. *ʾḏ* C 547/4, Ko 4/3 when | lorsque, quand | إذ، حين

partic. *ʾḏ* C 366, Gl 1677 (*s^2lṯtʾḏ*), J 2848an/4 (*ṯny*/—), Schm/Mārib 19 A/4 (*s^1dṯ*/*ʾḏ*) for the *x*th time | pour la xe fois | للمرة (كذا)، (كذا) مرة

ʾḎN

v. *ʾḏn* J 643/16, †C 541/74,76† dismiss, allow (*l-*) *s.o.* to depart | congédier ~ laisser partir *qqn* | أَذِن (لأحدٍ بالانصراف)

v. *s^1tʾḏn* J 643/14 [J] ?be invested with authority | être investi de pouvoirs | وُلِّيَ?

n. *ʾḏn* F 120/9 (*bʿd*/—) ear, hearing | oreille, ouïe | أُذُن، سَمْع; *ʾḏn*, p. *ʾʾḏn* faculties; obedience; goodwill; power, strength, authority | facultés; obéissance; bienveillance; pouvoir, force, autorité | مَلَكة؛ طاعة؛ رضا؛ قوة، قدرة، سلطة; R 3957/6 (*ḏ—h*) *person under* tutelage | *personne sous* tutelle | (شخص في) حماية أو رعاية

n.coll. *ʾḏn-n* E 13§8, *ʾḏynt* NNAG 13+14/3 [S] ?retainers, retinue | serviteurs, suite, entourage | أتباع، حشم?

n. *mʾḏn* C 506/2 ?[J] authority *of document* | force probante *d'un document* | نفاذ مفعول (وثيقة)?

n. *ʾḏnt* C 615/8 < > ≠ ?n.pr.?

ʾFKL

n.p. *ʾfklt* R 3945/16 [LW] priest *in conquered Nashan* | prêtre *dans le territoire conquis de Nashān* | كاهن (في أرض نشان المقهورة)

ʾFQ

v. *ʾfq* J 788+671/16, E 28§2 restrain, keep under control *wind*/*flood* | contenir ~ maîtriser *le vent* ~ *la crue* | ضبطَ ~ صدَّ ~ أمسك (فيضانًا أو ريحًا); †C 541/19 [J] exercise administrative control | exercer les pouvoirs administratifs | ضبطَ ضبطًا إداريًا {JRy Him 5.202}†

v.?imp.? *k-tʾfqn* Ra 42/11 ?be exposed to contagion | être exposé à la contagion | تعرّض لعدوى مرض {Bee Notes 10.419}?

ʾfy

n. *ʾfy-m* C 562/7 *sort of foodstuff* | *sorte d'aliment* | (نوع من الطعام)

ʾGL

n. *mʾgl*, †p. *mʾglt* C 621/7† tank, cistern | réservoir, citerne | بِركة، مأجل

ʾGM

n. *ʾgm* Ra 48/2 (*ṯʿd/—m*) ?full ownership rights | pleins droits de propriété | مِلك تام، كامل حقوق المِلك ≠ n.pr.?

ʾhb

[.]*ʾhb-hmw* J 746/11 < >

ʾHL

n. *ʾhl*, p. *ʾhlht* F 127/4 (*—/hrmm*), C 546/5 [S] folk, people, community | gens, peuple, communauté | أهـل، جماعـة; [R] religious community | communauté religieuse | جماعة دينية

n. *ʾhl* Gr 3/2 (*ʾḫd/—m*), p. *ʾhl* R 4085/5 (*ʾrbʿt/—m*), Dhī al-Ṣawlaʿ/2,3 [AC] ?covered cistern | citerne couverte | بركة مغطّاة، صهريج مغطّى?

ʾhn

conj. *ʾhn* Gl 1138/9, *ʾhn-m*, *ʾhn-mw*, *hn-mw* BR M. Bayḥān 5/15, *ʾhnn*, *ʾhnn-m* C 609/6, Gl 1200/3, *b-ʾhn-mw* whenever; wherever; whatever | à quelque moment ~ où ~ quoi *que ce soit* | حينما؛ حيثما؛ مهما

ʾHR

v.p.f. *tʾhrn* J 702/13 be inflamed (*tooth*) | être infectée (*dent*) | التهبت ~ تقرّحت (الأسنان)

ʾḪ → ***ʾḪW***

ʾḪḎ

v. *ʾḫḏ* take, seize *s.o./s.t.* | capturer *qqn*, s'emparer *de qqch* | أخذ (أحدًا أو شيئًا)، استولى على (أحدٍ أو شيءٍ); [M] take *warrior* prisoner | faire prisonnier *un combattant* | أسر ~ أخذ (مقاتلا) {Bee Warf 14}; C 548/2 (*—/bmqs¹mm*) [J] be held guilty | être reconnu coupable | أُوخِذ، اعتُبِر مذنبا

?v./n.? *ʾḫḏ* C 292/2 (*ḏ—/ḥrmt*) < >

v. *hʾḫḏ* C 84/3,4 attempt *to* (*l-*) *do s.t.* | tenter *de* (*l-*) *faire qqch* | حاول (أن يفعل شيئًا)

v. *tʾḫḏ* R 4088/4 &c ?be held, arrested | être appréhendé ~ arrêté | أُخِذ، قُبِض عليه ≠ abstain *from offense* | s'abstenir *de commettre un délit* | امتنع عن ~ ارعوى عن (اثم أو خطأ)?

n. *ʾḫḏ*, p. *ʾḫḏt*, *ʾḫyḏt* [M] prisoner of war | prisonnier de guerre | أخيذ، أسير حرب

a. *ʾḫḏ* YM 349/12 ([*ġn*]*mm/—m*) seized | saisi, capturé | مأخوذ، مستولًى عليه

n. *mʾḫḏ*, p. *mʾḫḏt* J 618/17 [A] ?control dyke | digue de régulation *du débit* | سدّ، حاجز لضبط السيل ≠ basin, reservoir | bassin, réservoir | حوض، مجتمع الماء وراء سد.?

n.p. *mʾẖḏt* Ist 7626/7, C 506/2 [J] ?content, purport *of a decree &c* | contenu ~ portée *d'un décret &c* | مضمون ~ محتوى ~ مقتضى (أمر أو مرسوم الخ)?

ʾH̱R

v. *ʾẖr* displace, remove *monument*; remove *an evil*; repel *enemy*; delay *action*; prolong | déplacer ~ enlever *un monument*; écarter *un mal*; repousser *l'ennemi*; différer ~ postposer *une action*; prolonger | أزال ~ أزاح (نصبًا)؛ أزال ~ أبعد (شرًا)؛ صدّ (عدوًا)؛ أَخّر ~ أَجّل (عملاً)؛ أطال، أخّر

v. *hʾẖr* C 81/5 delay *payment* | différer *un paiement* | أَخّر (الوفاء بمال)

pp. *mʾẖr* J 703/12, E 13§15 person who displaces ~ removes | *celui* qui déplace ~ enlève *qqch* | مزيل، مزيح؛ من أزال ~ أزاح (شيئا)

n. *l-ʾẖr* henceforth, *for the* future | désormais, *à l'*avenir | من حينه، من الآن فصاعدًا

a. *ʾẖr* C 609/8, J 2147/4, †C 541/95†, †f. *ʾẖrt* C 541/96† other; second; latter; last | autre; second (*de deux éléments*); dernier | آخَر، الآخَر (من اثنين)؛ أخير

n. *ʾʾẖr* C 547/12 another time, again | une autre fois, à nouveau | مرّةً أخرى، ثانيةً، من جديد

?prep.? *ʾẖry* J 540/3 ?in addition to | en plus de | زيادةً على، اضافةً الى ≠ after | après | بَعْد?

ʾH̱W

n. *ʾẖ*, *ʾẖy*, d. *ʾẖy*, p. *ʾẖy*, *ʾẖwt*; f. *ʾẖt*, p. *ʾẖt*; ?m.p./f.p.? *ʾẖt* YM 438/7 brother/sister; clan-fellow; ally | frère/sœur; contribule; allié | أخ/أخت؛ ابن العشيرة الواحدة؛ حليف; R 4781/3, YM 544/2 *object which is a* pair *to s.t. else* | *objet qui forme* la paire *avec un autre* | أخ ~ شِقّ ~ نظير (شيء آخر) {Bee Notes 11. 205}; *ʾs*^{1} (*ʾys*^{1}) … *ʾẖhw* (*ʾẖyhw*) each other | l'un … l'autre | أحدٌ الآخر، بعضُهم بعضًا

n. *ʾẖwn-n* C 308/11, *ʾẖwn* Gl 1218/6, C 308/15, *ʾẖwt* C 455/2 alliance | alliance | إخاء، حلف

v. *ʾẖw* R 3945/8+, p. *ʾẖww* R 3946/2 be allied to *s.o.* | être allié *à qqn* | آخى ~ حالفَ (أحدًا)

v.imp.p. *ytʾẖwnn* C 308/13, inf. *tʾẖwn* C 308/11 enter into an alliance *with* (*bʿm*) *s.o.* | conclure une alliance *avec* (*bʿm*) *qqn* | تآخى ~ تحالف (و، مع)

ʾḤD

n. *ʾḥd*, f. *ʾḥt*, †*ʾḥdy* BR Yanbuq 47/9† one | un / une | واحد، أحد / واحدة، إحدى

ʾk

v. *ʾk* J 720/18 (*bʿdn*/—/*bn*/*nfs*^{1}*hw*) ?be relieved *of distress* | être délivré *d'un état de détresse* | خلص ~ نجا (من شدة) {Höf Sühne 112} ≠ be reassured | se rassurer | أطمأنَّ، رضِيَ، طابت نفسه {Ghul} ≠ leg. [*z*]*ʾk* {Bee}?

†?partic.? *tʾk* C 540/68 ?thus | ainsi | هكذا، كذلك?†

ʾKL

n. *ʾkl* C 563+956/2, Gl 1537/7, J 2848y/10, ?p.? *ʾkyl* C 548/12 grain crops, corn; meal | récolte de grain; blé; farine | غلال الزرع، حبوب؛ دقيق → *KYL*

n. *mʾkl* C 570/7 barn, storehouse *for grain* | grenier, silo *à grain* | مخزن ~ خزانة (غلال)

ʾ*L* I

n. *ʾl, ʾl-m* R 3945/1 &c (*ḏ—/ws²ymm*), *ʾlh*, d. *ʾly*, p. *ʾlʾlt*; f. *ʾlt* Gl 1658/5, YM 386/4, *ʾlht* YM 386/2, ?p.? *ʾlht* J 2867/8 god/goddess, divinity | dieu/déesse, divinité | إله/إلهة، معبود

†n. *ʾʾlh-n* Ry 508/10 [*calque Hebrew* | *calque de l'hébreu* | (عبراني منقول)] God | Dieu | الله، الإله†

ʾ*l* II

partic. *ʾl* not | ne ... pas | لا (النافية أو الناهية)

ʾ*l* III

pron.dem./rel. → *ḏ*

ʾ*l* IV

?partic.? *ʾl/ ... ʾl* C 532/8 ?whether ... or | (soit) que ... ou bien que | إمّا ... إمّا ≠ = *ʾl* III?

ʾ*LF*

n. *ʾlf*, p. *ʾʾlf* thousand | mille | أَلْف

ʾ*LH* I → ʾ*L* I

ʾ*LH* II

n. *ʾlht* J 578/42 curse, malediction | malédiction, imprécation | لعنة {Bee BSOAS 35 (1972). 351}

v. *tʾlh* J 578/42 utter *a curse* | proférer *une malédiction* | لَعَنَ

ʾ*LM*

v. *ʾlm* [R] hold *ritual* banquet for (acc) *a deity* | donner un banquet *rituel* pour (acc) *une divinité* | أَوْلَم وليمةً (دينية) (لمعبود)

†n.coll. *ʾlmt* C 541/82 {sic Sol Dique} [S] *group of* associates | *groupe d'*associés | قرناء، شركاء†

n. *ʾlm*, p. *ʾlm* R 4176/8 [R] *ritual* banquet, feast | banquet ~ festin *rituel* | وليمة (دينية)

n. *ʾlm* J 2904/2 &c, *mʾlmt* R 4635/4 banqueting hall | salle de banquet | دار ضيافة، قاعة ولائم

ʾ*M*

n.f. *ʾmt*, p. *ʾmh* [S] bondwoman, female vassal | femme esclave, vassale | أَمَة; [R] servant, devotee *of a deity* | servante ~ adepte *d'une divinité* | أَمَة ~ عابدة (اله)

ʾ*MM* I

n.f. *ʾm*, p. *ʾmht* F 76/3 mother | mère | أُمّ، والدة

ʾ*MM* II

n.f. *ʾmt* C 570/2, p. *ʾmm, ʾmn* C 570/1 cubit | coudée | ذراع (قياس)

ʾMM III

v.imp.p. *yʾtmmw* R 3945/1 obey, be led | obéir, être conduit | ائتَمّ، اتّبع، أطاع

ʾMN

v. *ʾmn* R 3308/4 be secure, do *s.t.* with impunity | être sans inquiétude, faire *qqch* impunément | أَمِنَ، فعل (شيئا) في أمن من العقاب {Bee Notes 12.64}

v. *hʾmn* protect | protéger | آمَنَ، حمى، حفظ; R 3308/1 {Ja MAA 2.60} entrust *s.t. for safekeeping with* (*bqdmy*) *s.o.* | confier *à* (*bqdmy*) *qqn qqch* à garder | ائتمن (أحدًا على شيء)، استودع (أحدًا شيئًا)

†n. *ʾmn* Ry 403/6 {sic photo}, Ry 513/5, Tanʿim [LW] amen | amen | آمين†

n. *ʾmn* C 308/13 safety, security | sûreté, sécurité | أَمْن، سلامة

n. *ʾmnt* R 3308/1 deposit *entrusted for safekeeping with s.o.* | dépôt *confié à la garde de qqn* | أمانة، وديعة; R 3945/13,18 (*ḏ*—) *person/thing under* protection *of s.o.* | *personne* ~ *chose qui est sous* la protection *de qqn* | (شخص أو شيء في) أمانة ~ حفظ (أحد)

n.?p.? *ʾmynt* R 4771/1 [J] guarantee | garantie | أمان، ضمانة

n. *tʾmn* (*ḥṯb*/—*m*), p. *tʾmnt* J 651/34 expression of gratitude, confidence | expression de reconnaissance ~ de confiance | (تعبير عن) ثقة ~ عرفان فضل

ʾMR

n. *ʾmr* sign; omen; oracle | signe; présage; oracle | إمارة، إشارة؛ فأل؛ جواب وحي

n.p. *ʾwmr* J 576/13 [M] ?signal-station | station de signaux | مكان إشارة، مَرْقَب إشارة {Bee Notes 8.444}?

ʾn

†pron. 1e pers.s. *ʾn* Gl 1782 (*bnhw*/—) I | je, moi | أنا†

†?pron. 1e pers.p. *ʾn* C 541/4 (—/*ʾbrh*) we | nous | نحن ≠ *element in n.pr.* | *élément constitutif de noms propres* | (جزء من اسم علم)?†

ʾNF

n. *ḏ-ʾf-n* Sh 7§4, †C 540/62, C 541/45†, p. *ʾʾnf* C 553+554/1 [AC] <   >

ʾNM

n.coll. *ʾnm* R 3945/11, 13 [S] ?populace *in general* | bas-peuple *en général* | أنام، أُناس {Bee} ≠ 'weavers' *as disparaging term for lower classes* | «tisserands», *terme péjoratif pour désigner des classes inférieures* | حاكة (تعبيرًا عن الطبقات الدنيا للتحقير) {Rho}?

ʾNS^1

n. *ʾns*^{1}, *ʾs*^{1}, p. *ʾns*^{1} man; male | homme; de sexe masculin | إنسان، رجل، ذكر (عكس أنثى); [S] husband | mari | زوج، بعل; ?paterfamilias | *pater familias* | رب أسرة?; [M] leading warrior | chef guerrier | رجل مقدّم في الحرب {Bee Warf 11} → *ʾYS*^{1}

***ʾnt**

†pron. 2e pers.s. *ʾt* Ry 508/11 (*mrʾ*/—) thou | tu, toi | أنت†

ʾNṮ

n. *ʾnṯt*, *ʾṯt*, p. *ʾnṯ*, *ʾnṯt* R 4176/7, Gar ISA 2/9, *ʾʾnṯ* J 575/6 woman; female; wife | femme; de sexe féminin; épouse | امرأة، أنثى، زوج

a./n. *ʾnṯy* C 392/9, *ʾṯy* J 752/11, Rob Maš 1/8, coll. *tʾnṯ* MAFY Yašīʿ 8/6 (*bqrm/—m*) female | femelle | أنثى

ʾNY

v.f. *ʾnyt* R 3956/6 [R] commit fault ~ sin *of omission* | commettre une faute ~ un péché *par omission* | غفل، تغافل، قصّر

ʾRB

n. coll. *ʾrby* J 610/8 locusts | sauterelles | جراد

ʾRḌ

n.f. (?s.& p.? {Bee St 1.96}) *ʾrḍ*, *ʾrḍt* land; territory; country; *cultivated* ground | terre; territoire, pays; terrain *cultivé* | أرض؛ بلاد؛ أرض (فلاحة); †(*s¹myn/w—n*) earth | la terre | †الأرض (نظير السماء)

ʾRF

n. *ʾrft* R 4922/4 <　　> {Gar Note 1.436}

ʾRḪ

n.f. *ʾrḫ* J 669/23 (*hyt/—n*) &c., p. *ʾʾrḫ* affair, matter; undertaking | affaire, chose; entreprise | أمر، مسألة؛ مهمّة; [M] battle | combat | معركة; [J] *judicial* case | affaire *judiciaire*, procès | قضية، دعوى (قضائية)

ʾRK

n. *ʾrk* C 555/4 (*l—n*), C 570/9 (*kl/ʿfrm/w—m*) ?duration *of time* | longueur *du temps*, durée | مدى، مدة ≠ length | longueur | طول ≠ Salvadora persica, arāk | *arbustes* Arāk | (شجر) الأراك?

ʾRW

n.p. *ʾrwy-n* R 4176/6 *female* mountain goat, ibex | bouquetin *femelle* | (أنثى) وعل، أرْويّة

ʾS¹ → ʾNS¹

ʾS¹D

n.coll. *ʾs¹d* men; soldiers, warriors | hommes; soldats, guerriers | رجال؛ محاربون، جند

pron.rel.p. *ʾs¹d* who | ceux qui | الذين {Höf Gram 53}

***ʾS¹S¹**

n. *ʾs¹* NNAG 11/38, E 13§15 base | socle | أساس

ʾS¹W/ʾS¹Y

v. *ʾs¹y*, *ʾs¹w* R 4193/8, p. *ʾs¹y-*, *ʾs¹yw*, imp, *yʾs¹yn* Rob Maš 1/12, p. *yʾs¹ynn* E 13§10 bring, send; find; be present | amener, envoyer; trouver; se trouver | أحضر، أرسل؛

وَجَدَ؛ وُجِدَ، كان {Drewes Note; Bee Notes 12.55-7; Mü Asa Misz 71}

v. *hʾs^1y* J 651/11 send | envoyer | أرسل

v. *ʾs^1y* C 284/6, R 4356/4, ?imp.f.? *tʾs^1yn* R 4084/8 < >

v.imp.p. *yhʾs^1ynn* Gl 1628/7 < >

ʾs^3ḥmt

†a. *ʾs^3ḥmt* J 544/3 (*ḥywm/—/wmrḍytm*) ?[LW] decent, decorous, proper | digne, honorable, convenable | لائق، قويم، كريم، صالح {Mü Paulin Ausdr 75}?†

ʾS^3R

v. *ʾs^3r* J 665/22, †Ry 506/6† [M] take captive | capturer, faire prisonnier | أسرَ; C 372/3 {sic Ry 30}, C 603b/28 [J] be bound *by obligation* | être tenu *par une obligation* | تقيَّدَ (بالتزام)

n. ?ʾs^3*r-m*? R 4176/6 ?strenuous driving *of animal* | action de mener *un animal* à trop vive allure | شدّة في سوق (حيوان)?

ʾṣf

n. *ʾṣf* C 87/5 ?prescription, injunction | prescription, injonction | وصيّة، صفة (ما يجب عمله)? (? √ ?)

ʾTB

n. *ʾtb* C 949/3, NNAG 4/5 boundary-stone, limit | borne, limite | نَصْب، حجر حَدّ، حَدّ

n.?p.? *ʾtbt* R 4267/2 < >

ʾTM

v. *ʾtm* C 315/5,10 bring together, reconcile *two parties* | réunir ~ réconcilier *deux adversaires* | وفّق ~ ألّف بين (فريقين); C 37/6, C 616/4 [J] acquire *property by mutual agreement* | acquérir *un bien de gré à gré* | حازَ ~ تملّكَ (مالاً) باتفاق

v.intr. *ʾtm* J 643/29 [M] effect a junction (*troops*) | opérer leur jonction (*troupes*) | اجتمع ~ التقى (الجند); R 3951/4, Rob Umm Laylā 1/1 [J] reach agreement | se mettre d'accord | اتفق، توصل الى وفاق

v. *hʾtm* J 2867/5 join *a thing to* (*b-*) *another* | joindre *une chose à* (*b-*) *une autre* | جمَعَ ~ قَرَنَ (شيئا الى آخر)

v. *tʾtm*, *ʾttm* [M] be mustered, muster (intr.), be regrouped | être rassemblé, se rassembler, être regroupé | تجمّع، عاد الى الاجتماع

n. *ʾtm* C 37/6 property rights | droit de propriété | حقوق مِلك; R 4781/5 ?property | propriété | ملك، ممتلك، مال ≠ [A] convergence wall | mur qui fait converger *les eaux* | جدار تجميع (مياه)?

n. *ʾtmt* C 131/2, C 155/3 ?agreement, pact | accord, convention | اتفاق، عهد?

n. *mʾtm* C 555/5,6 landed property *acquired by agreement* | propriété *foncière acquise de gré à gré* | ارض ~ ضيعة (ممتلكة باتفاق)

ʾTN

v. *hʾtn* E 21§1 drive, track down *wild beast* | rabattre ~ traquer *du gibier* | قصّ آثار (وحش) {JRy Him 4.506 n. 2}

n. *mʾtn* R 4176/12 ?duration, extent | durée, étendue | امتداد ، مدى ، مدة؟

ʾTW/ʾTY

v. *ʾtw*, p. *ʾtww*, †*ʾtyw* BR Yanbuq 47/7†, imp. *yʾtw*, *yʾtwn*, *yʾtyn*, *yʾt* R 4176/10, 11, p. *yʾtyw*, inf. *ʾtw*, *ʾty* E 28§1 come; come back | arriver, venir; revenir | أتى ؛ آب ، عاد; [A] come forth, be produced (*crops*) | pousser ~ venir à terme (*produits de culture*) | نبت ~ نتج (الحب أو الغلال)

v. *ʾtw* C 461/4 ?[R] bring/make *an offering* | apporter ~ présenter *une offrande* | جلب ~ قرّب (قربانا)؟

v. *ʾtw* E 7§3, imp. *yʾtwn* E 7§2 [A] bring, lead *water into reservoir &c* | amener ~ diriger *de l'eau dans un réservoir &c* | أجرى (ماء إلى جابية)

v. *hʾtw*, p. *hʾtww* C 282/9, imp. *yhʾtwn* C 563+956/2, *yhʾtyn* C 131/4 bring; bring away; bring about *an event* | amener; emmener; provoquer *un événement* | جلب ، أحضر ؛ أورد ؛ أحدث ~ سبّب (أمراً أو حادثة); [J] produce, publish *a regulation* | édicter *un règlement* | أصدر ~ نشر (قرارًا أو أمرا)

v.p. *tʾtww* J 735/12 ?come away, retire | s'en aller, se retirer | نأى ، ابتعد ، اعتزل {JRy} ≠ make petitions | adresser des requêtes | قدم التماسا ، التمس {Bee Notes 11.208}?

n. *ʾtw*, *ʾty-m* C 155/2, *ʾtyt* return, homecoming | retour, retour au foyer | مجيء ، عودة ، رواح; *ʾtw* C 352/6 ?crop-yield | rendement de la récolte | محصول ، غلّة زرع؟

n. *ʾtwt* E 18§1 *royal* accession | accession *au trône* | تسنّم سلطة (الملك)، تقلّد (مُلك)

n. *tʾtw* C 461/4 ?[R] offering | offrande | قربان ، تقدمة؟

n. *mʾtw* YMN 7/3, *mʾt* Gl 1209/11, p. *mʾtt* R 4194/3, YMN 3/4, YMN 4/4 [A] inlet/outlet channel | chenal d'admission/de sortie | منفذ ماء {Irv Surv 127}

ʾṮL

n.coll. *ʾṯl* C 605bis/6, R 4646/9, 13 tamarisks | tamaris | (شجر) الأثل

ʾṮR

n. *ʾṯr* J 575/4, J 660/11 *on* (*b-*) *the* track *of s.o.* | *sur* (*b-*) *la* trace *de qqn* | (على) أَثَر (أحدٍ)

prep. *b-ʾṯry* NNAG 15/13, *ʾṯr[y]* R 3951/5 (*qdmy/w*—) after (*of time*) | après | بَعْد ، إثْرَ

ʾṯym → *ʾNṮ*

ʾṬR

ʾṭr R 4029/1 < >

ʾw

conj. *ʾw*, *f-ʾw* or | ou | أو

ʾWD

n. *ʾwd*, ?p.? *ʾwdt* C 465/5 ?level | niveau | مستوى ، سَوِيّة; boundary line | limite; ligne de démarcation | خط الحد، خط التخم ≠ accomplishment *of undertaking* | exécution *d'une entreprise* | إنجاز (مهمة) {Ghul}?; p. *ʾʾwd* C 375/1, J 555/1 (*—n/ʾly/s¹ṭrn*) course of masonry | assise *de maçonnerie* | مدماك ~ ساف (من حجارة البناء)

†?v.p./n.? *ʾwd* Ry 508/2, J 1028/8 (*s¹bʾtm/—h*) ?[M] accomplish *a campaign* | entreprendre *une campagne* | أنجز ~ أتمّ (مهمة أو حملة) / termination | achèvement | اختتام، إنهاء?†

n. *mʾwd* R 3945/2 ?boundary | limite | حد، تخم {Irv Surv} ≠ n.pr. {Rho}?

ʾWL

v. *ʾwl*, d. *ʾwly* C 500/1, p. *ʾwlw*, inf. *ʾwln* get, obtain; bring back, get back | obtenir; ramener, revenir | نال، حاز؛ جلب، جاء بـ؛ أعاد

v. *hʾwl* J 670/10 (*—/ks¹dm*) be reduced to *e.g. feebleness* | être réduit à *un état de faiblesse p. ex.* | انحط ~ آلَ (إلى ضعف، مثلاً) {Bee Notes 11.206}

v. *tʾwl*, inf. *tʾwln*, *s¹tʾwln* J 577/15 return; bring back | revenir; ramener | عادَ؛ عادَ بـ; [M] return to base | regagner sa base | عاد إلى قاعدته

ʾwy → *TʾW*

ʾYL

n. *ʾyl* ZI 11 (*ṯwrnhn/w—n/ḏhbm*) mountain goat, ibex | bouquetin | أيّل، وَعْل

ʾYS¹ I

n. *ʾys¹* man | homme | انسان، رجل; fellow (pejor.) | individu (péjor.) | لئيم، وَغْد; [M] leading warrior | chef guerrier | رجل مقدّم في الحرب {Bee Warf 11}

ʾYS¹ II

v.p. *tʾys¹w* J 643/17, 33, inf. *tʾys¹n* J 629/35, NNAG 15/11 return, come home | revenir, rentrer au foyer | عاد، آب

ʾYW

v.imp. *yhʾyw* C 602/2 (*mn/l—*) < >

ʾzd

n.coll. *ʾzd* E 12§4, 5 [M] troops, contingent | troupes, contingent | جند، كوكبة، سريّة ? √ ?

ʾZL

v. *s¹tʾzl* E 7§2 (cf *s¹tʿzl* ZI 18) be deficient, fail (*rain*) | être insuffisante ~ faire défaut (*pluie*) | شحّ ~ احتبس (المطر)

ʾzlt → *ZLL*

ʾzy → *ZYY*

ʾẒY

n. *ʾẓyt* J 2109/12 (*—m/wbʾs¹ tm*) trouble, distress | ennuis, affliction | أذى، شدة، بلاء

ʿ

ʿBD

n.m. *ʿbd* [S] servant, serf, bondman, client, vassal | serviteur, serf, client, vassal | عبد، خادم، مولى، تابع; [R] servant, devotee *of deity* | serviteur ~ adepte *d'une divinité* | عبد ~ عابد (اله) (cf *ʾdm*, *ʾmt*)

?v.? *ʿbd-hn* C 69/4 ?reduce to vassalage | assujettir *qqn* | ?استعبد، صيّر عبدًا

†v. *tʿbd* Ist 7608bis/8 submit oneself | se soumettre | †تعبّد، صار عبدًا، خضع

ʿBR

v. *ʿbr* R 4088/2, ?inf./pp.? *ʿbr-m* R 4088/1 transgress, pass *a boundary* | violer ~ franchir *une limite* | عبر ~ تجاوز ~ تخطى (حدًا)

v. *ʿbr* C 87/5 (*ʾṣf/y—n*) ?be put into effect (*injunction*) | être exécuté (*ordre*) | نَفَذَ ~ عُمِلَ به (الأمر)?; F 63/3 ?lie beside/lie beyond | être situé à côté ~ au delà *de qqch* | ?كان وراء/كان إلى جانب

v. *ʿtbr* Baynūn 2/1 (*ly—n/ ʿṯtr*) take under protection | prendre sous sa protection | حمى، أجارَ

n. *ʿbr*, *ʿbrt* [A] wadi-side cultivation; terraced fields | culture en bordure d'un wādī; champs en terrasses | أرض فلاحة بجانب الوادي؛ أرض مدرّجة للزراعة

†n. *ʿbr-n* C 540/7 ?*other* side | *autre* côté | عَبْر، عُدْوة، الناحية الأخرى ≠ n.pr.?†

n.p. *ʾʿbr* R 3916/1 < >

n. *mʿbr* C 611/6, R 4815/2, Ry 366/1 side, direction | côté, direction | جانب، ناحية

n. *mʿbr* J 669/22 [J] ?judicial examination | interrogatoire judiciaire | نظر قضائي، تحقيق قضائي {Irv Hom 285} ≠ transgressor | intrus | متعدٍّ، متجاوز {JRy}?

n. *tʿbr* C 949/1, NNAG 4/2 delimitation | délimitation | تحديد، وضع حدود {Bee Boundary 2}

prep. *ʿbr*, *ʿbrn*, *b-ʿbr*, *l-ʿbr* towards, in the direction of; in favour of; against; on the responsibility of; with reference to; in/to the presence of *a judge, or the recipient of a diplomatic mission* | vers, dans la direction de; en faveur de; contre; sous la responsabilité de; par rapport à; chez; en présence *d'un juge ~ de celui qui accueille une mission diplomatique* | نحو، صوب؛ لـ، لصالح؛ على، ضِدّ؛ على مسؤولية؛ بخصوص، فيما يتعلق بـ؛ (دُخولاً) على (قاض أو من يستقبل رسولا)

ʿBṬ

n. *ʿbṭ*, *ʿbṭt* J 635/45 calamity | calamité | بلوى، مصيبة

ʿ*d*

prep. ʿ*d*, ʿ*dy*, ?ʿ*dw* Gl 1136/1?, ʿ*dn* Rob Ḫamir 1/5 to, up to, into; until; in, at | à, jusqu'à (*temps, lieu*); dans | عند ، في ، حتى (بكل معانيها) ؛ إلى; *k*-ʿ*d* C 376/15 corresponding to | correspondant à | مقابل، نظير

conj. ʿ*dy*, ʿ*dy*/*ḏ*-, ʿ*dy*/*ḏt* until | jusqu'à ce que | حتّى

→ ʿ*WD*

*ʿ*DD*

n. ʿ*dt* Sh 8/4 (*b—n*/*ḏhqlmt*/ʾ*rḍn*) period *of time* | période de temps | فترة (من الزمن)

n. *m*ʿ*d* R 3910/4 (*lyknn*/—*hw*/ʾ*ḥd*/*wrḫm*) period of delay | délai | مهلة

→ ʿ*TD*, ʿ*WD*, *W*ʿ*D*

ʿ*DM*

n. ʿ*dm* R 3943/5 [C] *type of building* | *sorte de construction* | ·(نوع من المباني)

ʿ*DQ*

n. ʿ*dq* J 558/5, E 31 *s.t. against which divine protection is invoked* | *qqch contre quoi on invoque la protection divine* | (شيء يستعاذ منه بإله)

ʿ*DW*/ʿ*DY*

v. ʿ*dw*, †ʿ*dy* Wellcome A 103664b/3†, p. ʿ*dww*, †ʿ*dyw* C 541/65†, imp. *y*ʿ*dwn*, f. *t*ʿ*dwn* E 14§4, p. *y*ʿ*dww* E 13§8, *y*ʿ*dwn*(!) J 631/24, inf. ʿ*dw* E 7§2, MAFY Yašīʿ 8/5 (?caus./intr.?) move, march, go | avancer, marcher; aller | سار، مضى، ذهب; reach, penetrate *into* (ʿ*dy*) *territory*, flow (*flood*) *into* (ʿ*dy*) *canal* | atteindre ~ pénétrer dans (ʿ*dy*) *un territoire*; pénétrer *dans* (ʿ*dy*) *un canal* (*eaux en crue*) | بلغ ~ نفذ (في ارض)؛ نفذ (المطر في القناة); [M] withdraw *to* (acc/ʿ*dy*) *a place* | se replier vers (acc/ʿ*dy*) *une position* | اجتاز، انسحب (إلى مكان); commit hostile action *against* (*b*ʿ*ly*) *s.o.* | commettre un acte hostile *contre* (*b*ʿ*ly*) *qqn* | عدا ~ اعتدى (على أحد); [J] offend *against* (*b*ʿ*ly*) *law* | enfreindre (*b*ʿ*ly*) *une loi* | تعدّى ~ تجاوز (على شرع أو حكم)

v.inf. *h*ʿ*dwn* C 570/8 remove, infringe *boundary* | enlever *une borne*, violer *une limite* | أزاح ~ تجاوز ~ تعدى (حدّاً)

n. ʿ*dwt* E 13§7 [M] thrust, attack | attaque, poussée | هجمة، صدمة

ʿ*ḎB*

v. ʿ*ḏb*, *h*ʿ*ḏb* Gl 1209/11, J 542/2 [C] repair, put in order | réparer, mettre en état | أصلح، قوّم; *h*ʿ*ḏb* R 3945/1 (—/*m*ʿ*s*^{2}*rt*) [S] organize *tribal assembly* | organiser *une assemblée tribale* | نظّم (مجلس قبيلة)

n. ʿ*ḏb* R 3945/15 [A] ?dyke | digue | سدٌّ، مُسنّاة {Rho} ≠ dyked land | terre entourée de digues | أرض عليها سدّ أو مُسنّاة {Irv Surv}?

n. ʿ*ḏbt* R 4276/1, R 4388 <   >

v. ʿ*ḏb* C 568/5 ?demand a penalty *from s.o.* | infliger une amende *à qqn* | اقتضى عقوبة (من أحد)?; C 522/4 (—/*b*ʿ*ly*/*s*^{2}ʿ*bhw*) ?offend *against* | faire outrage *à qqn* | أساء (إلى) ≠ make amends *to* | faire amende honorable *à qqn* | عوّض (أحدًا) عن ضرر?; N 74/13

[J] pay *money* as amercement | verser *de l'argent* en réparation | غرم ~ دفع (مالا) غرامة ; R 4233/9 (*l—/whkrbn/ġ[l]mtn*) ?pay dowry for *a girl* | payer le douaire *d'une fille* | مَهَرَ، أصدق (امرأة) مَهْرًا? MAFRAY Quṭra 1/3 ?give, hand over *girl* as amercement ≠ in marriage | donner ~ livrer *une fille* en réparation ≠ en mariage | أعطى ~ سلّم (امرأة) على سبيل الغرامة ≠ على سبيل الزواج?

v. *hʿḏb* C 603a/5, R 3951/5 [J] impose an amercement *on* (*bʿly*) *s.o.* | imposer une réparation *à* (*bʿly*) *qqn* | فرض غرامة (على أحد)

v. *s¹tʿḏb* C 563+956/2 [J] pay (2 acc) *a penalty to* | payer une amende *à qqn* (2 acc) | وفّى (جزاء أو غرامة الى أحد); R 4176/6 ?cause suffering to *an animal* | faire souffrir *un animal* | عذّب ~ أوجع (حيوانًا)?

n. *ʿḏb* C 504/3, *ʿḏbt* C 563+956/5 [J] penalty, amends | peine *infligée*, réparation | غرامة، تعويض، جزاء

ʿḎR I

n.coll. *ʿḏr*, *ḏ-ʿḏr-*, *ḏ-ʾʿḏr-* [S] ?followers, adherents; descendants; cognates; female kin | partisans; descendants; cognats; parenté féminine | أتباع، حشم؛ ذرية، أعقاب؛ أصهار؛ ذوو خؤولة؛ ذوات القربى?; J 615/4, ZI 32 (*ḏʾʿḏr/ʿrn/ʾlw*) [S] community | communauté | جماعة، عشيرة

n. *mʿḏr* Gl 1575+1130+1134/2 [C] *part of a construction* | *élément d'une construction* | (جزء من بناء)

ʿḎR II

v. *ʿḏr* C 308/22, J 601/7 bring to account, exact reprisals *on* (*bʿly*) *s.o. for* (*b-*) *s.t.* | faire rendre des comptes à ~ exercer des représailles *contre* (*bʿly*) *qqn pour* (*b-*) *tel méfait* | عاقب، جازى، استوفى جزاءً (من)

v. *s¹tʿḏr* C 568/4 seek pardon | demander pardon | استغفر، سأل الصفح

ʿḌ

n. *ʿḍ* J 557 [C] *building material* ?in wood ≠ stone? | *matériau de construction* ?bois ≠ pierre? | (مادة بناء من) ؟خشب ≠ حجر؟ {Bee St. 1.96-7}

ʿḌD

n. *ʿḍd* R 4781/5, p. *ʾʿḍd* F 71/8 &c [A] ?deflector dam | barrage de dérivation | سدّ تصريف، سدّ تحويل?

†n.p. *ʿḍwd* C 540/45 ?yearling beast | animal âgé d'un an | حيوان حَوْليّ?†

ʿḌW

n. *mʿḍw* C 86/9 malice | malveillance | ضغينة، حقد، أذى

ʿFR

v. *ʿfr* J 2861/5 &c [R] *perform cultic or sacrificial act* | *exécuter un certain acte cultuel ou sacrificiel* | (أدّى فعلاً دينيًا أو قربانًا)

n. *ʿfr* C 570/9 (*kl/—m*), ZI 71 ?time | temps | زمن، مدّة ≠ breadth | largeur | عَرْض

≠ sowing *land* before rain | action d'ensemencer *une terre* avant les pluies | عفر، طرح الحبّ قبل السقي / أو المطر؟

ʿ***FS²***

v. *hʿfs²* N 74/10 [R] commit a shameful act, sacrilege | commettre un acte honteux ~ sacrilège | اجترح فاحشة، فعل فعلاً شائناً

ʿ***GD***

n. *ʿgd* C 562/6 *type of foodstuff* | *sorte d'aliment* | (نوع من الطعام)

ʿ***GL***

n. *ʿglt* C 911/1 < >

ʿ***GLM***

†n. *ʿglmt* C 540/14, 16, p. *ʿglm* [AC] ?diversion mole | digue de déviation | جدار من حجارة مرصوصة لتحويل الماء?†

ʿ***GR***

n. *ʿgr* Gl 1218/14 unfriendly act | acte hostile | ايذاء، ضِرار

ʿ***HD***

v. *ʿhd* C 376/1, 5, Gl 1533/5 ?covenant | établir par convention | عاهد ≠ make known | faire connaître | أعلن، جعل معهودًا?

v. *ʿhd* F 86/1 < >

v. *ʿthd* J 716/7 take (*b-*) *s.o.* under protection | prendre (*b-*) *qqn* sous sa protection | حمى ~ أجار (أحدًا)

†n. *ʿhd* C 541/47 information, knowledge | information, connaissance | عِلْم، عَهْد†

n. *ʿhdt-n* J 651/18 what is normal ~ regular / normally, regularly | *ce qui est* normal ~ régulier / normalement, régulièrement | معهود، مألوف {Bee Notes 11.204}

n. *mʿhd* Sh 17§1 (—/*ʾlʾltn*), J 554 (—*y*/*qyn*/*ʾlmqh*) *temple functionary* | *fonctionnaire du temple* | (صاحب منصب في هيكل)

ʿ***HR***

n.p. *ʿhrw* [S] nobles *of the tribe Fys²n* | nobles *de la tribu de Fys²n* | سادة ~ أشراف (قبيلة فيشان)

†n.p. *mʿhrt* Gar ŠY/A6, B3 ?decorative figurine | figure ornementale | تمثال او دمية {Gar} ≠ bell | clochette | جرس {Mü}?†

ʿ***KR***

v. *ʿkr* contest *a claim*; refuse *a request* | contester *une revendication*; rejeter *une demande* | نازع في (ادّعاء)، ردّ (مطلبًا)

v. *ʿkr* become pregnant (*woman*) | être enceinte (*femme*) | حملَتْ ~ حبلَت (المرأة) {Bee Temp Mar 23}

v. *ʿtkr* Ry 522/2 (*ṯtmrn*/*w—n*/*wtfrn*) [A] become fertile (*land*) | devenir fertile (*terre*) | أخصبت (الأرض) {Bee Temp Mar 23}

v. *ʿtkr* Gl 1574/17 < >

ʿKS^3

n. *tʿks^3* C 405/15 injury | blessure | اصابة، أذى، ضرر

ʿLB

n.s./coll. *ʿlb*, p. *ʾʿlb* [A] Zizyphus spina Christi, ʿilb-tree; plantation of ʿilb | arbre ʿilb; plantation d'arbres ʿilb | شجر العلب، أرض مزروعة علبًا

ʿLL

?v. *hʿlln*? E 13§12 {?leg. *hʿnnn*?} save, defend | sauver, défendre | أعان، نَجّى، حمى

n. [.]*ʿll* C 351/9 malady *affecting the feet* | maladie *des pieds* | داء (يصيب القدمين)

n. *ʿl-n* E 29§2, Gr 11/3 ?*name of a rainy season* | *nom d'une saison de pluies* | (اسم فصل ماطر من فصول السنة) {JRy Him 5.206}?

ʿLM I

v. *ʿlm* F 3/9 &c [J] make acknowledgment | reconnaître publiquement | اعترف

v. *tʿlm* [J] take notice ~ cognizance of *s.o./s.t.* | prendre conscience de *qqn*, prendre note ~ connaissance de *qqch* | عَلِمَ ~ أخذ علمًا (بأحد أو شيء); authenticate (*b-*) a document | authentifier (*b-*) *un acte* | وضع علامته (على وثيقة)، وقّع (في وثيقة)

v. *s^{1}tʿlm* Gl 1533/8 {sic leg Ja, Rob; Höf SEG 12.40: *s^{1}tlm*} [J] ?acknowledge | reconnaître *le montant d'une somme due* | إعترف?

n. *ʿlm* sign, mark; signature; document | signe, marque; signature; document, acte | علامة، توقيع؛ وثيقة، مستند

ʿLM II

†n. *ʿlm* C 539/2, Ry 508/11 [LW] world | monde | عالَم†

ʿLN

a.p. *ʿlny* R 4818/5 (*ʾwldm/ʾ[ḥ]rrm/ʾḏkrwm/—m*) notable, distinguished | remarquable, éminent | مبرّز، نبيه، نجيب

ʿLṢ

n. *mʿlṣ* C 352/7 (*ḥmrhw/ʾtw/bwfym/bn/—n*), C 197/5 (*s^{1}ʿdhw/—/ṣdqm/*[…]*/ḫrft*), *mʿlṣt* C 408/11 (*hyhr/wfrʿ/b—n/bmwḏnhmw/ġymn*), Mafy Ḫamir 1/4 ?crops / cropland | cultures / terre de culture | زرع / أرض مزروعة، غلال {MoMi Sab p. 114}?

n. *mʿlṣ* C 408/5 (*hqny/ḏn/ṯwrn/w—hw*) < >

ʿLW/ʿLY

v.f. *ʿlyt* Ra 42/15 go up to (acc) *a place* | monter *vers* (acc) *un endroit* | علا ~ صعد (مكانا)

v.imp. *yʿly* C 603b/22 ?remove | enlever | أزال، أزاح?; ?p.f.? *yʿlwn* YMN 5/3 (*kl/nqb/…/—/ʾmwh*) [A] bring up, raise | hausser, faire monter | رفع

v. *hʿly* (*ʾl/—*), f.pass. *hʿlyt* R 4627/4 remove; destroy; violate; infringe | enlever; détruire; violer, enfreindre | أزاح، أزال؛ أتلف؛ تعدى على؛ انتهك

†v./n. *tʿly* R 4158/10, *tʿly-* C 596/3, 8 < >†

v. *ʿtl* Gl 1574/16 importune *deity with prayers* | importuner *une divinité* par des prières | ? √ ? توسّل إلى (إله بالدعاء)، استعطف (الاله بالدعاء)

n. *ʿly*, *ʿlt* high ground, highland, plateau; upper part | la montagne; haut-pays, plateau; partie supérieure | أرض عالية، أرض مرتفعة، نجد؛ جزء علوي

†n. *ʿlw* C 325/6, 8 height | hauteur | علو، ارتفاع†

n. *tʿly* (*ʾl*/—) infringement, tampering, removal | violation, altération, enlèvement | إزالة، انتهاك، تجاوز، تعدٍّ; Gl 1363/3 [J] ?claim, revendication | prétention, revendication | ?مطالبة، ادعاء باسترداد

n. *mʿl* Gl 1100/2 upper part | partie supérieure | أعلى، جزء علوي

†a. *ʿly* C 325/2, Gar ŠY/A4 high; topmost | haut; suprême | أعلى، عالٍ; J 1028/11 (*rḥmnn*/—*n*) Most High *God* | *Dieu le* Très-Haut | (الله) العلِيّ†

prep. *ʿly*, *b-ʿly*, *ʿl*, *b-ʿl-*, *ʿln*, *b-ʿlw-* J 643/29, Hakir 2/4, ?*ʿl-m* C 548/9 {sic Bee}? on, upon; on the basis of; with respect to; against; to the detriment of | sur, au-dessus de; à la suite de; sur base de; concernant; contre; au détriment de | عَلَى : (بسائر معانيها); *bn*/*w-ʿln* [J] with regard to and obligatory on | qui concerne et qui incombe à | بخصوص (أحدٍ) والتزامًا عليه

conj. *ʿln*/*ḏ-*, *ʿln*/*ḏt* because | parce que | لأنّ، بناء على أن

ʿ*m*

prep. *ʿm*, *b-ʿm*, *ʿmn*, *b-ʿmn* with, together with; in the presence of; on the authority of; from (*in transactions of giving and receiving*) | avec, en compagnie de; chez; en présence de; d'après; de, de la part de (*dans les opérations d'acquisition et de cession*) | مع، بصحبة؛ عند، بحضور؛ بمقتضى، بموجب؛ مِن (في معاملات الأخذ و الاعطاء); [M] *fight* with (= against) *enemy* | *combattre* avec (= contre) *un ennemi* | (تقاتل) مع (عدو)

ʿ***MD***

n. *ʿmd* Gl 1572/4 (*s*^{1}*mʿm*/*ḏ*—*m*), F 30bis/2 (*ẓhrm*/*ḏ*—*m* {sic photo}) [J] validity | validité | نفاذ، صحة شرعية; R 4176/2 (*b*—) ?straight line | ligne droite | استقامة، خط مستقيم?

†n.p. *ʾʿmd* Gar ŠY/A8 column, pillar | colonne, pilier | عِماد، عمود†

n.f. *ʿmd* C 610/3 (—/*wʿlbm*), p. *ʾʿmd* Ḍulaʿ 2/13 (*hnt*/—*n*) &c [A] ?vine-support, vinestock | échalas; pied de vigne | دعامة كرمة (ي : عمد ج أعماد) {JRy} ≠ irrigated field | champ irrigué | أرض تزرع سقيا؛ أرض سقي {Höf SEG 2.19}?

ʿ***MM*** I

n. *ʿm* Sh 22§1, p. *ʾʿmm* C 37/6 [S] uncle; male agnate | oncle; agnat masculin | عَمٌّ؛ قريب من ناحية الأب، قريب عمومة

ʿ***MM*** II

v. inf. *hʿmmn* J 627/10 [A] fill *with widespread rain* | remplir *d'eau par des pluies répandues sur une grande étendue* | عمّ (بالمطر)

pp. *mhʿmm* E 22§1 widespread *rain* | *pluie* répandue sur une grande étendue | (مطرٌ) عامّ

n. coll. *ʿmt* C 562/3 (*kbrhmw/w—hmw*) [S] *general* populace | bas-peuple *en général* | جماعة الناس

n. *tʿmm* publicity, publication | publicité, publication | تعميم، إذاعة، نشر

ʿMN

?n.? *ʿmn* R 4085/5 (*—hw/wbydhw*) ?flat land | terrain plat | أرض سهلة {Ghul} ≠ prep. → *ʿm*?

ʿMQ

n. *ʿmqt* N 49/1 <   >

ʿMR

n. *mʿmr* R 3966/3 (*—/mwglm* {sic edd}) memorial | mémorial | تذكار {JRy *Mʿmr* 363-4}

ʿMY

†v.imp. *yʿtmyn* C 542/2 <   >†

ʿn → *ʿNW*, *ʿWN*

ʿNB

n. *ʿnb* E 26§2, p. *ʾʿnb* vineyard | vignoble | كرمٌ (عنبٍ)

ʿND

ʿnd-hmw R 4638/1 <   >

****ʿNS¹***

n. *ʿs¹*- Gar ŠY/A7 {Gar Note 2.295} [C] ?stonework | maçonnerie | بناء بحجر?

ʿNW

v.f. *ʿnwt* R 3957/8, inf. *ʿnw* C 523/9 &c be distressed, troubled | être affligé, avoir des ennuis | اغتم، اكترب، اضطرب

n. *ʿnt* J 670/11, † R 4969/5†, ?*ʿn*- J 570/6? distress, trouble | affliction, ennuis | غم، شدة، كرب → *ʿWN*

ʿNY

†v.&.n. *ʿny/tʿnt*- C 907/1 <   >†

ʿNZ

†n.coll. *ʿnz* Ry 507/9, Ry 508/6 goats | chèvres | †ماعز (اسم جمع)

ʿQB

v. *ʿqb* Sh 31/16 &c act as *military* commander, *civil* governor (*ʿqb*) | exercer les fonctions de chef *militaire* ~ de gouverneur *civil* (*ʿqb*) | عمل قائدًا (للجند)؛ عمل واليًا، عمل عاقبًا

v. *ʿqb* appoint *s.o.* as *ʿqb* | nommer *qqn* aux fonctions de *ʿqb* | عيّن (أحدًا) عاقبًا

v. *hʿqb* C 570/2 [J] barter, exchange | troquer, échanger | قايض، بادل;

C 448+Hakir 1/3,4 [C] build *s.t.* additional, add later | construire *qqch* en sus, ajouter plus tard | بنى (شيئاً) اضافيًّا، أضاف، زاد

n. *ʿqb*, p. *ʿqbt* [S] deputy, lieutenant, governor, administrator, commander | adjoint, lieutenant, gouverneur, administrateur, chef | عاقبٌ، والٍ، عامل، قائد

n. *ʿqb* R 4176/12 <   >

n.p. *ʿqbt* Gl 1547/7, *ʾʿqbt* Gl 1547/3 [S] ?follower | partisan | تابع?

n. *ʿqb* N 29/2 (—/*ʾrḍtm*) ?adjoining part | partie contiguë | جزء ملحق، جزء ملاصق?

n. *ʿqb* C 548/12 monetary equivalent, price | équivalent en espèces, prix | قيمة الشيء نقدًا، ثمن

n. *ʿqbt* J 578/22 ?loyalty | loyalisme | طاعة، ولاء {Bee Warf}?

n. *ʿqbn-* C 570/4 bartering | troc | مقايضة

n. *ʿqbt* R 3958/6, J 649/31, 36, YMN 13/9 fortress, stronghold | forteresse, bastion | حصن، معقل

†n. *mʿqb* C 44+45/4 <   >†

†n.coll. *mʿqbt* R 5085/10 [M] ?guards | gardes | حرّاس، حشم?†

ʿQD

n. *ʿqd* J 577/12 (*mhrgm/d̲—m*) ?score, large number | quantité, grand nombre | عَقْد، عدد وافر {Bee Warf}?

a. *mʿqd* C 908/3 (*wt̲nn/—n*) ?fixed, determined | fixé, déterminé | ثابت، محدد?

ʿQM

†n. *mʿqm* C 540/15 [AC] ?spill-ledge | trop-plein | طنف مَصرف ماء {Irv Surv}?†

ʿQR

n. †*ʿqr* R 4069/10†, *mʿqr* E 12§3 ?land watered by rain | terre arrosée par la pluie | أرض يسقيها المطر?

ʿqrw C 64 <   >

ʿQW

v. *tʿqw* N 74/1, imp. *yʿtqwn* N 74/11, inf. *ʿtqwn* N 74/10 [R] commit an abomination | commettre une abomination | اقترف فاحشة، أتى بمنكر

n. *ʿqwt* N 74/1+ [R] abomination, sacrilege | abomination, sacrilège | فاحشة، فحشاء، منكر

ʿRB I

n. *mʿrb*, *mʿrbyt* Chelhod 14/3 west | ouest | غرب، مغرب

a. *mʿrby* C 132/2 westerly | occidental | غربي → ʿ*RB* III

ʿRB II

v. *ʿrb* †C 537+R 4919/7 (*—w/ws¹ tqfw*)†, C 428/2, R 4767/5, Rob Maš 1/4 (*yḥgrnn/w—n*) ?[R] offer | offrir | قدّم، قرّب?

v. *hʿrb* Rob Rayda 2/2 ?[R] offer | offrir | قدّم، قرّب?

v. *tʿrb* give pledges | donner des gages | أعطى رهنًا، أعطى مواثيق

n. ʿ*rb* C 461/5, C 463/4 ?[R] offering | offrande | قربان، تقدمة?

n. *t*ʿ*rb* J 578/22, p. ʿ*rbt* J 574/11 pledge, guarantee *of good conduct* | gage ~ garantie *de bonne conduite* | رهن ~ مَوْثق ~ تعهُّد (بحسن التصرف)

n. *m*ʿ*rbt* J 720/15 [R] sin-offering | offrande pour le péché | قربان عن خطيئة

ʿ*RB* III

v. ʿ*rb* R 4773/1 ?[C] construct in dressed stone | construire en pierres appareillées | بنى بحجارة مسوّاة منحوتة?

†n. *m*ʿ*rbt* C 540/77, R 4069/7 [C] dressed stone | pierre appareillée | حجر مسوّى منحوت†

n. *m*ʿ*rb* R 4773/2 (—*y*/*mṣr*ʿ*y*), *m*ʿ*rbyn-m* Cap 1/2 [C] < > → ʿ*RB* I

ʿ*RB* IV

n.coll. ʿ*rb*, p. ʾʿ*rb*, †ʿ*rbn-* Ry 507/2† [S] bedouin; bedouin mercenaries | bédouins; mercenaires bédouins | أعراب؛ أعراب مرتزقة أو متطوعة

ʿ*RB* V

prep. *b-*ʿ*rb* C 600/7 (ʾ*l*/—/*wb*ʿ*ly*/*bny*/*b*ʿ*ln*), C 604/1 (ʾ*l*/—/*kl*/[ʾ]*ns*¹*m*) ?for | pour | لِ، من أجل ≠ against | contre | على?; *b-*ʿ*rbn* Rob Rayda 2/3 for | pour | لِ، من أجل {Bee St 1.92} → ʿ*br* prep.

ʿ*RḌ*

†n. ʿ*rḍ* C 540/74 breadth | largeur | عَرْض (عكس طول)†

ʿ*RF*

n.p. ʾʿ*rf* C 24/5 < > ≠ (?leg. ʾʿ*rs*³?) ≠ ?dip-well | puits où l'eau affleure | بئرٌ مَتُوح، بئر قريبٌ ماؤها {Avanzini St 1.67}?

ʿ*RGL*

n. ʿ*rgl* J 610/8 *crop scourge*, ?locust swarm? | *fléau dévastant les récoltes*, ?essaim de sauterelles? | (آفة زروع) ؟سرب جراد؟

ʿ*RM*

v. ʿ*rm* E 14§4 (*lwḍ*ʿ/*wṯbr*/*w*—/...*kl*/*ḍrhmw*) violently overthrow | renverser avec violence | قمع، ثَلّ

v. ʿ*rm* N 29/2 (*k*—*hw*/*wgn*ʾ*hw*), Gl 1364/3 (*wḥgn*/*k*—/*w*ʾ*ḫḏ*/*kl*/*hwt*/*bytn*) < >

n.f. ʿ*rm* J 788+671/11 (*ṯbrt*/—*n*) &c, p. ʾʿ*rm* C 432/4 [AC] dam | barrage | سدّ، عَرِم

n.p. ʿ*rm* Gl 1142/10 *boundary* cairn | cairn, monceau de pierres *marquant une limite* | رُجم (حدّ) {Bee Taʾlab 155}

ʿ*RN*

n.p. ʿ*rwn* YMN 13/7 (—*hmw*/*wtbqlthmw*) [A] wooded land | terrain boisé | أرض ذات شجر، عرين

ʿ*RQ*

n. ʿ*rq* C 405/7 neck muscle / collarbone | muscle du cou / clavicule | عضلة العنق / ترقوة، العظم المشرف بين ثغرة النحر والعاتق

†n. *ʿrq* Ry 510/4 lowlying land, plain | dépression, plaine | أرض منخفضة، سهل، عراق†

ʿRR I

n. *ʿr*, p. *ʾʿrr* mountain; citadel; hill-town | montagne; citadelle; ville de montagne | جبل؛ قلعة؛ مدينة في جبل

†n. *ʿr* C 540/21, 27, C 541/69, 102 bedrock | soubassement de rocher | صفا، صخر صلد راسخ في الأرض†

ʿRR II

n.p. *ʿrwr* C 323/2 devastation | dévastation | إتلاف، تدمير {Mü-Wiss Lavastrom 119}

ʿRS²

n.p. *ʿrys²* J 2867/4 [C] ?shed, hut | cabane, hutte | سقيفة، عريش، كوخ؟

ʿRS³

n.p. *ʾʿrs³* C 308/6 [A] plantation | plantation | مغرس، غرس، مزرعة

ʿs¹ → *ʿNS¹

ʿS¹ʾ

v. *ʿs¹ʾ*, *hʿs¹ʾ* R 3967/1 (—/*mʾḏhmw*), Gar AY 7/1 [C] dig out; cut building stone; construct, work ?*in stone*? | creuser; tailler des pierres de construction; construire ?*en pierre*?, travailler ?*la pierre*? | حفر، شق؛ قلع حجارة بناء؛ بنى ~ صنع (؟من حجر؟)

v. *hʿs¹ʾ* R 4714 < >

n. *mʿs¹ʾ* [C] constructional work ?*in stone*? | ouvrage de construction ?*en pierre*? | بناء، تشييد (؟من حجر؟)

ʿS¹M

n. *ʿs¹m* E 7§2 (—/*ḫryftm*) &c a number of, a (considerable) amount of | un certain nombre, une quantité *considérable* | عدد من، مقدار (وافر) من; *ḏ-ʿs¹m in* great numbers | *en* grandes quantités | وافر العدد {Bee Notes 9.188}

v.aux. *hʿs¹m* do *s.t.* repeatedly, frequently | faire *qqch* à plusieurs reprises ~ fréquemment | كرّر، أعاد فعل (شيء)

n. *ʿs¹my-m* C 660/3 < >

ʿS¹N

v. *ʿs¹n* Gl A 752/1, Gl 1209/12, 13 [AC] excavate / lay lower courses of *e.g. well or dam* | creuser les fondations ~ poser les assises inférieures *d'un puits* ~ *d'un barrage, p.ex.* | حفر، شق / أرسى المداميك السفلى من (مثلاً : بئر أو سَدّ)

n. *ʿs¹n*, *mʿs¹n* R 3946/6 [C] foundation; lower course | fondations; assise inférieure | أساس، مدماك أسفل

ʿS¹Y

v. *ʿs¹y* make, do; acquire, buy | faire; acquérir; acheter | فعل، عمل؛ حاز، اشترى; R 2740/8 [R] offer *sacrifice* | faire *un sacrifice* | قدّم (قربانًا)

v. *hʿs*^{1}*y* C 318/3, 7 sell | vendre | باع

n. *ʿs*^{1}*y* J 669/7 (*mdlthmy/—m*) *measure of weight* | *mesure de poids* | (وحدة وزن)

ʿS^{2}Q

v. *hʿs*^{2}*q* YM 544/1 (*—/bʾr*), YMN 8/4 (*—/wbrr/mnqln*) dig *well*; cut *road* | forer *un puits*; tracer *une route* | حفر (بئرًا)، شقّ (طريقًا)

n. *ʿs*^{2}*q* R 4194/3, 4 (*—/ʾywn*) terracing | aménagement en terrasses | بناء مصطبات زراعية، بناء جرَب

ʿS^{2}R

n. *ʿs*^{2}*r*, *ʿs*^{2}*rt* ten | dix | عشر، عشرة; *ʿs*^{2}*ry*, *ʿs*^{2}*r-nhn* twenty | vingt | عشرون

n.f. *ʿs*^{2}*r* C 369/2, R 4995/1 (*ʾḥt/—*), d. *ʿs*^{2}*r* Na 29/3 (*ṯty/—hw*), p. *ʿs*^{2}*r* Fa 2 one-tenth | dixième (1/10e) | عُشْر، واحد من عشرة أجزاء

a. *ʿs*^{2}*r* J 653/13 tenth | dixième (10e) | عاشر

n. *ʿs*^{2}*r* [RJ] tithe | dîme | عُشْر (ضريبة على غلة الأرض)

v. *ʿs*^{2}*r* cede as tithe | attribuer à titre de dîme | أعطى (الشيء) عُشرًا

n. *ʿs*^{2}*rt* J 616/24, †F 74/6†, p. *ʿs*^{2}*r* [S] nomad group | groupement de nomades | عشيرة

n.p. *mʿs*^{2}*rt* R 3945/1 [S] ?tribal assembly | assemblée tribale | مجلس عشيرة، ندوة عشيرة؟

n. *mʿs*^{2}*rt* C 19/7 (*s*^{1}*tmlʾ/bʿmhw/b—m*) [R] < >

hʿs^2*r* C 516/27 < >

ʿS^{3}B

n. *ʿs*^{3}*b* R 3910/5 [J] hiring charge *of beast* | prix de location *d'un animal* | كراء (بهيمة)

n. *ʿs*^{3}*b* C 320/2, C 603b/5 < >

n. *ʿs*^{3}*bt* C 544/10, R 4194/4, Gl 1537/6 [A] pastureland | pâturage | مرعى

ʿS^{3}N

v. *ʿs*^{3}*n* Gl A 707/3 [AC] dig out | creuser | حفر، شقّ

ʿṢB

†a. *ʿṣby* Gar ŠY/A5$^+$ sculptured | sculpté | †منحوت

ʿṢD

n.p. *ʾʿṣd* J 574/5, J 575/3,4 ?[M] *enemy* concentration, *insurgent* band | concentration *d'ennemis*, bande *d'insurgés* | جمع (عدوٍ)، عصابة (ثائرين)؟

ʿṢM

n. *ʿṣm-m* C 290/5 < >

ʿṢR

v. *tʿṣr* J 700/13 struggle with one another | lutter l'un contre l'autre | تصارع، تقاتل

n. *ʿṣr* C 84/6 peril, danger | péril, danger | خطر، تهلكة

ʿTB

v. *ʿtb* R 3945/5+, C 516/8 ?vow, destine *to destruction* | vouer ~ destiner *à la destruction* | ?نذر ~ قضى بـ (للاتلاف)

ʿtd

v.imp. *yʿtdn* Ra 14/4 ?furnish, provide *with* (*bn*) *s.t.* | pourvoir ~ munir *de* (*bn*) *qqch* | ?جهّز ~ زوّد (بشيء) ?√ *ʿWD*?

ʿTK

prep. *ʿtk* R 3946/5, R 4194/4 (*t-—/nẖlyhmw*) opposite, confronting | en face de, vis-à-vis de | مقابل، قبالة

ʿtl

v. *ʿtl* Gl 1574/16 importune *deity with prayers* | importuner *de prières une divinité* | استعطف (الإ ٓله بالدعاء)، دعا (الإ ٓله) → *ʿLW*/ *ʿLY*

***ʿṭ*/ ?*ʿṬN*?**

v.imp.p. *yʿṭnn* R 4176/1 neglect, omit (*bn*) *to do s.t.* | négliger ~ omettre *de* (*bn*) *faire qqch* | ?√? سها ~ نَسِيَ (أن يفعل شيئا)

ʿṬF

n. *ʿṭf* R 3956/3 mantle | manteau | عطاف، معطف

n.f.p. *ʿṭwf* J 735/9 ?support, escort | suivante, suite | امرأة ممن يشايع ~ يرافق {Bee BSOAS 35 (1972).352}?

ʿWD

†v. *ʿd* C 541/23 [M] retire, return to (acc) *a place* | se replier *vers* (acc) ~ retourner *à* (acc) *un endroit* | †عاد ~ آب ~ ثاب (الى مكان)

v.f. *ʿwdt* C 533/5 <   >

v.inf. *ʿwdn* J 643/9 (*—hw/*s^{1}*lmm*) restore *peaceful relations with* (acc) *s.o.* | rétablir *des relations pacifiques avec* (acc) *qqn* | أعاد (العلاقات السلمية مع أحد)

v.aux.imp.p. *yʿdw* Ry 533/12 do *s.t.* ultimately | finir par faire *qqch* | ثاب الى عمل (شيء)، فعل (شيئًا) آخر الأمر

†v.p. *hʿdw* (+ *yd-*) C 541/51, 79, *hʿd-* (+ *yd-*) C 541/39 give back, restore *loyalty* to (2 acc) *s.o.* | faire à nouveau *acte d'allégeance* envers *qqn* (2 acc) | أعاد ~ جدّد (الولاء والطاعة لأحد)

→ *ʿtd*

†n. *ʿwd* C 540/22 &c [AC] ?return-wall / extension-wall *of dam* | mur d'ancrage / mur qui prologe *un barrage* | حائط استنادي / حائط امتدادي (لسد) {Serj Irr Syst 52}?†

n. *mʿd* J 647/29 [A] crop-return, crop-yield | produit de la récolte, récolte | محصول ~ غلة (حبوب أو ثمر)

adv. *ʿd* Naqīl Kuḥl/4 again | de nouveau | أيضاً، مرة ثانية

ʿWF

n. *ʿwf* J 616/21 [M] ?foraging party | escouade de fourrageurs | جماعة ارتياد، سرية تعسس زاد {Bee Warf}?

n. *ʿwfy-n* C 575/11 famine | famine | مجاعة {MoMi Sab no. 29}

n.p. *ʾʿwf* NNAG 11/32 ?hatred | haine | بغضاء، كراهية?

ʿWM

n. *ʿwm* C 575/8 ?year | année | عام، سنة?

***ʿWN* I**

†n. *mʿn* B. Ašwal 1/5 dwelling | demeure | مسكن†

n. *mʿn* Gl 1593/5, †*mʿwn* C 646/5† < >

ʿWN* II/ *ʿNW

v. *hʿn*, p. *hʿnw*, imp. *yhʿn*, *yhʿnn*, p. *yhʿnw* J 577/5, *yhʿnnn* C 457/12, inf. *hʿnn* aid, help, protect, deliver | aider, secourir; protéger, délivrer | أعان، ساعد، حمى، نجّى; [C] repair *damage* | réparer *des dégâts* | أصلح (خللاً أو تلفاً); [M] mount an offensive *against* (*bʿly*) *s.o.* | monter une attaque *contre* (*bʿly*) *qqn* | دبّر هجوما (على أحد); conduct military operations | mener des opérations militaires | قام بعمليات حربية

v. *s¹tʿn* Gl 1325/6, inf. *s¹tʿnn* J 633/11 seek help | demander de l'aide | استعان

n. *ʿnt* contingent; military operation | contingent; opération militaire | سرية عون، سرية مدد؛ عملية حربية

n. *hʿnt* J 2848y/9 {sic photo} &c, *ḏ-hʿnt-n* J 2848ah/2 {sic photo} aid | aide, secours | عون، اعانة

ʿWQ

n. *ʿwq* J 2834/4 ?bank, embankment | berge, talus | ضفة، جدارٌ واقٍ على ضفة نهر أو واد أو قناة?

ʿWR

n. *ʿwrt* ZI 22 (*tnḍʿ/bʿbr/bʿl/ʾwm/bws¹ṯ/—hw*) ?unprotected situation | situation exposée | عَوْرة ≠ tribulation | tribulation | فوضى، اضطراب، قلق {BR M. Bilqīs 34}?

prep. *ʿrt* C 547/13 in exchange for | en échange de | بدلاً من، مقابل → *GʿR*

ʿWS¹

n. *ʿws¹* plague, pestilence | peste, épidémie | طاعون، وباء

ʿYN

n.f. *ʿyn* J 706/7 eye | œil | عين; C 522/2, 3 {Bee Textual 27-9} ?money, cash | argent, argent liquide | عَيْن، نَقد?; Ra 10/1 {Bron AION 41 (1981).161} waterspring | source | عين، نبع ماء

n.p. *ʿyn* C 464/5, C 612/2, p. *ʾʿyn* C 464/6 < >

n.p. *mʿynt* J 2867/3 source, waterspring | source | عين، نبع، ينبوع

v.imp. *yhʿynn* C 464/4 < >

ʿ*YR* I

v.inf./n. *ʿyr* DJE 10/4, J 644/10 disgrace, shame | outrager/déshonneur, honte | عاب، شان/عيب، شين، عار

ʿ*YR* II

n. *tʿyrt* Ra 10/1 delimitation | délimitation | تحديد، وضع حدود

***ʿ*YR* III**

n. *ʿr-n* GRy Graff p. 561 caravan | caravane | قافلة، عِير

***ʿ*YS*^{2}**

n. *ʿs*^{2}*t* Sh 18§2 (*ḏry/s*^{1}*rrnhn/w—n/bʾmṭr*) F 63/2 [A] ?cornland | terre à blé | أرض زرع?

n. *ʿs*^{2}*t* C 548/10 ?peaceful life, public order | vie paisible; ordre public | عيشة آمنة، أمن?

ʿ*ZL* I

v. *ʿzl* Ra 42/12 ?seclude oneself | s'isoler | اعتزل، تنحى بنفسه {Bee Notes 10.419}?

v. *hʿzl* C 400/1, †J 516/7† ?remove | enlever | عزل، أقصى، أبعد

v. *s*^{1}*tʿzl* ZI 18 (cf *s*^{1}*tʾzl* E 7§2) fail (*rain*) | faire défaut (*pluie*) | احتبس (المطرُ)

ʿ*ZL* II

†n. *ʿzly* C 541/4 [LW] viceroy | vice-roi | نائب ملك†

ʿzm

?*l-ʿzm*? J 763/3 < >

ʿ*ZZ*

v. *hʿzz* R 4176/14 (—/*mḥr*) uphold ~ respect *law* | respecter ~ faire respecter *une loi* | عزّز ~ رعى ~ أقام (شريعةً أو قانونًا)

n. *ʿzt* C 326/3, J 559/12 strength, vigour | force, vigueur | عِزّة، قوة، همة

?n./v.? *ḏ-ʿz-hmw* F 55/6 < >

ʿẓm

? *w-ʿẓm*? Gl 1379/6 ?whole, totality | tout, totalité | جميع، معظم ≠ → *WʿẒ*?

B

b

prep. *b-* in, at, with, by | en, dans, à, avec, par, au moyen de | بِـ (حرف الجر بسائر معانيه)

bʾ

†n. *bʾt* C 542/1 (*w—h*) < >†

BʾD

a. *bʾd* Gl 1533/7 (—*m/wnfqm/ws*^{2}*ṣṣm*) [J] ?public | public | عامّ، شائع {Höf SEG 8.32}?

B'R

n.f. *b'r*, p. *'b'r* well, cistern | puits, citerne | بئر

v. *b'r* C 230/2, R 4194/2 dig a well ~ cistern | forer *un puits*, creuser *une citerne* | حفر بئرًا

B'S¹ I

n. *b's¹*, *b's¹t* harm, damage, misfortune; malice | mal, dommage, malheur; méchanceté | بأس، بأساء ؛ ضرر، نازلة ؛ أذى، ضغينة

v./n. *b's¹* J 651/33 (*bn/kl/d—*) be evil / evil | être mauvais / mal | كان بأسًا ~ شرًّا / بأس، شرّ

v. *hb's¹* J 577/13 act culpably | commettre un acte répréhensible | فعل ما فيه بأس، أثِم; C 444/2 harm, damage (*b-*) *s.t.* | endommager (*b-*) *qqch* | أضرَّ ~ أوقع الأذى (بشيء)

†*hb's¹* C 925/3 < >†

pp. *mhb's¹* person causing damage | *celui* qui endommage | من يُسبّب بأسًا أو أذىً

B'S¹ II

n.p. *'b's¹* Gl 1739/4, †R 4158/3† < >

B'D

prep. *b'd*, *b'dn* after | après | بَعْد; *b'd-hw*, *b'dn-hw* thereafter | ensuite, sur ces entrefaites | فيما بعد، بعدئذ

conj. *b'dn*, *b'dn/d-*, *b'dn/dt* NNAG 13+14/3, †Gr 27/3†, *b'd/d-*, *b'd/dt* E 7§2, E 13§10 after | après que | بَعْدما، بَعْد أن

n. *b'd* F 120/9 (*—/'dn*) ?deafness | surdité | صَمَم {JRy Him 1.96 n.10}?

†a. *b'd* C 539/2 (*b'lmn/—n/wqrbn*) ?distant | lointain, éloigné | بعيد ≠ *world* hereafter | *le monde* de l'au-delà | الآخرة?†

v. *b'd* J 631/8, C 380/4 take away, carry away | emmener, emporter | أخَذ، احتمل

B'L I

n. *b'l*, p. *'b'l*, f. *b'lt* [J] owner | propriétaire | بعل، ربّ، صاحب، مالك; [S] citizen, burgess *of a town* | citoyen ~ bourgeois *d'une ville* | مواطن، واحد من أهل (بلد أو مدينة); W. Sirr 1/3 husband | mari | بعل، زوج; [R] *divine* lord/lady *of a sanctuary* | seigneur/dame *d'un sanctuaire* (*divinité*) | ربّ/ربّة (معبد أو بيت); †Lord *of Heaven* | Seigneur *du Ciel* | ربّ (السماء)†; N 74/6, 9 priestess | prêtresse | كاهنة

v. *b'l* R 3966/8 &c own, possess, acquire | posséder, acquérir | ملكَ، حازَ

v. *b'l* F 3/6 [J] transfer, hand over *property* | transférer ~ céder *une propriété* | نقل ملكية (مال)، ملّك (مالاً)

v. *hb'l* [M] seize *enemy property* | s'emparer *de biens appartenant à l'ennemi* | ملك ~ استولى على (مالَ عدو)

n. *b'l-m* F 3/6 {sic GRy} possession | proprieté | مِلك، امتلاك

n. *mb'l* R 3892/4, R 4176/5 (*—/t'lb*), Rob Kāniṭ 4/2 (*—/t'lb*), J 554 (*—/'lmqh*) property | propriété | مال، مِلك

***Bʿ L* II**

n. *bʿl* (*ṯwr*/—*m*), p. *ʾbʿl* Gl 1520/5 [A] rain-irrigated land | terre arrosée par la pluie | أرض بعلية، أرض تسقى بالمطر

***Bʿ L* III**

†v. *bʿl* C 541/69 (—*w*/ *ʿrn*) [C] work, excavate *bedrock* | travailler ~ creuser *le soubassement rocheux* | †عَمِل في (صخر صلد)، شَقّ (صخراً صلداً)

†n. *tbʿl* C 541/102, p. *tbʿlt* C 540/21, 27 [C] working, excavation *in bedrock* | travail ~ creusement *dans le soubassement rocheux* | †عملٌ (في صخر صلد)، شقٌّ (صخرٍ صلدٍ)

Bʿ R

n.s.& coll. *bʿr* cattle; head of cattle | *gros* bétail; tête de *gros* bétail | ماشية، أنعام؛ بعير، جمل | R 4229/5 camel | chameau | رأس من ماشية أو أنعام

Bʿ W

v. *bʿw* [M] overcome *enemy*; assault *enemy position* | vaincre *un ennemi*; assaillir *une position ennemie* | غلب (عدوا)؛ هجم على (موقع عدو)

n. *bʿw* J 643/19, p. *bʿwt* J 578/10, 11 [M] assault, offensive | assaut, offensive | هجمة، مهاجمة

Bʿ Y

v.?p.f.pass.? *hbʿyn* J 708/9 ?be won (*battle*) | être victorieux (*combat*) | كُسِبَت (المعركةُ)?

BDʾ

n. *bdʾn* C 548/9 [J] first offender / first occasion | délinquant primaire / premier délit | مسيءٌ بدءًا / إساءة أولى

BDD

n. *bdd* C 571/11 (*l*—/*ẖrfnhn*), J 2839/10 period | période | مدة، فترة

n. *bd* Gl 1573/2 currency | monnayage | نقد، عملة {Bee Marg 2.423}

BDL

n. *bdln* C 535/9 (—/*bʿr*) sickness | maladie | تبدُّل، مَرَض

n. *bdlt* R 4782/2 expiatory offering | offrande expiatoire | تقدمة كفّارة، قربان كفّارة

****BDW***

n. *bdt* C 191/2 open country | rase campagne | بادية

****BḎḎ***

n. *bḏ* J 539/2 equivalent | équivalent | مثيل، مماثل، معادل

BḎL

a. *bḏl-m* F 30/5, p. *bḏln* C 609/5 [J] concessionary *document* | *document* relatif à une concession | (صك) تنازل، (وثيقة) منح

†pp. *mhbḏl* C 540/12 (*brrm*/—*m*/*blbt*/ *ʾzyyn*) [C] <   >†

BḌᶜ

v. *bḍᶜ* impose tribute *on* (*ᶜly*) *s.o.* | lever un tribut *sur* (*ᶜly*) *qqn* | فرض جزيةً (على أحد); C 563+956/1 [J] decree | décréter | أَمَرَ، رسمَ; [M] fatally wound *s.o. in battle* | blesser mortellement *qqn au combat* | جرح (احدًا) جرحا قاتلا (في قتال)

n. *bḍᶜ*, p. *ʾbḍᶜ* [J] tributary territory *of a town* | territoire tributaire *d'une ville* | أرض تابعة (لمدينة)

n.s.& coll. *bḍᶜ*, p. *bḍwᶜ* J 631/31 [M] warrior fatally wounded | guerrier mortellement blessé | قتيل جرح، قتيل طعنة

BĠL

n. *bġl* R 4146/5 mule | mulet | بغل

BHʾ

v. *bhʾ* enter | pénétrer | دخل; C 523/4 go in *to* (*ᶜly*) *a woman in her confinement* | entrer *chez* (*ᶜly*) *une femme en couches* | دخل على (أمرأةٍ في نفاسها); J 616/17 [M] enter, penetrate into *enemy country for scouting* | pénétrer *en reconnaissance* en (acc) *pays ennemi* | دخل، أوغل (في أرض عدو للاستكشاف); C 601/2, R 3951/1 [J] ?enter upon *office* | entrer en *fonction* | تسلّم، تولى، تقلد (منصبًا)?

pp. *bhʾ* C 548/2 entering | qui pénètre | داخل

n.p. *bhʾt* J 616/17 [M] scout, intelligence agent | éclaireur, agent de renseignements | كشاف، عين، ربيئة

†n. *mbhʾt* Gar AY 9d/6 entrance | entrée | مدخل†

→ **BWʾ*

BHṮ

v. *bhṯ* C 320/5 < >

a./n. *bhṯ* (—*m*/*wqṭnm*) ?great | grand | كبير، عظيم ≠ stranger, alien | étranger | غريب، أجنبي {Ghul}?

BHW

n. *mbhwt* Gl 1596/6 < >

BḪR

n. *ʾbḫr* C 582bis/2 ?incense offering | offrande d'encens | تقدمة بخور ≠ n.pr. {edd}?

BḤḌ

v. *bḥḍ* [M] make an incursion, sortie, sweep *into enemy territory* | faire une incursion ~ un raid *en territoire ennemi* | دخل ~ أغار على ~ وثب على ~ اقتحم (أرضَ عدو)

n. *bḥḍ*, p. *bḥḍt* J 578/10 [M] sortie, foray | raid, incursion | غارة، غزوة

BḤR

n. *bḥr*, p. *ʾbḥr* R 3945/10 sea; coast, coastal land; lowland; plain | mer; côte, littoral; dépression, plaine | بحر؛ ساحل، سواحل؛ أرض منبسطة، سهل

n.d. *bḥrn* DJE 12/4, p. *bḥwr* DJE 12/3, Gl 1539/5 [C] floor *of multistorey house* | étage *d'une maison à plusieurs étages* | طبقة (في بيت كثير الطبقات)

v. *hbḥr* R 4198/2 (—/...*bʾrhmw*) [AC] dig out *a well* | forer *un puits* | حفر (بئرًا) (ف : بَحَرَ)

v. *hbḥr* C 563+956/3 [R] set aside, earmark *animal as a sacrifice* | mettre de côté ~ marquer *un animal destiné au sacrifice* | اصطفى ~ شق أذن (الحيوانِ ليكون قربانًا)، جعل (الحيوانَ) بحيرةً

n. *mbḥr* [C] *feature of a tomb*, ?pit? | *élément d'un tombeau*, ?puits? | (جزء من بناء قبر) ؟حفرة؟ {Bee St 1.90 n. 3}; C 504/5 ?cistern | citerne | بئر، صهريج?

→ *ḥr*

bḥt → **BWḤ*

BKL

v. *bkl* C 601/13, Gl A 744/5 settle *e.g. in a town* | se fixer *p.ex. dans une ville* | نزل، سكن، استوطن (مدينةً، مثلاً)

v. *bkl* C 334/24 ?expropriate, despoil *s.o.* | exproprier ~ dépouiller *qqn* | نزع (من أحد)، استلب، ابتز (أحدًا)?

v. *hbkl* R 3945/7, 17, C 601/11 assign *place* as settlement site to (2 acc) *s.o.* | assigner *à qqn un endroit* (2 acc) à coloniser | أنزل، أسكن، وطّن (أحدًا مكانًا)

n.coll. *bkl*, *bkln-* J 2856/1, Díaz/2 [S] settlers, colonists, inhabitants | colons, habitants | نازلون، سكان، مستوطنون

n. *bkln* C 399/4 (*ʾlmqh/bʿl/—n*) ?< > ≠ n.pr.?

BKR

n. *bkr* C 521/4, f. *bkrt* C 579/4, 5 young camel | chamelon | بَكْر، جمل فتي

n. *bkr* R 3945/6 &c [S] 'firstborn', senior member *of clan* | «premier-né», membre plus âgé *d'un clan* | «بكر، أول ولد الأبوين»، كبير ~ مقدّم (العشيرة)

n. [.]*bkr* N 19/14 (*nʾd*[...]—*n*) ?season of early crops | saison de récoltes hâtives | ذو بواكير، زمن أوائل الغلال والثمار ≠ *name of month ḏMbkrn* | *nom du mois ḏMbkrn* | المبكر (اسم شهر)?

bl

prep. *bltn*, *blty*, †*bly* R 5094/3† without | sans | بِلا، بِدُون، بِغَيْر

BLD

†n.p. *blwd* J 2484/4 (*gmʿ/—n*) ?settlement | établissement, colonie | بلاد، موطن?†

BLḤ

v./n. *blḥ* R 4552 [A] < >

BLL

n. *bll* C 255/4 (*nʿmtm/w—m*) abundance | abondance | خير وافر، كثرة، إفضال; C 532/7 (*ḫṭʾt/—m*) excess *in wrongdoing* | excès *de méfaits* | إسراف، إفراط (في الخطأ أو الإثم)

a. *bll* C 547/10 (*mwm*/*qllm*/*w—m*) abundant | abondant | كثير، وافر
†n. *bll-m* C 925/3 ?<   > ≠ n.pr.?†

BLQ

n. *blq* [C] limestone | calcaire | حجر كلسي، بلق

BLT

v. *blt* send, despatch *s.o. on mission* | envoyer ~ dépêcher *qqn en mission* | بعث ~ أرسل ~ أنفذ (أحدًا في مهمة أو بعثة); Sh 31/13 commission *s.o.* for (2 acc) *a task* | confier *une tâche à qqn* (2 acc) | ولّى (أحدًا مهمةً أو بعثةً)

v. *hblt* J 631/16, J 2110/7 be charged with *a mission* | être chargé *d'une mission* | وُلِّي (مهمةً أو بعثةً)

n. *blt*, p. *bltt* F 102/10, *bltw* J 560/8 *military* / *diplomatic* mission | mission *militaire ou diplomatique* | بعث (حربي) / بعثة (سياسية)

→ *bl*, *NBL*

BLṬ

n. *blṭt*, p. *blṭ* [LW] *type of minted coin* | *sorte de numéraire* | (نوع من النقد، نوع من المسكوكات)

BLW

v. *blw* C 722/2 construct *a tomb* | construire *un tombeau* | بنى (قبرًا); f.pass. *blyt* C 890/3 be interred | être enterré | دُفِنَ

?n./v.? *blyt* Rob Ḫazaʾin 47/2 ?tomb / construct tomb | tombeau / construire un tombeau | قَبْرٌ / بنى قبرًا?

n. *blwt* C 715/1 (*nfs¹*/*w—*) funerary monument | monument funéraire | نصب على قبر

bn

prep. *bn* from; consisting of; in consequence of; to the exclusion of | de, venant de; consistant en; en conséquence de; contre, à l'encontre de | مِنْ; *bnhw* thereafter | ensuite, sur ces entrefaites | فيما بعد، من حينئذٍ → *BYN*

BNW

n.s.abs. *bn-m* J 669/9, 11, s.constr. *bn*, *bn-*, *bny-*, †*bnw* Gar ŠY/A2, *bnw-* Ry 509/1†; d.constr. *bny*, *bn-* N 27/3, Gl 1209/2, †*bnhy* R 5085/3†; p.abs. *bnn* C 544/3 &c, p.constr. *bn*(-), *bnw*(-), *bny*(-), *bnwy* Ra 14/2, ʾ*bnw* E 12§2, †ʾ*bny* Ry 513/4†; f.s. *bnt*, *bt*; f.d. *bnty*, *bty* R 4017, J 2109/16; f.p. *bnt* son/daughter; child; descendant, family member; member *of a societal group, clan or tribe* | fils/fille; enfant, descendant(e), membre de la famille; membre *d'un groupe social* ~ *d'un clan* ~ *d'une tribu* | ابن/بنت؛ ولد؛ حفيد، سليل، عقب؛ فرد (من جماعة أو عشيرة أو قبيلة)

BNY

v. *bny*, d. *bnyy*, p. *bnyw* build, construct | bâtir ~ édifier *une construction* | بنى، شاد

n. *bnyt* C 608/7, *bnwt* C 575/8, C 660/2, †Gr 27/3†, p. ʾ*bny* R 3946/6 building, edifice | construction, édifice | بناء، بنية

n. *mbny*, *mbn* R 4127/2 *act of* building, construction | érection ~ construction *d'un édifice* | بناء، تشييد

bq

n. *bqm* (?leg. *blq-m*?) Ḍulaʿ 2/8 (*ʾrbʿt*/ *ʾwʿln*/*ḏ*—) *material of a statue* | *matériau d'une statue* | (مادة تصنع منها دمى أو تماثيل)

BQL

v. *bql* plant, lay out a plantation in (acc) *an area* | planter ~ aménager une plantation dans (acc) *une région* | زرع ~ غرس ~ هيّأ (أرضًا) للغراس أو الزرع

n.coll. *bql* R 3958/4, Gl 1537/7 (*ʾklm*/*w*—[*m*]), *bqlt* C 308/6 plants; plantation | plantes; plantation | زروع، غراس؛ مزرعة، مغرس

n. *tbqlt*, *tbql* R 4995/1, VL 29a/8, Gl 1628/5 [A] laying out *of a plantation* | aménagement *d'une plantation* | تهيئة (مغرس)

BQR I

n.s.& coll. *bqr* bovines, *large* cattle; head of cattle | bovins, *gros* bétail; tête de *gros* bétail | بقر، ماشية؛ رأس من بقر

BQR II

v. *bqr* [AC] dig up, level *fields*; dig out *a well*; excavate, hollow out *stone* | retourner ~ niveler *des champs*; forer *un puits*; creuser ~ évider *la pierre* | حفر، سوى (حقلاً)؛ حفر (بئرًا)؛ حفر ~ نقب ~ قوّر (صخرًا)

BQY

v.imp. *ybqy* R 4351/3 [A] ?leave unirrigated | laisser sans irrigation | أبقى دون سقاية، عطّش؟

BRʾ I

v. *brʾ* build, construct | bâtir ~ édifier *une construction* | بنى، شاد

†v. *brʾ* B. Aśwal 1/2, 3 [LW] create (*God*) | créer (*Dieu*) | †برأ، خلق (اللهُ)

n. *mbrʾ*, ?p.? *mbrʾt* YMN 1/5, YMN 5/3 construction | construction | بناء، مبنى

BRʾ II

a. *brʾ* R 3910/6 [J] free of responsibility | dégagé de toute responsabilité | بريء

n. *mbrʾ* C 290/5 [J] ?quittance of debt | quittance de dette | ?إبراء، اخلاء من الدين

BRD I

n. *brd* J 610/8 &c cold weather; hailstorm | temps froid; averse de grêle | بَرْد؛ بَرَد

BRD II

†n. (?d.?) *brdnn* C 541/48 [LW] courier | messager | †حامل بريد، ساعي بريد

BRḌ

n.p. *ʾbrḍ* R 4767/2 (—/*yḏbḥnn*) [R] ?*type of sacrifice* | *sorte de sacrifice* | (نوع من الضحية أو القربان)?

BRG

v. *brg* [J] acquire; give possession *to* (*l*-) | acquérir; attribuer en propriété *à* (*l*-) *qqn* | اكتسب، تملك، حاز؛ ملّك

n. *brg* C 605bis/3, F 3/6 [J] acquired possession | propriété acquise | مال مكتسب

***BRH*(*N*)**

?n./v.pass.? *brhn* Gl 1200/5, Gl 1573/3 ?testimony / be testified | témoignage / être certifié sous serment | بيّنة، شهادة، برهان / أُشْهِد عليه {Bee Notes 11.201}?

BRḤ

a. *brḥ* R 3945/2 [A] free, unchecked *flow of water* | *courant d'eau* libre ~ sans entraves | سائب ~ جارٍ بلا ضابط (نعتًا لمسيل ماء)

BRK I

n. *brkt* cistern | citerne | بِرْكة

BRK II

†v. *brk* J 1028/1, Ry 507/1, C 44+45/8 [LW] bless | bénir | †برّك، بارك

†vv. *brk*/*wtbrk* C 543/1 [LW] be blessed and hallowed | être béni et loué | بورك وتبارك†

BRQ

v. impers. *brq* J 735/6 there was a thunderstorm | un orage éclata | برقت السماءُ

n.f. *brq*, p. ʾ*brq* J 735/6 (*ṯlṯ*/—*m*) &c rainy season, monsoon; monsoonal storm | saison de pluies, mousson; orage de mousson | مطر وسمي، الموسم، عاصفة موسمية

****BRR*** I

n. *br* wheat | blé, froment | بُرّ، حنطة

BRR II

v. *brr* C 323/2 erupt (*volcano*) | entrer en éruption (*volcan*) | ثار (بركانٌ); p. *brrw* Ry 614/6, imp. *ybrrn* J 631/28, 31 [M] make a sally, come into the open *to fight* | faire une sortie, sortir en terrain découvert *pour combattre* | برز (للقتال)

v.inf. *brr* YMN 8/4 (—/*mnqln*) [C] open up *passway* | ouvrir *un passage* | شقّ ~ فتح (طريقًا أو ممرًا)

v. *hbrr*, p. *hbrrw*, imp.p. *yhbrrw* come into the open | sortir en terrain découvert | برز، خرج

n. *brr* open country, plain | rase campagne, plaine | بَرّ، أرض خلاء، سهل

BRR III

v.p. *h*[*b*]*rrw* C 581/10, inf. *hbrrn* Gl 1364/6 acquit oneself of, faithfully perform *a duty* | s'acquitter de ~ exécuter fidèlement *une obligation* | بَرَّ (بفرض أو واجب)، أَبَرَّ (فرضًا أو واجبًا) {Bee Temp Mar 23}

†n. *br* C 541/97 faithfulness, loyalty | fidélité, loyalisme | †برّ

BRR **IV**

†n. *brr-m* C 540/12 [C] < >†

v. *brr* Gl 1595/5 (—/*wnkl*[...]) < > ?→ *BRR* II?

brt

n. *brt* Gl 1574/9 (*ṣnqm*/*b*—*m*) [J] ?contract | contrat | عقد، مقاولة؟ → **BWR*

BRṮ **I**

n. *brṯ*, p. *'brṯ* place, location, site; occasion | endroit, emplacement, site; occasion | مكان، موضع، موقع؛ مناسبة; [M] battle, military campaign, engagement | combat, campagne ~ engagement *militaire* | موقعة، حملة عسكرية، عراك

conj. *brṯ* E 28§1 where | là où | حيث; †C 541/48 so that | de sorte que | بحيث {Bee Notes 10.408}†; †BR Yanbuq 49/2, Gl 1440/6, 7†, *brṯn* BR M. Bayḥān 5/4, 7 when | quand | حين

BRṮ **II**

v. *brṯ* J 651/27 raze *a building* | raser *un bâtiment* | سوّى بالأرض (بناءً) {JRy Him 2.490}; R 4624/4 [C] level *a road* | niveler *une route* | سوّى (طريقاً); Gar AY 6/2 [J] settle, wipe out *debt* | régler ~ liquider *une dette* | سوّى، محا (دَيْناً)

BRW **I**

n. *brw*, p. *'brw* J 591/9 child, son, offspring | enfant, fils, progéniture | وَلَد، مولود {Bee St 1.99}

BRW **II**

n. *brw* J 2856/4 ?freedom from liability | franchise d'obligation | براءة ذمّة {Bee St 1.90} → *BR'* II?

BRW/BRY

v.imp.p. *hbryw* J 616/20, inf. *hbrwn* J 631/4 [M] wipe out, destroy *enemy* | anéantir ~ détruire *l'ennemi* | أباد ~ دمّر (عدوًا)

BRY **I**

v.inf. *bryn* C 315/20 keep *s.o.* healthy | conserver *qqn* en bonne santé | حفظ (أحدًا) في صحة وعافية

v.inf. *s*^{1}*tbryn* C 352/8 become healthy, recover health | devenir bien portant, recouvrer la santé | برئ، صح، سلم، شفي

n. *bry*, *bryt* health, soundness; prosperity | santé, équilibre; prospérité | برء، صحة، رخاء، رغد عيش

a. *bry* J 745/10 (*s*^{1}*rn*/—*n*) ?salubrious *place* | *endroit* salubre | (مكان) نَزِه ~ موافق للصحة {Bee BSOAS 35(1972).353} ≠ n.pr.?

BRY **II**

bry/*s*^{2}*ms*^{1} C 828, *brys*^{2}*ms*^{1} C 362 &c < >

BS*^{1}*L

n. *mbs*^{1}*l* C 434/6 cooking-place | foyer à cuire | مطبخ

***BS²R* I**

n. *bs²r* C 563+956/3 flesh | viande | لحم ; †C 539/3 ?human beings | *toute* chair, les hommes | بشر، أناس ?†

***BS²R* II**

v. *tbs²r* announce good news | annoncer de bonnes nouvelles | بَشَّر ; J 643/16 congratulate oneself, boast *that one will do s.t.* | se féliciter de *qqch*, se faire fort d'accomplir *qqch* | استبشر ~ ادّعى (بأن سيفعل شيئًا) ; Ry 538/11 receive good news | recevoir de bonnes nouvelles | تلقى بشرى

n. *tbs²r*, p. *tbs²rt* good news | bonne nouvelle | بشارة، بشرى

bs²ym

†n. *bs²ym* C 925/3 (*hb'sⁱ/w—*) *s.t. undesirable* | *qqch de peu souhaitable* | (شيء غير مرغوب فيه)†

BṢL

n.coll. *bṣl* J 720/9 onions | oignons | بصل

BTR

n. *btr-m* C 581/8 childless woman | femme sans enfant | بتراء، امرأة لا عقب لها {Bee Temp Mar 22}

BṮṮ

v.f. *bṯṯt* J 584/10 announce, declare | annoncer, déclarer | بثّ، أذاع، أعلن

v.imp. *yhbṯ* R 4782/1 present *offering to deity* | présenter *une offrande à une divinité* | قدّم (قرباناً الى إلّه) {Bee Notes 10.410-2}

BṬL

n. *bṭlt* R 3910/6 uselessness | indisponibilité | بُطْل، عدم جدوى، عدم غَنَاء

****BW***ʾ

v.imp. *ybʾ-* R 4088/3, *ybʾn* C 522/1 {Bee Textual 27} trespass over *a limit* | transgresser *une limite* | تعدّى، تجاوز (حدّاً)

v.inf. *hbʾn* Rob Ḫamir 1/3 allow *beast* to trespass | laisser *un animal* s'introduire *dans une propriété* | جعل (حيواناً) يتعدى أو يتجاوز

→ *bʾ*, *BHʾ*

****BWḤ***

n.s.& p. *bḥt* R 3902.142 (*ḫmsⁱn/—n*), ?C 423/1 (*ṯmny(!)/—m/ḏhbm*)?, &c ?*votive* phallus | phallus *votif* | ذَكَرٌ (يُقَدَّم قرباناً) (ف : بُوح) {Ghul NQI 1.3}?

BWN

n.p. *ʾbwn* R 3958/4 Moringa aptera Pers., bān-tree | arbre Bān | بانة، شجرة بان

****BWR***

n. *brt* C 721/1, C 722/2 grave | tombe | قبر، لحد

→ *brt*

***BYʿ**

†n. *bʿt* C 541/66, 117 [LW] church | église | †بيعة. كنيسة

BYD

v.inf. *byd* Alfieri 1/3 [A] clear *ground prior to tilling* | défricher *un terrain avant le labourage* | سوّى ~ أصلح (أرضًا قبل فلاحتها) {Bee Notes 11.198}

?n.? *byd* R 4085/2 (*ʿmnhw/w—hw*) [A] ?cleared, levelled ground | terrain défriché ~ nivelé | ?أرض مسوّاة

?prep.? *bydn* C 518/3 ?beside | à côté de | ?الى جانب

BYN

v.imp. *ybnn* C 546/3 remove *punishment* | écarter *un châtiment* | أزال ~ رفع (عقوبةً); p. *ybnnn* Ry 366/3 intervene, separate (*boundary*) | s'interposer, séparer (*limite*) | حجز. فصل (الحدَّ)

prep. *byn*, *bn*, *bynn* J 788+671/12, ?*bynht* Ry 366/3 (—/*b*-.../*wb*-)? between; among; in both of *two things* | entre; parmi; dans *deux choses* à la fois | بَيْنَ (بمعانيها) {Bee Notes 7.538}

?n.? *bynn* Gl A 452/5, C 609/3 ?surrounding area *of town* | zone suburbaine | منطقة محيطة (بمدينة); R 3954/2, R 3955/2 surrounding loculi *of tomb* | loculi entourant *une sépulture* | حجرات (دفن) محيطة (بمدفن) {Bee Notes 10.422} ≠ prep.?

BYT

n. *byt*, *bt*, p. *ʾbyt*, *ʾbt* Māriya 2/3, †J 1028/9† house; village, estate; temple; clan, family, dynasty | maison; village, domaine; temple; clan, famille, dynastie | بيت؛ ضيعة؛ معبد؛ عشيرة. عائلة. أسرة

†n. *tbyt* Gar ŠY/A4, B2 [C] ?plastering | plâtres | تجصيص {Bee Notes 10.422} ≠ lodging | logement | مبيت. مسكن {Mü}?†

?conj.? *bytn* J 700/15 ?while | tandis que | بينما {Bee Add Irv Hom 292}?

D

d

†partic. *d*- C 539/4, C 540/67 = *ḏ*†

dʾ

†partic. *dʾ* C 540/66, C 541/12, 50, Ry 507/7 ?not | ne ... pas | لا. ما. لم {MoMi Sab p. 67 n. 2} ≠ already, previously | déjà, antérieurement | من قبل {Rho KTB 2.90 n.2}?†

dʿ

v.p. *dʿw* know, be aware of (acc/*bn*) | connaître; être conscient *de* (acc/*bn*) *qqch* | علم ~ شعر (بشيء)

n. *d*ʿ*t* R 4176/12 announcement, proclamation | annonce, proclamation | إعلان. إعلام

→ **WD*ʿ, *YD*ʿ

***DB*ʿ**

n. *db*ʿ*-n* Ph 135a/1 ?*title* | *titre* | (لقب) ≠ n.pr.?

DBL

v. *dbl* J 2856/4 [J] ?fulfil *a contract* | exécuter *un contrat* | أَوفى (بعقد). وفىّ (عقدًا)؟

n. *dbl* C 562/6, 7 ?ball of dates | dattes pressées | كتلة من تمر؟

DBR

n.p. *ʾdbr* Gl 1547/2 (*s*²*ʾmt/wʾṯwb/wnḥlt/wrdyt/w*—) [J] ?corvée-duty | corvée | عمل سُخْرة؟

DBS¹

n. *dbs¹* C 548/12, †C 540/96† honey / inspissated fruit juice | miel / jus de fruits épaissi | عسل / دبس {Rod Ghidhāʾ}

dbw → **NDB*

DFN

n. *mdfn* C 553+554/3 [AC] ?covered cistern | citerne couverte | صهريج. حوض مغطى {Bee} ≠ corn-storage pit | silo à grain | حفرة لخزن الحبوب. مطمورة (ي: مدفن) {Mü}?

DFQ

v. *dfq* Gl 1574/8 ?[J] sue, prosecute | intenter *un procès*, poursuivre *en justice* | ادعى على. لاحق قضائيا {Bee Marg 2.424}?

DHR

v. *dhr* burn, destroy *building*, *town*, *ships* | incendier, détruire *un édifice*, *une ville*, *des navires* | أحرق. دمّر (بناء ~ مدينة ~ سفنًا)

DḪF

v.& n. *dḫf* BR M. Bayḥān 3/10 (—/*frs¹*/—/*bhw*) throw *s.o.* (*horse*) | démonter *son cavalier* (*cheval*) | رمى (فرس بأحد)

DKṮ

v. *dkṯ* R 4176/9 [R] violate *a prohibition* | enfreindre *une interdiction* | خالف ~ انتهك (حَظْرًا)

DLL

v.p. *dllw* J 575/4, inf. *dll* J 575/3 [M] bring reports about *enemy* | ramener des informations sur *l'ennemi* | دلّ على (عدو). استطلع أخبار (عدو)

n.p. *dlwl* J 575/3 [M] scout | éclaireur | دليل. كشّاف

***DLW**

n. *mdlt* R 4191/6 &c weight / value | poids / valeur | وزن، زنة / قيمة {Irv Monetary 25}

DM/DMW

n. *dm* C 464/9, *dmw-m* C 548/3 blood | sang | دم

v.imp. *ydmw* C 548/6 bleed | perdre du sang, saigner | دَمِي، نزف

DQQ

†n. *dqq* C 541/120 flour | farine | دقيق، طحين†

dqt → *WDQ*

DRʾ

†v. *hdr*ʾ Ry 508/4 [M] make a sudden assault *on* (*b*-) *s.o.* | lancer une attaque à l'improviste *contre* (*b*-) *qqn* | هجم بغتة (على أحد)†

DRK

v. *drk* Gl 1376/3, E 12§3, *hdrk* pursue; catch, catch up with, overtake *s.o.* | poursuivre; prendre, rattraper, rejoindre *qqn* | أدرك (أحدًا)

DRM

v. *drm* Rob Maš 1/13 allow *a beast* to stray | laisser *un animal* errer à sa guise | ترك (بهيمة) سائبة، سيّب (بهيمة) {Ghul, cf. Bee Notes 12.56}

DRR

?n./v.? *drr*- C 615/8, R 4760/5 [AJ] ?(exercise) irrigation rights | droits d'irrigation / exercer des droits d'irrigation | حقوق السقاية / مارس حقوق سقاية?

n. *mdrr* Gl 1563/8, *mdr* C 973/2 [AJ] ?controller of irrigation | contrôleur de l'irrigation | مراقب سقاية، رقيب ري {Lu O Prave 46, 48, 52}?

DS³S³

pp. *ds³s³* J 703/12 person who conceals, hides *s.t.* | *celui* qui cache ~ dissimule *qqch* | من يخبئ، أو يخفي (شيئًا) {Bee Notes 7.539}

DṮʾ

n. *dṯ*ʾ spring *season*; spring crops; spring rain | printemps; récolte de printemps; pluie de printemps | (فصل) الربيع؛ ثمار الربيع وغلاله؛ مطر الربيع، الوسمي

DWL

n. *dwlt* Ra 42/4 realm | territoire souverain | دولة، مملكة

DWM

n. *dwm-m* C 601/3, R 3951/1 (*bh*ʾ*w*/—) [J] tour of office ?*as eponym*? | tour de rôle ?*de la charge d'éponyme*? | مدة ولاية، دَوْر تولي سلطة (؟في منصب يؤرخ بولاية صاحبه؟) {Mü Asa Misz 67}

DWR/DYR

n.f. *dr-m* Rob Maš 1/15 (ʾ*ḥt*/—), &c *one* occasion | *une* fois | دور (واحد)، مناسبة

(واحدة); *drm*/*drm* C 74/10 &c, *drmdrm* C 99/11 turn by turn | tour à tour, à tour de rôle | دورًا دورًا

n.p. ʾ*dwr* J 574/7, 8, ʾ*dyr* J 577/4 ?[M] patrol | patrouille | دورية، عسس {Bee Warf} ≠ settlement *in Tihāmah* | village *dans la Tihāma* | قرية، مستوطنة (في تهامة) {Mü Abess 161}?

***DYN* I**

v.imp.p. *ydynn* R 4626/2 (ʾ*s¹rr*/—/ʾʿ*rrn*) ?appertain to | ressortir à, relever de | تعلق بـ، اتصل بـ، تبع {Bee Notes 11.206}?

†v. *dn* C 541/64, p. *dnw* Ry 506/6, imp. *ydnn* C 541/49 submit (intr.) | se soumettre | †دان، خضع

†n. *tdyn* J 1028/11 loyalty | loyalisme | †ولاء، طاعة

→ *WDY*

***DYN* II**

n.p. ʾ*dyn* Ist 7626/7 [A] irrigated field | champ irrigué | أرض سقاية

→ *WDN*

DYR* → *DWR*/*DYR

***DYṮ**

n. *dṯ-m* Ra 28/1 ?levelled ground | terrain nivelé | ?أرض مسوّاة، أرض مطمئنة

Ḏ

ḏ

pron.rel.m.s. *ḏ*-, f. *ḏt*, *ḏtn* J 652/22, *t*- {Bee Disp Rel}; m.d. *ḏy*, f. *ḏty*; p. ʾ*l*, *l*- {Rob ad Umm Laylā 1/5; Bau Jazyk 95}, ʾ*lw*, ʾ*ly*, ʾ*lht*; & *ḏ*- indecl. one who/that which; who/which; (substitute for genitive) | celui qui / celle qui / ce qui; ceux qui / celles qui; qui/que; (particule remplaçant le génitif) | الذي = (الطائيه) ذو؛ مَنْ / ما؛ ذو (بتصريفاتها)؛ (علامة للإضافة); *ḏ-bn* some *individuals of a group* | quelques *individus d'un groupe* | بعض (أفراد من جماعة)، نفر مِنْ

pron. & a.dem.m.s. *ḏn*, f. *ḏt*, *ḏtn* Gl 1537/3, d. *ḏyn*, ʾ*ln* R 4781/1, p. ʾ*ln*, ʾ*lt* this/these | ce/cette/ces; celui-ci / celle-ci / ceci; ceux-ci / celles-ci | هذا (بتصريفاتها)

ḎʾB

†n. *mḏʾb* C 540/10 [AC] *part of dam structure* | *élément de la structure d'un barrage* | †(جزء من بناء سد)

ḎʿB

n. *ḏʿb*, p. ʾ*ḏʿb* E 22§1, 2 flash-flood | crue subite | سيل جارف {Bee Notes 7.540}

ḎBḤ

v. *ḏbḥ* slay | abattre | ذبح، قتل; [R] sacrifice, slaughter | sacrifier, égorger | ذبح، ضحّى

v. *hḏbḥ* J 2147/6 [R] cause to offer *as sacrifice* | faire offrir *en sacrifice* | جعل (أحدًا) يُضَحّي

n. *ḏbḥ*, p. *ʾḏbḥ* R 3945/1, J 851/6 [R] sacrificial victim | victime sacrificielle | ذبيحة، أضحية

†n.p. *ḏbyḥ* C 540/42, C 541/124 small cattle *killed for food* | petit bétail *de boucherie* | †ذبائح (غنم وماعز تذبح للطعام)

n. *mḏbḥ* C 104/3, C 105/2, MAFY Ḫaywān 1/3 [R] sacrificial place | lieu de sacrifice | مذبح، مَنْحر، موضع ذبح أو نَحْر

n. *mḏbḥt* [R] sacrificial altar | autel à sacrifices | مذبح، موضع تقريب ذبيحة

ḎBR

n. *ḏbr* J 2152/1 [A] cultivated field | champ cultivé | أرض مفلوحة

ḎFR

n. *ḏfrʾ* J 720/9 ill-smelling herbs | fines herbes malodorantes | بقلة نتنة، نبات كريه الرائحة

ḎHB I

n. *ḏhb* gold; bronze; *type of incense* | (en) or; (en) bronze; *sorte d'encens* | ذهب، برونز؛ (نوع من البخور)

v. *ḏhb* YMN 10/4 gild | dorer | ذهّب، لبس بذهب

n. *tḏhb* YMN 10/4 gilding | dorure | تذهيب، تلبيس بذهب

ḎHB II

n. *ḏhb*, p. *ʾḏhb* R 3945/5, 7, R 3950 [A] alluvial valley | vallée alluviale | وادٍ غريني; †C 540/55, 58 (—/*ḫrfn*, —/*ḏṯʾn*) [A] semi-annual irrigation | irrigation semi-annuelle | †سقاية حوليّة، سقاية دوريّة

n. *mḏhbt* J 618/16 [A] alluvial land *below dam* | terre alluviale *en aval d'un barrage* | أرض غرينية (تحت السد)

?v./n.? *tḏhb* Ḍulaʿ 2/6 < >

ḎKR I

n. *ḏkr*, p. *ʾḏkr*, *ʾḏkrw*, *ḏkwr* J 594/9 male | mâle, masculin | ذكر (عكس أنثى)

ḎKR II

v. *ḏkr* M. Māriya/10, †J 1028/8† mention, record | mentionner, enregistrer | ذَكَرَ، أورد، دوّن

n. *ḏkr* F 30/1, Gl 1573a/1, MAFY Ḫamir 1/1 declaration, notification | déclaration, notification | ذِكْر، تذكير; J 643/14 rumour, report | rumeur, nouvelle rapportée | ذِكر، خَبَر، إعلان

ḎKW I

v.inf. *ḏkwn* J 631/27 (*hrgw*/*w*—) [M] finish off, slaughter *s.o.* | achever ~ égorger *qqn* | ذبح، أجهز على

ḎKW II

v. *ḏkw* J 665/19, p. *ḏkww* J 665/17 [M] detail, detach *a unit from the main army* | détacher *une unité du gros des troupes* | أفرد ~ فرز (وحدة أو مفرزة من الجيش الأكبر) {Bee Warf}

n. *hḏkwt* J 541/6 (—/*ʾln*/*ʾwṯnn*) delimitation | délimitation | تحديد، تخطيط حدود

ḎKY

†v. *ḏky*, p. *ḏkyw* C 541/33, 63, imp. *yḏkyn* J 1028/4, inf. *ḏkyn* C 541/40 send | envoyer | أرسل، بعث†

v. *hḏky* E 28§1, †p. *hḏkyw* C 541/79† despatch | envoyer, dépêcher | بعث، أنفذ

ḏ-kyn → *KWN*/*KYN*

ḎLL

v. *hḏll* J 669/21, imp. *yhḏlln* C 81/7 bring low *s.o.* | humilier *qqn* | أذل; [J] condemn *s.o.* | condamner *qqn* | أدان (أحدًا)، حكم على (أحدٍ)

v.inf. *tḏlln* J 644/8 [M] capitulate, surrender | capituler, se rendre | ذلّ، خضع، استسلم

v.inf. *s¹tḏlln* Rob Umm Laylā 1/5 concur, agree together | se mettre d'accord | وافق، اتفق

ḎMR

v. *ḏmr* J 2116/6, Gl 1574/7, C 962+963+978/3 [J] initiate legal process against (acc) *s.o.* | entamer des poursuites judiciaires contre (acc) *qqn* | رفع دعوى قضائية على (أحد)، رافع (أحدًا) الى القاضي {Bee Marg 2.425}; J 669/20 [J] give judgment *in favour of* (*bʿm*) *s.o.* | donner gain de cause *à* (*bʿm*) *qqn dans un jugement* | قضى لـ (أحد) {JRy Him 2.495}; C 392/10 be favourably disposed | être favorablement disposé | رضي، وافق; C 293/4 protect, defend | protéger, défendre | دافع عن، وقى، حمى

n. *ḏmr* Gl 1574/6 [J] legal case | affaire judiciaire, procès | دعوى قضائية، قضية

†n. *mḏmr-n* C 542/6 <   >†

ḎNB

v. *ḏnb* C 334/24 [M] rout *enemy* | mettre *l'ennemi* en déroute | هزم ~ شرّد (عدوًّا)

ḎNM

v. *ḏnm* J 651/17, J 735/12 fall (*rain*) | tomber (*pluie*) | نزل ~ سقط (مطر)

n. *ḏnm*, p. *ʾḏnm* rain | pluie | مطر

ḎQN

n. *ḏqn* C 619/4 &c, *mḏqn* J 492/2, *mḏqnt*, p. *mḏqn* C 660/4, J 2867/3 [C] ?place of prayer *in house or tomb* | lieu de prière *dans une maison ou un tombeau* | «مذقان»، موضع عبادة (في بيت أو مدفن) {Ghul Miḥrāb 332} ≠ entrance-hall, antechamber | vestibule, antichambre | قاعة مدخل، حجرة أمامية {Bee Notes 11.197}?

ḎQṬ

v. *ḏqṭ* C 462/3 &c ?[J] claim ownership | revendiquer des droits de propriété | ادّعى ملكية {Lu Jār al-Labbā 65}?

ḎRʾ

n. *mḏrʾt* Gl 1519/12, p. *mḏrʾ* C 604/2 [A] sown field, sown ground | champ ~ terrain ensemencé | حقل مزروع، أرض مزروعة

ḎRB

n. *ḏrb* J 513/10 *a disease*, ?cholera? | *une maladie*, ?choléra? | (نوع من الأمراض)، ؟هيضة، كوليرا؟

****ḎRR***

v.d. *hḏry* Sh 18§2, inf. *hḏrn* Sh 8§3 [A] be watered (*ground*) | être arrosé (*sol*) | سُقِيت ~ رَويت (الأرض)

n. *ḏr-m* Sh 8§3, J 735/13 (*s¹qyw/kl/ʾs¹rrn/—*) [A] *to* saturation | *à* satiété | (إلى حَدّ) الامتلاء بالري أو السقاية

a. *mhḏr-m* J 851/7, F 71/6 [A] abundant, drenching *irrigation* | *irrigation* abondante jusqu'à saturation | (سقاية) مُغْرِقة، (ريّ) غامر

hḏrn Gl 1388/3 (*[...]fn/—/rs²wm*) <   >

****ḎWB***

n. *mḏb* Gl 1442/3 [A] ?canal | canal | قناة?

→ *ḎʾB*

ḎWD

n.p. *ḏwwdt* C 376/8 {sic Rho, cf Höf SEG 12.5 n. 1} (*ʾrḍ/wʿbrt/w—*) pastureland | pâturage | مرعى

ḎYR

n. *ḏyr* R 3945/2 (*fnwtm/fnwtm/w—m/ḏ[yr]m*) [A] silt-field | champ alluvial | حقل غريني، أرض يغطيها طين السيل {Irv Surv}?

Ḍ

ḌʾN

n.coll. *ḍʾn* sheep | moutons | ضأن

ḌBʾ

v. *ḍbʾ* [M] fight, wage war | combattre, faire la guerre | حارب، قاتل

n. *ḍbʾt* J 635/26, YM 349/9, p. *ḍbʾt* J 636/6 &c, *ḍbyʾ* Gl 1655/1 &c, *ḍbyʾt* E 13§4, *ʾḍbʾ* J 831/2 [M] *military* operation, battle | opération *militaire*, combat | حملة (حربية)، معركة

n.p. *ḍbʾt* J 635/24 [LW] *Habashite* troops | troupes *habashites* | جند (أحباش) {Mü Abess 162}

ḌBʿ

v. *hḍbʿ* R 3945/13 [M] ?smite *enemy* | battre *l'ennemi* | (عدوًّا) ضرب {CoRoss p. 226} / send to the attack | envoyer à l'attaque | أرسل في هجوم {Rho}?

ḌBḤ

v. *ḍbḥ* Gl A 744/4 (*y—n/bqs¹dm*), R 4176/2 (*bn/—/bbḍʿhw*) < >

ḌFR

v. *ḍfr* [AC] case *a well* with stone | murailler de pierre *un puits* | طوى (بئرًا) بحجارة. ضفر (بئرًا)

ḌFW

v.f. *ḍfwt* C 657/3 [A] flow *over* (*bʿly*) *irrigated field* | inonder (*bʿly*) *un champ irrigué* | فاض (على أرض مسقية)

n. *ḍfw* C 449/2 *at the* side *of* | *sur le* côté *de* | بجانب

ḌGM

v. *hḍgm* C 405/12 < >

***ḌḤW**

†n.p. *ʾḍḥ-m* C 540/45 beast for slaughtering | animal de boucherie | ذبيحة†

ḌLʿ

n. *ḍlʿt* Sh 17§2 ?*malady affecting the chest* | *maladie de la poitrine* | (داء يصيب الضلوع)?

†n. *mḍlʿ* R 4069/7, 10 [AC] *type of low stone barrage* | *sorte de barrage en pierre peu élevé* | (نوع من مسنّاة واطئة من حجر) {Serj Irr Syst 54}†

ḌLL

v. *ḍll* J 670/10 fall sick *of an epidemic* | être atteint *d'une maladie épidémique* | مَرِضَ (بوباء)

n. *ḍll* sickness, epidemic | maladie, épidémie | مرض، وباء

ḌMD

v. *ḍmd* C 315/5 [M] call an armistice | demander un armistice | دعا الى هدنة {Bee Warf}

†n. *ḍmdn* C 540/35 < >†

ḌMR

n. *ḍmr* R 3910/7 {Ja SIMB 368} [J] contract for payment at an unspecified date | contrat de paiement à terme aléatoire | عقد لا أجل للوفاء به. (ف : ضمار = بيع الغائب والمفقود)

ḌRʿ I

v. *ḍrʿ* defeat, humiliate, bring *s.o.* to submission | vaincre ~ humilier ~ soumettre *qqn* | أضرع ، أخضع ، أذل، كسر، هزم; Gar AY 7/5 damage (*b-*) *s.t.*, e.g. *vines* | endommager (*b-*) *qqch*, *p. ex. des vignes* | أضر ~ أصاب بتلف (شيئا، مثلا : الكروم)

v. *hḍrʿ* J 577/13 &c, *tḍrʿ* J 574/10 &c, *s¹tḍrʿ* Gl 1330/21 [M] surrender, tender submission | se rendre, faire soumission | خضع ، استسلم ؛ [R] abase oneself | s'humilier | تضرّع ، تذلل

n. *ḍrʿt* NNAG 11/34, Gar AY 7/5, *tḍrʿ* NNAG 15/29 damage, harm; humiliation | dommage, tort; humiliation | ضرر ، تلف ؛ إذلال

n. *ḍrʿ-n* R 4626/2 {sic Höf SEG 8.11}, Gl 1096 west | ouest | غرب

***ḌRʿ* II**

n. *ḍrʿ* C 342/7 [A] *?kind of grape* | *sorte de raisin* | = ضروع : ف) ، (نوع من العنب) ?عنب أبيض كبار الحب)

ḌRF

n. *mḍrf*, †p. *mḍrft* C 540/29, C 541/44† [AC] *part of dam* | *élément d'un barrage* | (جزء من سد)

ḌRK

v. *ḍrk* Gl 1209/12 [AC] wall *a cistern* around | maçonner les parois *d'une citerne* | طوى (صهريجا أو بئرا) بحجارة

ḌRR

v.p. *ḍrrw* E 12§1, Ḥadaqān 15, †*ḍrw* Ry 506/5†, inf. *ḍrr* Gl 1321/5, *ḍtrrn* Gl 1321/3 wage war | guerroyer | حارب ، قاتل

n. *ḍr*, p. *ʾḍrr* war | guerre | حرب

n. *ḍr*, p. *ʾḍrr* J 585/13 enemy | ennemi | عدوّ

n.p. *ʾḍr* C 575/12, C 86/10 {edd} ?damage, harm | dommage, tort | ?ضرر ، أذى

ḌRS¹

n.p. *ʾḍrs¹* J 702/13 molar tooth | molaire | ضرس (من الأسنان)

ḌRW

n. *ḍrw* C 681 &c *kind of aromatic* | *sorte d'aromate* | ضرو ، (نوع من الطيب)

n.d. *ḍrw-nhn* C 439/2 ? <   > ≠ *aromatic* | *aromate* | ?طيب

ḌRY

v.inf. *ḍryn* J 558/8 conceal | dissimuler | أخفى ، خبأ

ḌWʿ

v. *ḍwʿ* R 4193/7 [M] face an emergency | faire face à une situation critique | واجه أمرًا طارئًا

n. *ḍwʿ* Ry 538/44, p. *ʾḍwʿw* R 4193/13 [M] alarm, state of emergency | alarme, état d'urgence | فَزَع ، حالة طوارئ

F

***f* I**

partic. *f-* and; (introductory to predicate) | et; (introduit une apodose ou un prédicat) | فَ (للعطف أو للخبر أو في جواب الشرط) ; *f-ʾw* or | ou, ou bien | أو

***F* II**

n. *f* voice, authority | voix, pouvoir | قول، سلطة

F*ʾ*L

v. *f*ʾ*l* F 119/14 wish ill to *s.o.* | souhaiter du mal *à qqn* | تمنى شرًا (لأحد)

F*ʿ*L

v. *f*ʿ*l* R 4176/8 make, hold *a feast* | célébrer *une fête*, tenir *un banquet* | صنع ~ أقام (وليمةً أو مأدبة)

v. *hf*ʿ*l* J 2864/2, YMN 3/3, YMN 4/3 work *land* | travailler *la terre* | عمل في (الأرض)، أثار (الأرض)

n. *f*ʿ*l* J 2867/3, VL 25/6 work | ouvrage | فِعل، عَمَل

†n.p. *f*ʿ*l* C 540/84 workman | ouvrier | فاعل، عامل†

FDFD

a. *fdfdt-m* R 4781/2 [A] fruitful | qui porte des fruits | مثمر

FDY

v. *fdy*, f. *fdyt-* N 27/4, p. *fdyw* Gar AY 6/2, imp. *yfdyn* Rob Kāniṭ 4/3, imp.p.pass. *yfdw* Gl 1520/5, 7 [J] pay *money*; redeem *a debt*; acquire *land* by purchase *from* (ʿ*mn*) *s.o.* | verser *de l'argent*; s'acquitter *d'une dette*; acquérir *une terre* en l'achetant *à* (ʿ*mn*) *qqn* | دفع (مالاً)؛ سدّد (دينًا)؛ حاز (أرضًا) بالشراء (من أحد)؛ [R] redeem, release *from obligations* | racheter ~ libérer *qqn d'une obligation* | افتدى، أَحَلَّ (من التزام)

v.inf. *ftdyn* Rob Maš 1/9 [J] be confiscated | être confisqué | صودر، أُخِذ فدية

***FGG**

n. *fg* C 608/7 ?channel / path | chenal / chemin | ?قناة / ممر، فجّ

FGR

v. *fgr* C 547/8 cause *a watercourse* to flow | faire couler *un chenal d'adduction d'eau* | فجّر ~ أجرى (قناةً) بالماء

v. *fgr* E 13§12 [M] make a sally against (acc) *s.o.* | faire une sortie contre (acc) *l'ennemi* | هاجم (أحدًا); C 88/5 (—/*bythmw*) ?transgress against | porter atteinte à | ?اعتدى على، انتهك

n. *fgrt* E 21§1, *mfgrt* J 665/16 ?waterhole, watering-place | point d'eau; abreuvoir | ركيّة، موضع سقي، موضع استقاء {Bee Warf} ≠ pit, trench | fossé, tranchée | حفرة، أخدود {JRy Him 4.506 n. 4}?

n. *mfgrt* E 13§9, 12 [M] sally | attaque, sortie | هجمة، خرجة (من حصن)

FHD

n. *mfhd* J 2208 (—/*ḏt*/*ḥmym*) ?protection / *s.t.* protected | protection / *ce qui est protégé* | حماية / محمي (شيء) ≠ amulet-pin | amulette en forme d'épingle | ?مشبك تميمة

FḪḎ

n. *fḫḏ* R 4782/2, J 649/20 thigh | cuisse | فخذ

FḪR

v. *fḫr* J 576/14, J 577/2+ challenge (acc/*bʿbr*) *s.o.* | mettre *qqn* (acc/*bʿbr*) au défi | تحدّى (أحدًا)

n. *fḫr* C 314+954/15 (—*m*/*ls¹lmm*) proposal, invitation, offer | proposition ~ offre *de paix* | دعوة، عرض

fkl → ʾ*FKL*

FLG

v. *hflg* C 11/2 {edd} [A] cut *a water-channel* | creuser *un chenal pour l'eau* | شقّ ~ فلج (قناة ماء)

†n. *mflg* C 540/18, 19, C 541/114 {edd} [A] ?exit-channel *of dam* | chenal d'évacuation *d'un barrage* | مخرج الماء ~ قناة خروج الماء (من سد)

FLḤ

†v. *hflḥ* J 1028/4 be successful | réussir | أفلح، نجح

FLK

n.p. ʾ*flk* Ry 533/9 ship | navire | فلك، سفينة

***FLL**

v.p. *tflw* J 576/6 [M] flee in disorder | battre en retraite dans le désordre | انفلّ، انهزم على غير هدى

v. *tfl* C 405/18, J 633/9, p. *tflw* [R] ?implore, supplicate (*bʿm*) *a deity* | implorer ~ supplier (*bʿm*) *une divinité* | تضرع إلى ~ ابتهل إلى (إلّه) {JRy Him 2.483} ≠ obtain a favourable oracle *from* | obtenir un oracle favorable *d'une divinité* | تلقى جوابَ وحيٍ ميمونًا (من) {Höf ZDMG 114(1964).425}? → *FLY*
→ *FLG*

FLQ

n. *mflq* [A] ?*water distribution by* opening dam | *distribution de l'eau grâce à l'*ouverture d'un barrage | (توزيع الماء بـ) فَتْح السد?

FLS³

v. *fls³* NNAG 13+14/3, C 334/11 [M] put to flight | mettre en fuite | فلّ، هزم

†n.p. *fls³t* C 325/6, 8 [C] *part of a building* | *élément d'un édifice* | (جزء من بناء)†

FLṬ

v. *flṭ* Gl 1444/1 [J] assign *land to s.o.* | concéder *des terres à qqn* | خصّص ~ جعل (أرضًا لأحد)

FLY

n. *flyt* J 628/7 [R] prayer, supplication | prière, supplication | دعاء، ابتهال، تضرُّع → **FLL*

n. *flyt* C 74/5 [J] ?ordinance, regulation | ordonnance, règlement | أمر، مرسوم، نظام?

***FNW* I**

n. *fnwt*, p. *fnw* C 329/2, 4, C 380/4, *fnwy* R 3967/2 [A] secondary canal | canal secondaire | قناة فرعية، ساقية فرعية

n.p. *mfnt* E 22§1 &c, *mfnyt* J 645/25 [A] ?land irrigated by canals | terre irriguée par des canaux | ?أرض تسقى بقناة أو ساقية → *FNW* II

***FNW* II**

n. *fnw* C 37/5, C 40/2, J 514, *fnwt* E 13§9, C 1/4 space outside, immediate surroundings, front *of building* | espace extérieur ~ environs immédiats ~ façade *d'un édifice* | فناء ~ ما أحاط بـ (بناء)

n. *mfnt* J 610/6 (*kl/dʿt/kwn/b—hmw*) [A] ?land outside *settlement* | terres en dehors *d'un village* | ?ريف → *FNW* I

FQD

v. *fqd* J 651/26 [M] lose *troops* | perdre *des effectifs* | فَقَد ~ خَسِر (جندًا)

v. *tfqd* J 665/48 [M] be lost (*troops*) | être perdus (*effectifs*) | فُقِدَ ~ خُسِر (جندٌ)

v. *fqd* NNAG 15/5, J 525/4 [R] be absent, remote (*deity*) | être absente ~ distante (*divinité*) | غاب ~ نأى (إله)

FQḌ

n. *fqḍ* C 418/1, 4 &c [S] *social class / title* | *classe sociale / titre de nature sociale* | (طبقة اجتماعية / لقب)

FQḤ

v. *fqḥ* [A] exploit *land by irrigation* | exploiter *le sol au moyen de l'irrigation* | استغل (أرضًا بالسقاية)

†v./?n.? *fqḥ* C 540/29 [A] ?extend *irrigation scheme* | agrandir *un réseau d'irrigation* | †?مدَّ (نظام ري أو سقاية)

n. *fqḥ* R 4176/9 [R/J] arbitrator, adjudicator | arbitre, juge | حَكَم، حاكم

n. *fqḥ* Gl 1361/2 (*—m/wṭlt/blṭm*) half | demi | نِصْف

n. *ḏ-fqḥy* J 653/9, NNAG 12/11, 24 *second decade of month* | *la deuxième décade du mois* | العشر الثانية من الشهر

FQL

v. *fql* C 80/10, J 615/10, J 730/8 [A] reap crops | moissonner *des récoltes* | حصد زرعًا، حصد غلة

n. *fql* R 4176/10, J 727/10, p. *ʾfql* crops | récoltes | غلال

***FR*ʿ**

v. *frʿ* R 4930 [R] offer firstfruits | offrir les prémices | قرّب ~ قدّم بواكير الثمر أو الغلال

n. *frʿ*, p. *frʿt* R 4930 crops | récoltes | غلال، غلة; [R] firstfruits | prémices | باكورة ثمر، باكورة غلة

n. *ḏ-frʿ-m* J 649/12+ [M] ?record number *of casualties* / firstfruits *of success* |

record *en pertes infligées* / prémices *de succès militaires* | رقم قياسيّ (من إصابات أو خسائر) / بواكير (فوز)?

n. *frᶜ*, (*ḏ-*)*frᶜ* *first decade of month* | *la première décade du mois* | (العشر الأوائل من الشهر)

n. *frᶜ* YMN 11/2, *tfrᶜ* [C] upper part, summit *of building* | partie supérieure ~ sommet *d'un édifice* | جزء أعلى ~ قمة (بناء)

a. *frᶜ* J 735/11 (*ᵓmrm/—m*) lofty, celestial *omen* | *présage* céleste ~ élevé dans le ciel | سام ، سماوي (نعتا لإمارة أو فأل) {Bee Notes 11.208}; R 4029/1, *mfrᶜ* Gl 1361/3 (*wrqn/—n*) rich *crops* | *récoltes* abondantes | جيدة (غلة)

FRD

†n. *frd-m* F 74/3 uniquely, alone, exclusively | uniquement, seulement, exclusivement | †فردًا، دون غيره، وحده

FRḌ

n. *frḍ* C 605/1 [A] ?opening *in dam wall* | ouverture *dans le mur d'un barrage* | فُرضة، فتحة (في حائط سد)?

FRQ

v. *frq*, *tfrq* R 4193/11 deliver, save | délivrer, sauver | نجّى، حفظ

v. *tfrq* [M] be dispersed, scatter, seek safety | être dispersé, se disperser; chercher refuge | تفرّق، تشتت، طلب النجاة

FRS¹

n. *frs¹*, p. *ᵓfrs¹* horse/mare; cavalryman, cavalry | cheval/jument; cavalier, cavalerie | فرس؛ فارس، فرسان

FRS²

n. *frs²t* J 574/7 ?cultivated countryside | campagne cultivée | ريف ذو زروع وفلاحة?

FRS³

n.p. *mfrs³t* R 3946/7 [AC] ?boundary wall *of field* | mur de démarcation *d'un champ* | جدار يكون حدًّا (لأرض)?

FRZN

n. *frzn-m* C 40/4, Gr 3/5, †C 540/12+† [LW] iron | *en* fer | حديد

FS¹Ḥ

v. *hfs¹ḥ* J 618/11 [C] ?enlarge *structure* | agrandir *un édifice* | وسّع ~ كبّر (بناءً)?

n. *mfs¹ḥt* J 618/17 ?enlargement | agrandissement | توسعة، زيادة?

FS²ᵓ

a. *fs²ᵓ-m* J 720/12 contagious, epidemic *disease* | *maladie* contagieuse ~ épidémique | مُعْدٍ، سارٍ (نعتا لمرض)

FS²Ḥ

v. *hfs²ḥ* Sh 31/12 cause to rejoice | faire se réjouir | أبهج، سرّ، أفرح {Mü Gesandtschaft 157}

FS³L

v. *fs³l* R 4624/7 ?[M] march out | partir *en campagne* | (الجند) فصل ~ سار?

FṢY

v.f.pass. *fṣyt* C 890/3 inter | enterrer | دفن، وارى {Bee Notes 1.55}

†n. *fṣy-m* C 540/48, 94, C 541/128 ?*kind of raisin wine* | *sorte de vin de raisins secs* | (نوع من نبيذ الزبيب)?†

FTḤ

v. *ftḥ* C 81/7 ?lay waste *a building* | dévaster *un édifice* | دَمّر، خرّب?

v. *ftḥ* J 643/20 ?temporize with *s.o.* | transiger *avec qqn* | (أحدًا) راوغ، ماطل {Bee Warf}?

v. *hftḥ* F 76/8, R 3959/1 [J] obtain a judicial order | obtenir une décision judiciaire | حصل على أمر قضائي، أحرز قرارًا قضائيًا; J 2856/4 initiate a lawsuit | intenter un procès | رفع دعوى، أقام دعوى

n. *ftḥ* Gl 1563/6, YM 546/4 [J] judicial order | décision judiciaire | قرار قضائي، حُكْم; Ham 9/6, J 750/11, J 2856/4 [J] lawsuit, litigation | procès, litige | دعوى، خصومة قضائية

FTḪ

†n. *ftḫ* C 325/1 [C] ?decorated stonework | ornementation en pierre | بناء بحجر مزخرف?†

FṬN

v. *hfṭn* [J] assign *land to* (*l-*) *s.o.* | concéder *des terres à* (*l-*) *qqn* | نزل عن (أرض لأحد)، حوّل (إلى أحد أرضاً)

****FYʾ***

†v. *hfʾ* Ry 507/8, inf. *hfʾn* J 1028/5 [M] take as booty | prendre comme butin | أخذ فيئًا، غَنِم†

****FYD***

v.imp. *yfd* R 4781/2 [J] ?belong exclusively *to* (*l-*) *s.o.* | appartenir exclusivement *à* (*l-*) *qqn* | (ف : فادَ لَهُ) (لأحد) كان ملكا خالصا {Bee Notes 11.205} ≠ n. pr. {Rhod}? → *WFD*

FYḤ

†n. *fyḥ* Ry 507/7 ?tribesmen | gens des tribus | رجال عشيرة، رجال قبيلة {Bee Orientalia 25(1956).299}?†

FYS²

n. *fys²-m* R 4401 [C] ?< > ≠ n.pr.?

G

GʿR

v. *tgʿr* J 577/13, J 665/14 [M] muster, assemble, regroup | battre le rappel, rassembler, regrouper | جَمَعَ ، حَشَدَ; E 32/18 join (*bʿm*) *s.o.* | se joindre *à* (*bʿm*) *qqn* | انضم الى (أحد)

n. *tgʿr* BR M. Bayḥān 1/15 total | total | مجموع ، عدد كامل

a.p. *gʿwr-m* Gr 3/1 {edd} in total | au total | ما مجموعه

***GBʾ* I**

v. *gbʾ* return; consent *to* (*l-*) *do s.t.* | retourner; accepter *de* (*l-*) *faire qqch* | عاد . رجع ؛ رضى (أن يفعل شيئا); [M] retire, fall back, retreat | se retirer, reculer, battre en retraite | تراجع . عاد أدراجه، تقهقر; [M] give in, submit, surrender, sue for peace | céder, se soumettre, se rendre, engager des pourparlers de paix | خضع . استسلم . طلب الصلح; [M] resume operations | reprendre les opérations | عاود العمليات; [J] be handed over, be transferred (property) | être cédée ~ transférée (propriété) | نُقِلَ ~ حُوِّلَ (المِلك أو المال); RB B. Bakr 1/5 [C] restore *building* | restaurer *un édifice* | أعاد ~ جدّد (بناء)

v. *hgbʾ* [J] render *justice* | rendre *la justice* | أقام (العدل); [J] transfer, hand over *property* | transférer ~ céder *une propriété* | نقل ~ حوّل (مِلكاً); [C] ?render *a surface with plaster* | plâtrer *une surface* | طلى (واجهة بجص) {Bee Notes 10.422} ≠ repair | réparer | أصلح?

v. *tgbʾ* J 643/13 < >

v. *s¹tgbʾ* E 13§6 [M] reduce to submission | soumettre | اكره على الاستسلام، أخضع

n. *gbʾn* C 613/4, C 599/3 (—*m*) [J] transfer *of property* | cession *d'une propriété* | نَقْل ~ تحويل ~ نزول عن (مِلك)

***GBʾ* II**

v. *gbʾ* J 656/17 [J] impose, exact *tithes from* (*bʿly*) *s.o.* | imposer ~ extorquer *des redevances à* (*bʿly*) *qqn* | فرض (عشورًا على أحد)، جبى ~ تقاضى (عشورًا من أحد)

v. *hgbʾ* J 670/28 [A] collect *rain in an irrigation channel* | recueillir *l'eau de pluie dans un canal d'irrigation* | جمع (المطر في ساقية)

GBḎ

v. *gbḏ* C 308/23 &c, *gbz* J 629/28 ravage *fields, vineyards &c* | dévaster *des champs ~ des vignobles &c* | خرّب ~ دمّر (حقولاً، كروماً الخ)

GBH

n. *gbht* C 504bis/1 mare | jument | فرس أنثى، (ف : جبهة)

GBL

n. *gblt* cultivated land *surrounding village or dwelling* | terres cultivées *autour d'un village ou d'une demeure* | أرض زراعية (حول قرية أو مسكن)

GBY

n. *ḏ-ʾgby last decade of month* | *la dernière décade du mois* | (العشر الأواخر من الشهر)

GBZ → *GBḎ*

GDD

v. *hgdd* R 4176/14 [J] enforce, validate *a decree* | mettre en vigueur ~ valider *un décret* | نَفَّذ ~ صَحَّح ~ أجاز (أمرًا أو مرسومًا); C 610/1 ?assign | allouer, attribuer | ?نقل. حوّل

a. *gdd* Gl 1537/6 (*—m/wqṭnm*) great | grand | كبير. عظيم

?GDM?

n. *?tgdm-m?* Ra 42/4 {sic Bee; Höf *tldmm*} ?leprous condition | état lépreux | جذام. اصابة بجذام {Bee Notes 10.419}?

GDY

v. *hgd* C 37/7 (*gdyt/—/lhw/krbʾl*) [J] make a grant *of land* | concéder *des terres* | وهب ~ منح (أرضًا)

n. *gdyt* C 609/4 (*s*^{2}*ʾmt/w—/ʾbythmw*), C 37/7, 8 (*—/wmṯbt/hṯb/yṯʿkrb*) [J] grant *of land, of property* | concession *de terres* ~ *de propriétés* | هبة ~ تحويل (أرض أو مِلك)

GḎḎ

†n. *gḏḏt* C 540/87 ?durra | millet | ذُرَة?†

GḎF

v. *gḏf* C 546/6 <   >

GḎM

n. *gḏm[n]* Gl 1574/14 deliverance *from difficulty* | délivrance *d'un embarras* | نجاة ~ خلاص (من شدة أو صعوبة)

GḎW

n.d. *gḏwty* R 3946/5 ?hill | colline | تلة?

GFY → *LFY, TLF*

GHM

n. *ghmy* NNAG 12/11 last part of night, just before dawn | la dernière partie de la nuit, juste avant l'aurore | آخر الليل. سَحَر {JRy Mancie 269}

v. *ghm* J 665/28 {edd} go just before dawn | aller juste avant l'aurore | مضى في آخر الليل. دغش

GMʿ

†v. *gmʿ* assemble, bring together | rassembler, mettre ensemble | جمع†

†v. *tgmʿ* Ry 508/4 be brought together | être mis ensemble | تجمع†

GMD → *LMD*

GML

n.p. *gml* J 576/3, J 649/40, †Ry 507/9† camel | chameau | جمل

**GMM*

v. *gm* Rob Umm Laylā 1/1, p. *w-gmw* F 76/7, 8 {edd} ?decide in *tribal* assembly | décider en assemblée *tribale* | قرّر ~ حسم في مجلس (القبيلة) ≠ → **LMM*?

GN'

n. *gn'*, p. *gn't* J 2867/4 &c, †C 621/7†, *'gn'* J 651/31 wall *of town, fortress or temple* | mur d'enceinte *d'une ville* ~ *d'une forteresse* ~ *d'un temple* | سور ~ حائط (مدينة أو حصن أو هيكل)

v. *gn'* surround with a wall | entourer d'une enceinte | سوّر، أحاط بسور

GNB

v. *gnb* J 597/1 be beside (*b'm*) *s.o.* | se trouver *à côté de* (*b'm*) *qqn* | كان بجانب (أحد)

GNN

v. *tgn* J 570/3, inf. *gtnn* J 570/8, *gtnnn* C 74/13, J 570/9 [A] gather crop | moissonner, récolter | جنى، اجتنى، جمع غلة أو ثمرًا

n. *gnt* J 2152/4, p. *'gnn* J 2834/6 garden, orchard | jardin, verger | جنة، بستان، حديقة

GNW/GNY

n. *gny-n* J 650/6 [A] *garden* crop | cultures *potagères* | غلة بستان، ثمر بستان

n.p. *'gnw* J 574/6 [A] cultivated *garden* area | aire de cultures *maraîchères* | منطقة بستان، مساحة مزروعة (ببساتين)

***GNZ* I**

n. *gnzt* J 702/10 (*mḥrm*/—*n*) ?funeral *precinct* | *enclos* funéraire | جنازة (موضع)≠ assembly, congregation | assemblée | جماعة، جمعة {Ghul}?

***GNZ* II**

n.p. *gnwz* DJE 12/4 [LW] storeroom | magasin, réserve | مخزن، خزانة

***GRB* I**

n. *grb*, p. *grbt*, *grybt* body, person | corps, personne | جسد، بدن، جسم، شخص

***GRB* II**

v. *grb* [AC] lay out *fields* in terraces | disposer *des champs* en terrasses | بنى (الحقول) على هيئة مدارج

†v. *grb* R 5094/2 [C] ?wall with stone *a burialplace* | entourer *une sépulture* d'un mur de pierre | طوى بحجارة (قبرًا)، بنى جراب (قبر)?†

†n. *grb* C 540/11 &c [C] undressed stone | pierre brute | حجر (بناء) غير مسوّى، جروب†

n. *grbt* VL 25/3, †C 541/58† [C] ?lining with undressed stone | parement de pierres brutes | الطي بحجارة غير مسوّاة?

n. *grby-n* ?worker in stone, stonemason | tailleur de pierre, maçon | حجّار، عامل حجارة {Bee Notes 10.413}?

GRḤ

n.p. *grḥ* J 643bis/3 wounded | blessé | جريح

GRM

n. *grm* J 752/9 body *of animal* | corps *d'un animal* | جسم ~ جسد ~ جِرم (حيوان)

n. *grm* J 750/7 waterskin | outre *à eau* | قِربة

†n. *mgrmt-m* Ry 507/7 ?wrongfully | à tort, injustement | بغير حق، خطأً?†

GRN

n. *grn* J 514, Gr 3/3, Rob Ḫadara 9/5 threshing floor | aire de battage | جرن، جرين، بيدر

GWʿ

?n./a.? *gwʿ-m* J 631/35 hunger / hungry | faim / affamé | جوع / جائع

GWB

n. *gwb-n* C 373 [C] *part of temple structure* | *élément de la structure d'un temple* | (جزء من بناء معبد)

GWD

n. *gwd* J 665/44 swift riding beast | monture rapide | جواد، ركوبة سريعة

GWL

n. *gwl-m, gl-m* YMN 11/3 [J] *with* full ownership rights | *avec* la plénitude des droits de propriété | (مع) كامل حقوق الملك

GWR

v. *gr* C 548/1 visit *a sanctuary* | faire la visite *d'un sanctuaire* | جاور ~ زار (حرما)

n. *gwr* Ko 5/2 master, lord | maître, seigneur | جار، مولى، سيد; J 2856/3 [J] business partner, joint proprietor | associé en affaires, copropriétaire | جار، شريك في تجارة، شريك في ملكية {Bee St 1.90}

n. *grt* Gl 1143/3 ?protection-fee | fonds extorqués en échange d'une protection | إتاوة جوار، ضريبة حماية {Serj Hunt 76}?

GWY

n. *gw-m* C 366 (*kl/—/ḏʾlm*) &c, *gwy* C 570/9 (*—/qhlm*) community group | groupe formant une communauté | جماعة، قوم

GWZ

v. *gz* C 323/3, f. *gwzt* J 525/1, imp. *ygzn* R 3910/6, J 711/11 go, pass, pass through; be past (*time*); flow (*lava*) | aller, passer, traverser; s'écouler (*temps*); couler (*lave*) | جاز، مرّ، نفذ؛ مضى (زمن)؛ سال (حِمَمُ البركان) → *NGZ*

n. *gwzt* Gr 3/1 (*l—/hyt/ms¹qftn*) ?transport | transport | حَمْل، نَقْل ≠ inauguration ceremony | cérémonie inaugurale | شعائر تدشين ~ احتفال بإنجاز (بناء) {Bee St 1.93}?

n. *mgzt* J 635/37 crossing-place *of wadi* | gué *d'un wādī* | مجازة ~ مجاز ~ موضع عبور (وادٍ)

GYB

v.imp. *ygbn-* Gl 1441/5, inf. *gyb* C 86/8 &c defend, protect | défendre, protéger حَمَى، دافع عن {Bee Notes 8.444}

GYL

n. *gyl* R 4646/19, Gl 1533/13, Gl 1572/10 period, course *of a season* | période, cours *d'une saison* | مدة ~ فترة (فصل أو موسم)

GYR

v. *gyr* YMN 10/4, Rob Zāhir 1/2, inf. *gyrn* Ist 7630/5 [C] plaster | plâtrer | جصّص. ملط

n. *gyr* YMN 1/4, †C 540/25+, R 5085/7† [C] lime-plaster | plâtre, gypse | جير. كلس

n. *mgyrt* VL 25/3 [C] plastering | plâtrage | تمليط. تطيين، تجصيص

GYS²

n. *gys²*, *gs²* E 32/22, p. *ʾgys²* [M] unit, detachement | unité, détachement | مفرزة. كوكبة

GZʾ

†a. *gzʾ* C 540/25 ?*part of wadi* cut off *above ~ below dam* | *partie* barrée *du wādī en amont ~ aval d'un barrage* | ?جزء (الوادي فوق السد أو دونه)†

GZʿ

v. *gzʿ* C 292/4 ?assign | allouer, assigner | ?فوّض، حوّل، نزل عن

n.p. *ʾgzʿ* N 29/3 [A] ?upper valley | tête de vallée | جِزع. أعلى الوادي، المشرف من الوادي?

n. *mgzʿ* C 612/1, p. *mgzʿt* C 291/1 ?assignment | allocation | ?تفويض، تحويل. تنازل

GZF

n. *gzf* R 3951/3, p. *ʾgzf* R 3951/5 [J] ?wholesale transaction | contrat de vente en gros | ?بيع بالجملة، جزاف

v. *gzf* R 3951/5 [J] effect a *gzf* transaction *with* (*bʿly*) *s.o.* | conclure un contrat *gzf avec* (*bʿly*) *qqn* | عقد صفقة بيع بالجملة (مع أحد)، بايع (أحدًا) جزافًا

†n.coll. *gzf* C 540/84 (*fʿln/w—n*) ?contract workers | travailleurs à forfait | عمال بعقود، عمال مقاولة {Bee Notes 11.199}?†

GZḤ

v. *gtzḥ* C 581/10 ?accept bride-gift | recevoir le douaire nuptial | تلقى صداق عروس {Bee Temp Mar 24}?

GZL

†n. *gzl* BR Yanbuq 47/7 rock-inscription | inscription rupestre | كتابة منقوشة في صخر†

GZM

v. *gzm* J 575/2 [M] extirpate, decisively defeat *enemy* | infliger une défaite décisive à ~ annihiler *l'ennemi* | سحق ~ هزم (عدواً) هزيمة حاسمة

v. *gzm*, *tgzm* C 308/12, ST 1/14 swear *oath*; conclude *pact* | prononcer *un serment*; conclure *un pacte* | جزم، حلف (يميناً)، قطع ~ عقد (عهداً أو ميثاقاً)

v. *gzm* R 3957/6 (—/*s¹w*ʾ/*ḏs¹mwy*/ʿ*ly*) entail, lead *to* (ʿ*ly*) *s.t.* | entraîner (ʿ*ly*) une conséquence, aboutir à (ʿ*ly*) *qqch* | أدى إلى (شيءٍ)

n. *gzm* oath; pact | serment, pacte | يمين، عهد، ميثاق

GZY

v. *gzy* E 12§2, J 629/39, p. *gzyw* C 68/2, J 564/9, Gar ISA 3/3, inf. *gzy* J 629/38 ?receive official commendation | recevoir des félicitations officielles | تلقّى ثناءً من صاحب سلطة {Bee} ≠ acquit oneself *of a task* | s'acquitter *d'une tâche* | قضى (مهمة)، أدّى (واجباً)، كفى، أجزى {JRy Him 3.245}?

n. *gzyt* ?award, commendation | récompense, félicitations | ثناء، ثواب، جزاء ≠ mission, task | mission, tâche | مهمة، عمل، واجب?

GZZ

v. *gzz* C 610/1 [J] assign *property rights to s.o.* | concéder *des droits de propriété à qqn* | فوّض ~ حوّل ~ نزل عن (حقوقَ ملكية الى أحد)

n. *gzzt* R 3956/4 woollen garment | vêtement de laine | كساء صوف {JRy Conf 5}

Ġ

ĠBB

n. *mġbt* J 556 &c, p. *mġbb* [C] curtain wall/defensive work | courtine / dispositif de défense | جدار مُسْتوٍ لا بروز فيه / تحصينات

ĠBR

n. *ġbr* Lu 11/1 settler *on land* | colon *agricole* | مستوطن، مقيم (في أرض) {Bee Marg 2.423}

ĠBṬ

n. *ġbṭ* J 615/27 &c, *ġbṭt* NNAG 11/33 envy | envie | غبطة، حسد.

ĠLB

†a. *ġlb* Ist 7608bis/16 (*krs³ts³*/—*n*) victorious | victorieux | غالب، فائز†

ĠLL

v.imp. *yġln* R 4176/5 fraudulently appropriate, withhold | s'approprier ~ retenir frauduleusement *qqch* | أخذ لنفسه عن خيانة، استبق لنفسه، غلّ

v.imp. *yhġlln*- F 71/9 ?damage *s.t.* | endommager *qqch* | سبّب (ضررًا) لِـ، أوقع (أذىً) بِـ?

v. *ġll* NNAG 15/5 be angry (*deity*) | être irritée (*divinité*) | غُلَّ صدره، غَضِبَ (الإله)

n. *ġlyt* NNAG 15/5, C 352/16 &c wrath; overbearingness | colère; arrogance | غُلّ، غَضَب

ĠLM

n. *ġlm*, f. *ġ[l]mt* R 4233/9 {Mla Hierod 56}, p. *ġlm* C 350/15 &c boy/girl; young man | garçon/fille; jeune homme | غلام / غلامة، صبي / صبية؛ شاب

ġlyt → *ĠLL*

ĠNM

v. *ġnm* take as booty | prendre comme butin | غَنِمَ

v. *ġnm* C 349/6 give booty (*deity*) | accorder du butin (*divinité*) | غَنَّم ~ أعطى غنيمة (الإ آلهُ)

n. *ġnm, ġnmt*, p. *ʾġnm* YM 386/4 booty, plunder | butin, pillage | غُنْم، غنيمة

ĠRB

v. *ġrb* C 405/10 {sic}, J 651/54, 55 know, be aware of, recognize (*bn*) *s.t.* | connaître ~ avoir conscience de ~ reconnaître (*bn*) *qqch* | عَلِم ~ عرف ~ تبين (شيئاً) {Mü AfO 21(1966).107}

ĠRBB

†n. *ġrbb* C 540/48, 93, C 541/128 ?*kind of raisin wine* | *sorte de vin de raisins secs* | (نوع من نبيذ الزبيب)?†

ĠRḌ

v. *ġrḍ* R 4176/3 ?slaughter *animals for food* | abattre *des animaux de boucherie* | ذبح (حيواناً للاطعام)?

ĠS¹L

v. *ġts¹l* C 523/7, C 533/5 wash oneself | se laver | اغتسل

ĠWN

n.p. *mġwn* J 577/12 [M] raiding base | base d'opérations de razzia | مقرّ مغيرين، قاعدة غارات

***ĠWR* I**

v.imp.p. *yġtwrw* C 74/10 supply oneself with corn | s'approvisionner en céréales | تزود بالحبوب، امتار

***ĠWR* II**

v.p. *hġrw, s¹tġrw* E 32/29, †Ry 507/7†, *s¹(ġ)rw* J 649/17 {JRy}, inf. *s¹tġrn* E 32/19, Sh 32/16 conduct a raid ~ razzia | mener un raid ~ une razzia | أغار، استغار، قام بغارة

ĠWY

?v.? *ġwy* J 570/6 (*w—/ʿnhw*) < >

n. *ġy* J 651/51 (*bʾs¹tm/wnkytn/w—m*) grievous trouble | sérieuse difficulté | بلاء شديد، داهية، مهلكة، أُغْوِيَّة

a. *ġwyt* C 563+956/5 ?harsh, exemplary *punishment* | *châtiment* sévère ~ exemplaire | رادع، صارم، شديد (عقاب)?

ĠYL

v.inf. [*s¹*]*tġln* J 618/19 (*kl/ʾġyl/yfʿw/w—*) flow | couler | جرى، سال

n. *ġyl* Ḥadaqān 16, †*ġl* R 5085/5†, p. *ʾġyl* J 618/18 &c [A] water-course; conduit, covered channel, ghayl | cours d'eau; conduite, canal couvert, ghayl | مجرى ماء، قناة، غَيْل

n. *ġyl* R 4085/3, p. *ʾġyl* R 4797/1 [C] ?*ground-level structure* | *bâtiment de plain-pied* | (بناء على مستوى الأرض أو الطبقة الأرضية)?

ĠYR

n. *ġyr, ġr* C 523/5,6 other than; except; (+ a.) not | autre que; excepté; non (+ a.) | غير; *b-ġyr* C 86/12, C 619/4 without | sans | بغير، بلا

***ĠYṮ**

v.inf. *hġṯn* J 735/10 send abundant rain on *a place* | arroser *un endroit* de pluies abondantes | أغاث، أرسل الغيث مدرارا على (مكان)

ĠZW/ĠZY

v. *ġzw* J 739/9, †p. *ġzyw* Ry 506/2†, inf. *ġzw* [M] conduct a raid, razzia | mener un raid ~ une razzia | غزا; attack *a task* | entamer *une tâche* | أقبل بهمة (على عمل أو مهمة)

n. *ġzt* J 586/15, 19, †*ġzwt* Ry 506/3†, p. *ġzwy* J 586/14 [M] plundering raid, razzia | raid *de pillage*, razzia | غزوة، غَزاة

n.p. *ġzwy* J 577/14 [M] raiding column | rezzou | غُزاة، كوكبة غزاة

H

h-

pron. 3e pers. & a. dem.: m.s.nom. *hʾ, hwʾ*, acc/gen. *hwt*; f.s. nom. *hʾ, hyʾ*, acc/gen. *hyt*; d.nom. *hmy*, acc/gen. *hmyt* J 574/7, *hmt* BR M. Bayḥān 5/9; m.p.nom. *hmw*, acc/gen. *hmt, hmwt* M. Māriya/6; f.p.nom. *hn*, acc/gen. *hnt* he/she/they; that/those | il; lui/elle; eux/elles; cela, celui-là/celle-là; ceux-là/celles-là | هو/هي/هم/هن؛ ذلك/تلك/أولئك

HDN → WDN

HDR

n.p. *ʾhdr* C 308/7, 9 [A] ?water-channel | canal pour l'eau | ساقية ماء، مجرى ماء?

HDY

n. *hdy-m* J 750/12 caravan-leader, guide | chef *de caravane*, guide | هادٍ، قائد قافلة، دليل {Bee Misf 229}

?n./v.? *hdy* GRy Graff p. 561 leader / lead *caravan* | chef *de caravane* / diriger *une caravane*, | هادٍ / هدى (قافلة)

hfʿ → ***NFʿ**

HGL

†n. *hgl-m* Ry 509/8 {sic JRy BiOr 14(1957).93} travel over plain | voyage en plaine | †سير في سهل

HGN

†n. *hgn* Ist 7608bis/5 (—/ʾ*bhw*), C 541/23, Ry 512/1, J 1031a/2 [S] ?freedman | affranchi | مُعْتَق {Cas Hisn 55} ≠ son of a slave wife | fils d'une épouse esclave | ابن أمة ، هجين {Lu JA 94} ≠ noble-born | de naissance noble | نبيل المولد، شريف المحتد {Ja}?†

HGR

n.f. *hgr*, p. ʾ*hgr*, *hgr* town | ville | مدينة، قرية، (ي : هَجَر)

n.coll. *hgr* Sh 32/17 &c townsfolk | citadins | أهل مدينة، أهل قرية

hl

pron.rel. *hl-mw* R 3960/5 whatever | quoi que ce soit | مهما

hm

partic. *hm* R 4088/4 &c, *hmy* J 729/9 if | si | إن ، إذا

****HMM***

†n. *hm* Ry 510/4 (*l*—/*ḏndyn*) ?business, affair | affaires, affaire | هَمٌّ، هِمَّة، مُهِمَّة {Bee Maʿdikarib 311}?†

HMR

n. *hmr* C 523/8 semen | sperme | مَنِيّ

HMS¹

v. *hms¹* crush, overwhelm *enemy* | écraser *l'ennemi* | كسر، قهر (عدوًّا)

hn

partic. (only in texts with Haram as known or probable provenance | uniquement dans les textes provenant certainement ou probablement de Haram | (فقط في النقوش التي يعرف أو يحتمل أنها من مدينة هرم) *hn*, *b-hn* because | parce que | بأَنْ، إذْ; *hn*/*l*- C 548/2 if | si | إن ، إذا

→ ʾ*hn*

HNʾ

a. *hnʾ*, p. *hnʾn*, *hnʾ* sound, healthy *children*/*crops* | *enfants* bien portants/*récolte* de bonne qualité | سليم، صحيح، هنِيء (نعتاً لأولاد أو غلال)

†n. *hnʾ* C 540/81 soundness, firmness *of construction* | solidité, fermeté *d'une construction* | سلامة ~ متانة (بنيان)†

n. *hnʾt* R 3966/9 prosperity | prospérité | عيش هنيء، رغد عيش

HRB

†v. *hrb* Ry 507/5 flee | s'enfuir | هرب†

HRG

v. *hrg* kill, slaughter, massacre | tuer, égorger, massacrer | قتل، ذبح

v. *thrg* J 649/32, *htrg* E 32/25 fight *with* (*b*ʿ*m*) *s.o.* | se battre *avec* (*b*ʿ*m*) *qqn* | تقاتل (مع احد)

n. *hrg-m* R 3945/5, *mhrg*, p. *mhrgt* killing; spoils *of those killed* | carnage; dépouilles *des tués* | قَتْل، سَلَبُ القتيل

HRK

n. *mhrk* F 119/8 [?LW?, Bee CIAS I.50] booty | butin | غنيمة

HRM

n. *hrm* C 86/10, p. *ʾhrm* C 429/5 *some kind of misfortune* | *un certain malheur* | (نوع من المصائب أو النكبات)

HRR → *ḤRR* III

HRS¹ → **RS¹S¹*

HRY

v.f. *hryt* J 751/6 suffer, experience cold | souffrir du froid, avoir froid | قاسى بردًا، عانى من برد

n. *hry* J 751/6 very cold weather | temps très froid | برد شديد، طقس شديد البرود

HWN

v.inf. *hwn* J 722c (—/*lhn*/*lbhw*) soften *one's heart* | adoucir *son cœur envers* (*l-*) *qqn* | ألانَ ~ ليّن (القلب)

hwnt → **ᶜWN* II

HWR I

v.d. *hwry* Gl 1379/4, †p. (*h*)*wrw* Ry 510/3† ?announce, proclaim | annoncer, proclamer | أعلن؟، أذاع (?√*WRY*?)

HWR II

n. *hwr* C 40/2, C 660/4, †C 540/17, 19†, d. *hwry* R 3943/5 [A] ?watercourse | cours d'eau | ساقية≠ cistern, pool | citerne, pièce d'eau | بِركة، حوض، صهريج؟

n. *hwrt* C 421/5, C 434/4 ?[A] cistern, pool | citerne, pièce d'eau | بركة، حوض، صهريج≠ [C] rear part | partie postérieure | مؤخرة، جزء خلفي؟ (?√*WRY*?)

HYᶜ

v. *hyᶜ*, *hᶜ* R 4963/2 &c, imp. *yhᶜn* Gl 1532/5, f. *thᶜn* Gr 3/4, inf. *hyᶜ* flow, run (*water*); run, extend (*boundaries*); carry out, perform *action*, *instruction*, *building operation* | s'écouler ~ couler (*eau*); aller ~ s'étendre (*limites*); exécuter *une action* ~ *des instructions* ~ *une opération de construction* | سال ~ جرى ~ هاع (الماء)؛ جرى ~ امتد (الحدّ)؛ أجرى ~ نفّذ ~ أتم (عملاً، تعليماتٍ، عمليةَ بناء) {Bee Two Roots 21-4}; [R] ?offer sacrifice | offrir *un sacrifice* | قدّم قرباناً {Rho} ≠ pour out *libation* | répandre *une libation* | أراق ~ سكب (قرباناً سائلاً) {Lu} ≠ run *as a ritual act* | effectuer une course *rituelle* | جرى ~ سعى (عند معبد) {Ghul}?

n. *mhyᶜ*, p. *mhyᶜt* Gl 1209/10 extent, stretch; building operation | étendue, section; opération de construction | امتداد، مدى؛ عملية بناء; [R] ?libation | libation | قربان سائل، قربان خمر، قربان ماء ≠ *ritual* running | course *rituelle* | سَعْي؟

†n. *mhᶜ* Ry 507/7 (—/*wḫmrtm*/*ʾḫny*) < >†

***HYG**
n. *hg-m* J 578/11 battle | combat | هيجاء، معركة {Bee Notes 7.540}

HYKL
n.p. *hyklt* J 629/28 [LW] ?manor, villa | manoir, villa | قصر، دار كبيرة (في مزرعة أو ريف)? → *ḤYKL*

HYL
n. *hyl* R 4818/6 fear | crainte | خوف، هول، فزع

HYN
v.inf. *hyn* Gar ISA 5/7 ?ease, give ease to (acc) | rassurer ~ soulager *qqn* | هوّن على (أحدٍ)?

HYR
n. *hrt* C 378/4 &c. [A] ?low cultivable ground | basse terre arable | أرض زراعية منخفضة، (ف : هَيرة)?
n. *hyrt-n* C 334/9 <   >

Ḫ

ḪBʾ
v. *ḫbʾ* R 3956/5 hide, conceal | cacher, dissimuler | خبأ، أخفى

ḪBB
n.p. *ʾḫbb* R 4231/5 [C] ?niche *of burial chamber* | niche *de chambre funéraire* | لحد (في جانب حجرة دفن)?
n.p. *ʾḫbb* C 516/11 <   >

ḪBL
n. *ḫbl* YMN 10/2 {sic photo} ruin | ruine | خراب، تلف

ḫbn → *ḪYB*

ḪBṬ
v. *ḫbṭ* J 616/15 [M] beat, defeat *enemy* | battre ~ défaire *l'ennemi* | كسر ~ هزم (عدوًا)
v. *ḫbṭ* C 575/7 suffer *from epidemic sickness* | être atteint *d'une maladie épidémique* | قاسى ~ عانى (من مرض وبيء)
n. *ḫbṭn* C 575/6, J 751/8 *type of epidemic* | *sorte d'épidémie* | (نوع من وباء) {Bee BSOAS 35(1972).353}
?a.? *ḫbṭn* C 562/6 (*ʿgdm*/—) <   >

ḪDʿ
v. *ḫdʿ* R 4775/3 (*ṯbr/w—n*) &c damage *s.t.*; demolish; be damaged (*building*); be lamed (*foot*) | endommager *qqch*; démolir *un édifice*; être endommagé (*édifice*); être

estropié (*pied*) | خرب ~ أتلف (شيئاً)، انْهَدَمَ ~ خَرِبَ ~ تَلِف (بناءٌ)، أُصِيبَتْ بعَرَج (قدمٌ)
n. *ḫd*ᶜ YMN 10/1 damage | dommage | خرَاب، تلف
n. *mḫd*ᶜ J 511/4, †Ry 508/11, J 1028/11, 12† damager / damage ~ falsification *of text* | déprédateur / dommage ~ falsification *d'un texte* | مُخَرِّب، مُتْلِف، مُزَوِّر / تخريب ~ إتلاف ~ تزوير (نص)
a. *ḫd*ᶜ F 30/6, C 609/5 [J] ?restraining *document* | *document* restrictif | (وثيقة) محدِّدة للتصرف؟

ḪDG

v. *ḫdg* J 643/29 &c leave, go out *of a place* | partir; quitter *un endroit* | بَرِح ~ غادر (مكانا)، خرج من (مكان); C 99/9 {edd}, J 2834/4 {edd} leave out, omit to do *s.t.* | oublier ~ omettre *de faire qqch* | أغفل ~ سها عن (عملَ شيء)
n. *ḫdg* J 628/8 ?spate, flash-flood | crue subite | سيل جارف؟

ḪDL → ḪDG

ḪDM

n.f. *ḫdmt* N 56/1 servant | servante | خادمة
v. *ḫtdm* E 24§2 [A] get *fields* cultivated | faire cultiver *des champs* | هيّأ (أرضاً) للزرع، خدم (أرضاً) {JRy Him 4.514} / be cultivated (*fields*) | être cultivés (*champs*) | تُهيّأ للزرع، تُخْدَم (الأرض)

ḪDR

n. *ḫdr*, *m(ḫ)dr* C 359/8 [C] chamber; funeral chamber, grave chamber | chambre; chambre ~ caveau funéraire | حجرة، خدر؛ حجرة مدفن، حجرة قبر
†n. *mḫdr* J 547/3 ?residence | résidence | منزل، مسكن؟†
v. *ḫdr* Gl 1379/6 ?remain | rester | بَقِي، دام ≠ be used as a grave-chamber | servir de caveau funéraire | اتُّخِذَ حجرة قبر، جُعِل حجرة مدفن {Bee Notes 11.203-4}?

ḪḌF

v. *hḫḍf* Condé 3/14 (*hrḍw/w—n*), E 19§1, J 650/23 please, gratify | faire plaisir à, combler | سرّ، أبهج

ḫḍn → MḪḌ

ḪFD

n. [.]*ḫfd* J 598/5 (—/*ṣdqm*) ?grandchild | petit-enfant | حفيد؟

ḪFG

†n. *ḫfg-m* C 541/59 [C] *process in dam repair* | *phase de réparation d'un barrage* | (عمل من أعمال اصلاح سد)†

ḪFR I

†n. *ḫfr* Ry 508/11, *ḫfrt* Ry 507/10, J 1028/11 protection | protection | خفر؛ خفارة†

ḪFR II

n. *ḫfrt* R 4646/16, 17, J 576/2, 3 ?reparation *for a delict* | réparation *pour un délit* | كفّارة، تعويض (عن ضرر أو اساءة){Bee Notes 8.448-50}?

v. *hẖfr* J 576/2 ?pay reparation | s'acquitter de la réparation *pour un délit* | كفّر. دفع تعويضاً?

H̱L'

v. *ẖl'* Rob Kāniṭ 4/5 <   >

H̱LB

v. *ẖlb* Gl 1628/4 damage, cut down *vegetation* | endommager ~ couper *de la végétation* | أتلف ~ قطع . اجتث (شجرًا)

H̱LF I

†v. *hẖlf* C 541/10 violate (*b-*) *an oath* | violer (*b-*) *un serment* | †أخلف. حنث (بيمين)

pp. *mhẖlf* C 588a/5 ?violator | violateur | ?مُخلِف. حانث

†n. *ẖlft* C 541/11, 13, p. *ẖlyf* C 541/36 viceroy | vice-roi | †خليفة . نائب (ملك)

†v. *s¹ tẖlf* C 541/11, Ry 506/8 appoint as viceroy | nommer vice-roi | استخلف. عيّن †خليفة أو نائباً

H̱LF II

n. *ẖlf*, p. *'ẖlf* Gl 1209/11 gate *of a town*; region, vicinity *of a town*; the outside *of s.t.* | porte *de ville*; région ~ voisinage *d'une ville;* l'extérieur *de qqch* | باب (مدينة)؛ ربض ~ مخلاف (مدينة)؛ ظاهر، خارج (شيء)

n. *ẖlf* R 4177/3 passage between hills | passe entre des collines | طريق بين جبلين (ف : خليف) {Pir QYF-QF 101}

n.?p.? *ẖlfn* J 560/11, J 643/10 ?townsfolk | citadins | أهل مدينة ≠ *town* magistrate | fonctionnaire *municipal* | صاحب سلطة في مدينة {Bee St 2.19}?

H̱LF III

n. *ẖlf* R 3945/1 ?dress | vêtement | ثوب ≠ she-camel | chamelle | ناقة ≠ hair offering | offrande de la chevelure | ?قربان شَعر، تقدمة شَعر

n. *ẖlf-n* R 4176/6 ?pregnant camel | chamelle pleine | ناقة حامل ≠ townsfolk | citadins | أهل مدينة ≠ <   > ?

***H̱LL** → ***H̱LW/H̱LY II**

H̱LQ

n. *ẖlq* Gl 1209/7 ?field | champ | ?حقل

ẖlt → *H̱LW/H̱LY* I & II

H̱LW/H̱LY I

v. *ẖl-* YM 440/7, inf. *ẖlwn* J 572/5 (*hʿn/wmtʿn/w—*), J 651/24, *ẖlyn* J 700/6 save, release, deliver *s.o. from s.t.* | sauver ~ libérer ~ délivrer *qqn de qqch* | نجّى ~ سلّم ~ خلّص (أحداً من شيء)

†n.p. *ẖlt* F 74/10 protector | protecteur | †حامٍ، حافظ

***H̱LW/H̱LY II**

n. *ẖlt* [C] funeral chamber, burial space | caveau funéraire, sépulture | حجرة مدفن، موضع دفن ?√*H̱LL*?

ḪM'

†n. *ḫm'ṭ* C 540/96 coagulated milk, 'leben' / butter, ghee | lait coagulé, «lében» / beurre, beurre fondu | لبن رائب / زبد، سمن†

ḪMR

v. *ḫmr, ḥmr*(!) Rob Réserve de Mārib 2/8 grant, bestow *a favour on s.o.* | accorder *une faveur à qqn* | وَهَبَ ~ مَنَحَ ~ خَمَرَ (أحداً) فضلا

v. *ḫtmr* YM 441/5 [R] be asked to grant favour to *s.o.* | être sollicité en faveur de *qqn* | سئل نعمةً. استُوهِبَ; Gr 3/4, C 358/2 {edd} [J] obtain by cession | obtenir par cession | أحرز ~ مَلَكَ (على سبيل الهبة); inf. *ḫtmrn* Ham 9/9 receive a favour | recevoir une faveur | تلقّى نعمة، نال نعمة

n. *ḫmr* Gl 1376/2, p. *'ḫmr* Gl 1376/5 slave | esclave *masculin* | عبد {Sch SEG 10.9}

n. *ḫmrn* J 646/11, R 4646/18, *ḫmrn-n* R 4646/14 donation; favour | donation; faveur | هبة، فضل

n. *ḫmrt* J 2861/5, †Ry 507/7† < >

***ḪMS¹* I**

n. *ḫms¹*, *ḫms¹t* five | cinq | خمس، خمسة; *ḫms¹y* fifty | cinquante | خمسون

n. *ḫms¹* C 618/2, p. *mḫms¹t* C 605/4 one-fifth | cinquième (1/5ᵉ) | خُمس، جزء من خمسة

a. *ḫms¹* NNAG 12/7, 24 fifth | cinquième (5ᵉ) | خامس

***ḪMS¹* II**

n. *ḫms¹*, p. *'ḫms¹*, *ḫmys¹* C 448+Hakir 1/5, NNAG 13+14/1, 3 [M] main army force | force armée principale | جيش أكبر، خميس

ḪMṢ

†v. *ḫmṣ* J 1028/12 deface *an inscription* | mutiler *une inscription* | شوّه ~ أفسد (نقشاً)†

ḪMṬ

n. *ḫmṭn-m* E App B 3/14, *ḫmṭn-n* E App B 3/23 ?pestilence | peste | وباء ≠ disorder | désordres | شغب أهلي، فتنة {Bee Notes 12.56}?

ḪNH

†?a.? *'ḫnh* C 596/7 (*mhrgtm*/—), C 597/7 (*''blm*/—) → *ḪNY*†

ḪNY

†v. *ḫny* C 541/74 cause (*pestilence*) many deaths *among* (*'ly*) *people* | faire de nombreuses victimes parmi (*'ly*) *la population* (*peste*) | أخنى (الوباء على الناس)، سبّب (الوباء) موتاً كثيراً (بين الناس)†

†*'ḫny* Ry 507/7 ?many | beaucoup, un grand nombre | كثير?†

ḪR'

v. *ḫr'* J 576/3 [M] throw *s.o.* into a panic | semer la panique *chez l'adversaire* | افزع ~ أرعب (أحدًا)

ḪRF

n. *ḫrf*, p. *ḫryft* E 19§3 autumn *season*; autumn crops; autumn rain | *saison de* l'automne; récolte d'automne; pluie d'automne | (فصل) الخريف؛ (غلال) خريف، خِراف، مطر الخريف

n. *ḫrf*, †*ḫryf* Ry 520/11 &c†, p. *ḫrf*, *ḫryft*, *ḫryf* C 46/6, R 3958/14, R 4196/4, *ḫrwft* M. Māriya/12, *ʾḫrft* C 548/15, *ḫrft*, *ḫrfn* & *ḫrfy* J 550/2 year | année | سنة

ḪRG

v. *ḫrg* J 646/7, 9, C 398/7 {sic leg. Mla Hierod 67} [J] bring a lawsuit against *s.o. before* (*bʿbr*) *judge* | intenter un procès à *qqn* (acc) *devant* (*bʿbr*) *le juge* | رفع دعوى على (أحدٍ الى القاضي)، رافع (أحدًا الى القاضي) {JRy Him 2.485}

n.p. *ḫrgt* J 712/7 [J] lawsuit | procès | دعوى قضائية {JRy Him 2.497}; (J 665/49 n.pr. {edd})

ḪRS^2

v. *ḫrs^2* destroy *monument*; ravage *territory* | démolir *un monument*; dévaster *un territoire* | خرّب (نصباً)، أخرب ~ دمّر (بلاداً)

v. *ḫtrs^2* E 13§10, 13 plunder, pillage | piller, faire du butin | نهب، استباح

ḪRṢ

n. *ḫrṣ* R 3951/3, 4, R 4130/1 [AJ] ?assessment, valuation *of agricultural produce* | estimation, évaluation *de produits agricoles* | ?تخمين ~ تقدير ~ خرص (الغلال والثمار)

†n. *ḫrṣ-m* C 540/83 ?valuation | évaluation | ?تقدير†

v. *ḫrṣ* R 3951/3, 5 ?make an assessment | faire une estimation | ?خمّن، قدّر، خرَص

ḪRṬ

v. *ḫrṭ* J 700/12 snatch at, unsheathe *a weapon* | saisir vivement ~ dégainer *une arme* | انتضى ~ استلّ ~ اخترط (سلاحًا) {Irv Hom 289}; N 74/11, 13 [R] *do some kind of forbidden act* | *commettre une certaine infraction* | (فعل محظورًا) {JRy Him 1.92-4}

ḪRW

v.f. *ḫrwt* N 74/8 be committed (*offense*) | être commis (*délit*) | اجتُرِحَت ~ اقتُرِفَت (اساءةٌ) {JRy Him 1.94}

ḪRY

v.imp. *yḫryn* J 627/23, inf. *ḫryn* deliver, save | délivrer, sauver | نجّى، حمى، خلّص

ḪS^{1}S^1

v.p. *ḫs^{1}w* R 3943/1 harm, injure *s.o.* | faire du mal ~ causer du tort *à qqn* | آذى ~ ضرَّ ~ أصاب (أحداً)

†n. *ḫs^{1}s^1* J 1028/11, *ḫs^{1}s^{1}s^1*! Ry 508/11, *ḫs^{1}s^3* Ry 507/11 injury / one who injures, damages | préjudice / celui qui endommage ~ cause du préjudice | أذى، ضرر / مؤذٍ، مُضِرّ†

ḪS^{1}S^3 → *ḪS^{1}S^1*

ḪS^3F

n.p. *ḫs^3ft* Ry 500/3 <   >

ḪṢB

v. *ḫṣb* M. Māriya/6, Gr 3/1 ?cut *roadway* | tracer *une route* | شق (طريقا)?

n. *ḫṣb* R 4646/13 cutting down *of trees* | abattage *d'arbres* | اجتثاث ~ احتطاب (شجر) {JRy Him 1.98 n. 25}; MAFY Ḫamir 1/2 ?firewood | bois à brûler | حطب. (ف : حَصَب) ≠ fodder | fourrage | علف. علوفة {Rob}?

ḪṢR

†?v./n.p.? *ḫṣrw* J 1028/2 ?accompany | accompagner | صَحِب / companion | compagnon | رفيق. مرافق. صاحب?†

ḪTM

n.p. *ḫytmt* J 655/17 [A] ?cultivated plot | parcelle cultivée | أرض مزروعة. أرض مفلوحة?

ḪTN

v. *ḫtn* J 651/14 reside | résider | أقام {Bee BSOAS 35(1972).352}

n. *mḫtn* J 570/4 &c, p. *mḫtnt* F 3/8 (*ʾbyt/w*—) house, residence; family | maison, résidence; famille | بيت. مسكن. أسرة

ḪṬʾ

v. *ḫṭʾ* commit offense *against* (*b*-) *s.o./s.t.* | mal agir envers (*b*-) *qqn*; commettre une infraction *contre* (*b*-) *qqch* | خطئ ~ أخطأ (في حق احد). أساء (الى احد)

v. *ḫṭʾ* C 568/6, R 3956/8, R 3957/9 [R] pay amend *for sin* | payer l'amende *pour le péché* | كفّر ~ غَرِم (عن خطيئة)

v. *hḫṭʾ* commit offense | commettre un délit | أخطأ

n. *ḫṭʾ* C 603b/6, p. *ḫṭyʾ* C 612/5, J 601/8, J 720/10 sin, offense | péché, infraction | خطأ. خطيئة

ḪṬB

n.p. *ʾḫṭb* YMN 10/3, YMN 11/3 (—*hw/wṣrḥthw*) [C] ?lower storey | étage inférieur | حجرة سفلية. طبقة سفلية {Bee Notes 11.196} ≠ perimeter wall | mur d'enceinte | سور حول بيت أو بناء {Ghul}?

ḪṬL

n. *ḫṭl* R 4176/7 (—*ʾnṯn*) sexual intercourse | relations sexuelles | جِماع

n. *ḫṭln* C 448 + Hakir 1/4 [C] <   >

ḪṬR

n. *mḫṭr* C 182 + 183/3 {MoMi Sab no. 84} <   >

ḪṬṬ

v.inf. *ḫṭṭ* Gl A 452/4 delimit *land for settlement* | délimiter *des terres à coloniser* | خطّ ~ اختطّ (أرضًا للمقام فيها)

n. *ẖṭt* N 29/3 [A] ?virgin land | terre vierge | أرض بكر?
n. *ẖṭṭ* F 119/12 ?sorcery | sorcellerie | سحر?

ḪWD

v. *ẖwd* NNAG 12/26, E 15§1, inf. *ẖwdn* grant, bestow *s.t.* on *s.o.* | accorder ~ octroyer *qqch* à *qqn* | وهب ~ منح (أحدًا شيئًا)
v.inf. *ẖwdn* C 429/1, R 4151/5 < >
†v.imp. p. *ytẖwdnn* Gl 1440/6, 7 < > †
n. *tẖwd* NNAG 15/19 bestowal | octroi | هبة، منحة، إنعام

***ḪWḪ**

n.d. *ẖẖ-nhn* J 552/3 [C] ?passageway, corridor | passage, couloir | ممّر، معبر، خوخة?

ḪWM

n. *ẖwm* R 4138/6, J 645/13 epidemic sickness | maladie épidémique | مرض وبائي

***ḪWY**

v. *hẖw-* J 577/10 make *s.t.* void ~ unnecessary | rendre *qqch* nul ~ inutile | أبطل ~ ألغى (شيئًا)

ḪYB

v.imp. *yẖbn* C 291/5, 8, p. *yẖbw* R 3945/3 be in arrears of debt | être en retard de paiement d'une dette | تأخّر عن سداد الدين
v.inf. *hẖbn* R 4176/6 (*ʾl/s^{3}n/s^{1}mʿy* /—/*ṣd/tʾlb*) ?neglect | négliger | أهمل ≠ ambush | chasser à l'affût | كمن، نصبا كمينا (لصيد) {Ghul, √*ḪBN*}?
v. *hẖb* J 735/5, f. *hẖbt* J 653/5 fail (*rain*) | faire défaut (*pluie*) | امتنع، احتبس (المطرُ)
n. *ẖybt* drought, failure of rain | sécheresse, manque de pluie | جفاف، احتباس المطر {JRy Him 2.475}
n. *ẖybt* R 4966/2 (*ḏt*/—/*ʾḏnt*) < >
n. *ẖbt-n* J 745/11 droughtstricken pasture | pâturage desséché | مرعى أصابه جفاف {cf Bee BSOAS 35(1972).353}
n. *tẖyb* C 174/4 ?drought | sécheresse, manque de pluie | جفاف?

ḪYL

n. *ẖyl*, *ẖl*, p. *ʾẖyl* power, might; *material* resources | pouvoir, puissance; ressources *matérielles* | حول، قوة؛ موارد (مادية)
†v. *s^{1}tẖl-* Ist 7608bis/9 overpower *s.o.* | subjuger *qqn* | غلب، قهر (أحدًا)†

ḪYR

n.p. *ẖyr* R 4126/1, *ʾẖyr* C 405/11 [S] nobleman | noble | شريف، واحد من الأخيار

ḪYS^1

v.inf. *ẖys^1* YM 391/3 act treacherously *against* (*ʿbr*) *s.o.* | agir avec perfidie *envers* (*ʿbr*) *qqn* | غَدَر (أحدًا)، (ف : خاس)

Ḥ

ḤBB I

n. *ḥbb* ZI 71, *ḥbt* E 24§3 [A] cereal crops | récolte de céréales | حب. حبوب

ḤBB II

n.p. *mḥbbt* E 16§1 [S] ?adherent | partisan | مُحِبّ. مُوالٍ. ولي. نصير?

ḤBL

v. *ḥbl* J 576/3 (*ḥbl/—w*), C 353/9, J 577/6 conclude *a pact* | conclure *un pacte* | عقد (ميثاقاً). عقد (حَبْلاً)

n. *ḥbl* [S] alliance, pact | alliance, pacte | حبل. حلف. ميثاق; J 2856/3 [J] contract *of sale* | contrat *de vente* | عَقْد (بيع)

n. *ḥbl* F 2 [C] course *of stones in wall* | assise *de moellons dans un mur* | مدماك ~ ساف ~ عرق (من حجارة في بناء) {Serj Irr Syst 43}

n.p. *ḥblt* C 308/23, C 343/5, Gl 1441/3 [A] terrace field; terraced vineyard | champ ~ vignoble en terrasses | حقل مدرّج، كرم مدرّج. حَبَلة

ḤBR

n. *ḥbr* R 4230C/3 sorcery | sorcellerie | سحر

tḥbr C 131/2 < >

*ḤBS*²

n. *ḥbs²y* BR M. Bayḥān 1/2 [S] *title of royal official or adherent* | *titre d'un fonctionnaire ~ d'un membre de l'entourage du roi* | (لقب صاحب منصب أو تابع عند ملك)

ḤBṬ

n.p. *ʾḥbṭ* J 2848ah/3 ?hunting enclave | enclave de chasse | حِمىً لِصَيْد {Serj Hunt 34}?

**ḤDD*

v.inf. *ḥd* YM 386/5 ?sacralize | consacrer | صيّر مقدسًا?

ḤDṮ

v. *ḥdṯ* C 80/4, Rob Maš 1/13 occur | survenir, se passer | حدَث

v. *ḥdṯ* J 643/9 cause, bring about | causer, provoquer | أحدث. سبّب

v. *hḥdṯ* [C] build, found, establish | construire, fonder, établir | أحدث. بنى. أسّس. أقام {Bee Notes 7.541}; initiate, inaugurate | faire débuter, inaugurer | أحدث. ابتدأ. افتتح

n. *ḥdṯt* C 80/4, 6 event, occurrence | événement, incident | حادثة. واقعة

ḤḎK

n. *ḥḏk* C 684 &c *kind of aromatic* | *sorte d'aromate* | (نوع من الطيب)

ḤḎR

v. *ḥḏr* C 546/6, C 547/11, J 720/14 avoid, beware of | éviter, se garder de | حَذِر، حاذر، جانب; J 649/21 be in fear of | avoir peur de | حذر، خاف

ḤḌR

v. *ḥḍr* J 651/17, E App B 3/12, C 614/3, *hḥḍr* R 4176/1, Gl 1361/1 [R] celebrate a feast, hold a festival for *a deity*; perform a pilgrimage | célébrer une fête *pour une divinité*; accomplir un pèlerinage | احتفل بعيد ~ أقام عيدا (لإلهٍ)؛ أدّى حجًّا أو زيارة {JRy Him 5.219}

v. *ḥḍr* J 2848L/3 [R] offer | offrir | قدّم، قرّب

n. *ḥḍr* C 79/4, C 82/4, p. *ʾḥḍr* Díaz/5 festival; pilgrimage | fête, pèlerinage | عيد، حج، زيارة

n. *mḥḍr* R 3943/5, p. *mḥḍrt* C 660/3 ?festival hall | salle de fêtes *cultuelles* | قاعة احتفال، دار احتفال?

n. *mḥḍrt* Mafy Ḥumayrāʾ 2/4, Mafy Ḥumayrāʾ 4/2 [R] ?libation table | table à libations | مائدة قربان مهراق?

ḤFD

n. *mḥfd*, p. *mḥfdt* [C] tower; projecting element *of wall* | tour; saillant *dans un mur* | بُرج؛ جزء بارز (في حائط أو سور)

***ḤFF**

n. *ḥf* J 558/5 (—/*s^{2}nʾm*) encompassment | contrainte | تطويق، احتواء

n. *mḥf-n* Gl 1209/14 [C] ?surrounding wall | mur d'enceinte | حائط حافّ، سور، مطيف?

ḤFN

n.d. *ḥfn-nhn* R 4930 [R] *type of votive object* | *sorte d'objet votif* | (نوع من شيء يقدم وفاء لنذر)

n. *ḥfn* Gl A 668/3 < >

ḤFR

†v. *ḥfr* C 541/68 [C] dig | creuser | حفر†

ḤFS^2

?v.? *ḥfs^2* C 462/4 < >

ḥg → *ḤNG*

***ḤGG**

v. †*ḥg* Ham 11/10†, p. *ḥgw* C 547/6 perform a pilgrimage | accomplir un pèlerinage | حجّ

n. *ḥg* C 548/14, *ḥgt* C 533/4 pilgrimage | pèlerinage | حجٌّ

n. *ḥg* R 3945/2, F 30/8 ?*divine* ordinance | ordonnance *divine* | أَمْر (إلهي)?; Gl 1143/3 right, entitlement | droit, titre | حق، تخويل، اجازة حق

ḤGL

n. *mḥgl* R 4646/10, 13, p. *mḥglt* R 4646/9 [A] enclosed field | champ enclos | حقل محاط بسور، حائط {JRy Him 1.97}

n. *mḥgl* J 2109/10 chamber for confinement *in childbirth* | chambre d'alitement *d'une parturiente* | حجرة اعتكاف (عند الولادة)، حجلة (نفساء)

ḤGM

v. *s*^{1}*tḥgm* Gl 1200/9 < >

ḤGR I

v. *ḥgr* [J] reserve *s.t. for exclusive use* | réserver *qqch à usage exclusif* | حَجَّر ~ حمَى (شيئاً لاستعمال خاص); Lu 3/1 be reserved *for* (*ʿly*) *s.o.* | être réservé *à* (*ʿly*) *qqn* | حُجِّر ~ حُبس ~ قصِر (على أحد)

n. *ḥgr* R 4829/1 &c *talismanic* protection | protection *magique* | حماية (بطلّسم)، تعويذة

n. *mḥgr*, *mḥgrt* [A] land reserved *for s.o.'s exclusive use* | terre réservée *à l'usage exclusif de qqn* | محجر، حِمىً، أرض مقصورة (على انتفاع أحد بها) {Höf SEG 8.26}

ḤGR II

n. *ḥgr* C 935 *unit of weight* | *unité de poids* | (وحدة وزن)

ḤKM

n. *mḥkm* J 576/11 [J] settlement *of dispute* | règlement *d'un litige* | حكم، تسوية نزاع، فصل في خصومة

ḤLʾ

v.imp. *yḥln*(!) C 523/9, f. *tḥlʾn* C 532/10, C 568/6, R 3956/9 [R] show contrition *for sin* / pay a sin-offering | témoigner sa contrition *pour un péché* / acquitter l'offrande *pour le péché* | تاب (من ذنب)، أناب من خطيئة / دفع كفارة ذنب

ḤLB

†n. *ḥlb* C 541/130 *a measure of volume* | *mesure de capacité* | (مكيال)†

ḤLF

v. *ḥlf* N 19/5, *tḥlf* YM 386/5 swear, pledge, vow | jurer, s'engager à, faire le serment de | حلف

ḤLL I

†v.p. *ḥllw* Ry 509/5 [M] encamp | camper | حلّ، نزل†

ḤLL II

v.f. *ḥlt* R 4088/5 (—/*nfs*^{1}*hw*/*l*-) be at the mercy *of*, be unprotected *against* | être à la merci *de qqn*, être sans protection *contre qqn* | حلَّ، زالت حرمته، أبيح

n.p. *ʾḥll* [M] spoils *of battle* | dépouilles *du combat* | حُلَل، أسلاب (قتيل)، ما على قتيل من حُلل وسلاح {Bee Warf 15}

n.p. *ḥllt* R 3916/2, R 3945/8 ?*landed* property | propriété *foncière* | أملاك، (أرض) مِلك؟

n.d. *ḥllyn* R 4148/6, 7 [M] warrior slain and despoiled | guerrier tué et dépouillé | قتيل مُستلَب. محارب قُتِلَ وأُخِذ سلبُه

ḤLM

n. *ḥlm* J 567/11, 12, E 15§1, *ḥwlm* J 702/16 *oracular* dream | songe *oraculaire* | رؤيا (صادقة). حلم (فيه وحي) {JRy Mancie 265}

n.f. *ḥlmt* N 74/6 seeress | voyante | كاهنة

ḤLṢ

n. *ḥlṣ* J 650/32 sickness, malady | maladie | مرض. عياء → *ḤLẒ*

ḤLY

n. *ḥly* Gl A 452/5 ?donative | donation | هبة. عطية {Sch SEG 7.56} ≠ goods, *movable* property | marchandises, biens *meubles* | سِلَع. أموال (منقولة) {Bee}?

→ *mḥly*, *ḤLʾ*

ḤLẒ

v. *ḥlẓ* suffer from *sickness* | être atteint *d'une maladie* | عانى (مرضاً)

n. *ḥlẓ*, p. *ḥlẓt* BR M. Bayḥān 3/9 sickness, malady | maladie | مرض. عياء → *ḤLṢ*

ḤMD

v. *ḥmd* praise, thank | louer, remercier | حَمَدَ

n. *ḥmd* praise; thankfulness; glory | louange, reconnaissance; gloire | حمد. شكر؛ مَجْدٌ

ḤML

v. *ḥml* bring, admit *s.o. into* (e.g.) *a town*; drive *s.o.* to (acc/ *ʿdy*) *a place* | amener ~ faire entrer *qqn p.ex. dans une ville*; refouler *qqn dans* (acc/ *ʿdy*) *un endroit* | جلب ~ أدخل (أحدًا الى مدينة)؛ ساق ~ طرد ~ حمل (أحدًا الى مكان); YM 391/7 [M] storm *a town* | prendre *une ville* d'assaut | اقتحم (بلدًا); Gl 1361/3 [R] offer | offrir | قرّب. قدّم

***ḤMM**

n. *ḥm-m* ZI 27 (*ḥrbt*/—, *s¹bʾt*/—) ?hot season | saison chaude | فصل حر?

ḤMR I

n. *ḥmr* J 2856/2, coll. *ḥmr*, p. *ḥmrt* J 643bis/3, *ʾḥmr* E 12§6 ass; wild ass, onager | âne; âne sauvage, onagre | حمار (انسي أو وحشي)

ḤMR II

n. *ḥmr* [S] *type of pact, alliance between communities* | *sorte de pacte* ~ *d'alliance entre des communautés* | (نوع من عهد أو ميثاق، حلف بين جماعات)

ḤMR III

?a.? *ḥmrt* R 3945/15 ?red | rouge | أحمر، حمراء {CoRoss p. 160} ≠ n.pr. {Rho}?

ḤMR IV → *ḪMR*

ḤMY

v. *ḥmy* R 3945/2 [A] ?build a dam wall *for a canal* | construire une digue *pour un canal* | ?حَمَى (ساقية)، بنى (مسناة) حامية (لساقية)

v.imp. *yḥmyn* J 651/33 protect *from flooding* | protéger *de l'inondation* | حمى، وقى (من الفيضان)

v.imp.p. *yḥtmynn* R 4775/2 safeguard | protéger | حمى، حفظ، وقى; inf. *ḥtmyn* N 74/9 guard oneself against | se prémunir contre | احتمى

v.imp. *yhḥmn-* J 2856/4 ?observe *a contract* | se conformer *aux termes d'un contrat* | ?راعى ~ احترم (عقدًا)

n.p. *ḥmyt* F 127/4 ?protector / owner | protecteur / possesseur | حامٍ / صاحب، ?مالك

n. *mḥmy*, p. *mḥmyt* C 37/3 [A] field irrigated by a dam-canal | champ irrigué par un canal à digue | أرض تسقى من مسناة

n. *mḥmt* R 4626/1, 2, F 70/2, 3, C 652/4 [A] ?canalization *of irrigation water* | canalisation *d'eau pour l'irrigation* | ?تَقْنِية (ماء السقي)، ري بالسواقي

ḤNB

n. *ḥnb* ZI 20 (—/*mlkn*) *title of functionary* | *titre de fonctionnaire* | (لقب صاحب منصب)

ḤNG

prep.&conj. *ḥg*, *bḥg*, *ḥgn*, *ḥgm/k-* R 3951/5, *ḥg/k-*, *ḥgn/k-*, †*k-ḥgn* C 540/59†, *ḥngn* J 753 I/2, VL 25/4 as; according to | comme, conformément à; selon que | كما، مثلما؛ بموجب، بمقتضى

ḤQL

n. *ḥql* C 37/3 (—*m/whgrm*) fields, countryside | champs, campagne | حقل

n. *nḥql* specially | spécialement | لاسيّما; *nḥql*, *nḥql/bn* Ra 42/5, Gl A 744/5 apart from, except for | hormis, sauf | ما عدا، ما خلا، سوى {Bee Notes 10.414; 11.195}

ḤQQ

a. *ḥqq* [J] valid, binding | valide, contraignant, exécutoire | نافذ، ساري المفعول

ḤQR

n. *mḥqr* J 651/12, 28 ruin, collapse *of a building* | ruine ~ écroulement *d'un édifice* | خراب ~ انهيار (مبنى) {JRy Him 2.490}

ḤQW

n.d. *ḥqw-nhn* J 711/5, *ḥqwy-* J 700/13 loins | reins | حقو، خَصْر

ḤRB

v. *ḥrb* [M] wage war on *s.o.* | guerroyer contre *qqn* | حارب (احدًا)

n. *ḥrbt*, p. *ḥryb* battle | bataille | معركة، قتال، محاربة

n.f. *ḥrb* C 460/5 (*ṯnty*/—*n*) <   >

v.&n. *ḥrb* NNAG 12/4$^+$ [R] *procedure for obtaining an oracle* | *procédure d'obtention de l'oracle* | (عمل يفعل للاستخارة) {JRy Mancie}

n. *tḥrb* C 357/12 (*hrʾyt/hrʾy/lhmw/b—n*) [R] ?*place* ~ *act of obtaining oracle* | *endroit où l'on obtient* ~ *action d'obtenir un oracle* | (مكان أو عمل للاستخارة)، معتكف، اعتكاف?

n. *tḥrb* C 290/6 < >

n. *tḥrbt* R 4632/2 (*s^2mw/—[n]/lwfyhmw*) ?votive relief | relief votif | نحت بارز وفاءً بنذر?

n. *tḥrbt* C 289/20 < >

n. *mḥrb* C 106/3 [C] *feature of a building* | *élément d'un édifice* | (جزء من بناء); †Gar NIS 3/1 (*ḏ—/mlkn*), BR Yanbuq 22/2 ?palace / *royal* court / chieftains | palais / cour *royale* / chefs | قصر / مقرّ (ملكي) / رؤساء?†

ḤRD

n. *ḥrd* J 2867/6 (*ms^2mt/w—/s^2ms^1m*) ?land reserved *by a deity* | territoire réservé *par une divinité* | منطقة مقصورة (على إله) ≠ land watered *by a deity* | territoire arrosé *par une divinité* | أرض يسقيها (إله) {Bee St 2.23}?

ḤRḌ

n. *ḥrḍ* C 562/6 ?meal-cake | gâteau de farine | قُرْص، رغيف?

ḤRF

v. *hḥrf* R 4133/7 alter, tamper with *an inscription* | altérer ~ falsifier *une inscription* | حرّف ~ أفسد (نقشاً)

ḤRG

v. *ḥrg* R 4137/5, J 2867/10 [J] wield authority | exercer le pouvoir | تولى، كان ذا سلطة → *ḪRG*

n. *tḥrg* C 41/4 &c authority | pouvoir | سلطة، ولاية

n.p. *mḥrg* C 648/2, †C 621/6, R 4069/5 {edd}†, *mḥrgw* VL 23/5 person in authority | personne exerçant le pouvoir | صاحب سلطة، صاحب ولاية

ḤRM

v. *ḥrm* ZI 22 put *s.o.* under restraint | interner *qqn* | فرض قيدًا (على أحد)، قيّد ~ اعتقل (أحدًا); R 4176/6,9 [R] be (*pilgrim*) in a sacral state | être en état de sacralisation (*pèlerin*) | أحرم (في حج)

v. *ḥrm* J 723/4, C 522/5 {edd}, *hḥrm* R 3945/16, R 4233/5, J 2116/8 prohibit / be prohibited; be subject to *an interdict, ban* | interdire / être interdit ~ proscrit; être sous le coup *d'un interdit* | حرَّم، حظَر / حُرِّم، حُظِر

n. *tḥrm* R 4176/9 ritual prohibition | interdit rituel | تحريم

n. *ḥrmn* R 4233/5, J 723/4, J 2116/8 interdict, ban | interdit, proscription | حرام، محرّم

n. *ḥrm* C 563+956/4, *ḥrmt* R 4176/7 &c sanctuary | sanctuaire | حَرَمٌ

n. *ḥrmt* Ra 42/15 ritual impurity | impureté rituelle | نجاسة شرعية

n. *ḥrmt* C 414/2 (*ʿs¹y/kl/nḫlhw...wbny/—hw*) [AC] enclosure | enclos | حظيرة

n. *ḥrmt* C 292/2 < >

n. *ḥrmw* C 523/3 ?leg. *ḥrm-hw*? [R] forbidden period | période interdite | فترة إحرام، فترة تحريم

†n. *ʾḥrm* C 537 + R 4919/4 [C] *part of edifice* | *élément d'un édifice* | (جزء من مبنى)†

n. *mḥrm*, p. *mḥrmt* C 323/5, J 629/28 [R] sanctuary | sanctuaire | حَرَمٌ; J 577/18 royal residence | résidence royale | مسكن مَلِك، دار مَلِك {Bee}

ḤRR I

n. *ḥr*, p. *ʾḥrr*, f.p. *ʾḥrrt* C 80/8, *ḥrtw* YMN 1/6 free man/woman | homme/femme libre | رجل حُرّ / امرأة حُرّة

ḤRR II

n. *ḥrt*, p. *ḥrrt*, *ḥrwr* R 3911/3, *ʾḥrr* R 4085/5, coll. *ḥr-m* Ist 7630/4 [A] irrigation canal; bund | canal d'irrigation; digue | ساقية؛ مشارة، دبرة

v. *ḥrr* R 3958/2, R 4194/2 construct a *ḥrt* | construire une *ḥrt* | بنى ساقية، بنى «حرة»

n. *mḥrt* YMN 13/6 [A] irrigation system | système d'irrigation | نظام سقي، نظام ري

ḤRR III

v.†p. *ḥrrw* C 541/110†, inf. *ḥrr* Gr 34/3 {edd} (*brʾw/w—/whqs²bn/bythmw*) [C] make firm, secure | affermir, consolider | وثّق، متّن

†n. *ḥrrt* C 541/57 ?overhaul, making secure | remise au point, consolidation | توثيق، تمتين {Mü}?†

**ḤRR* IV

n. *mḥr* J 666/6 ?fever | fièvre | حرارة (ارتفاع)، حُمّى {Mü AfO 21(1966).108} ≠ → *ḤWR* III?

ḤRṢ

†n. *ḥrṣ-m* C 540/75, 81 carefully, meticulously | soigneusement, méticuleusement | بحرص†

ḤRṮ

n.p. *mḥrṯt* R 3945/11 ploughland | terre arable | حَرْث، أرض حراثة

ḤRṬ

v. *ḥrṭ* C 548/1 ?bear, carry *arms* | porter *les armes* | حملَ (سلاحًا)?

ḤRW

n. *tḥrw* C 570/6 delimination, dividing line | délimitation, ligne de démarcation | خط تحديد، خط تقسيم

n. *ḥr* N 29/2 (*b—/wʿqb/ʾrḍy*) ?environs | environs | اجزاء محيطة، اطراف (بلد أو موضع)?; C 30/4 (*b—/mqṭrn/s¹rq*) ?*in* replacement *of* | *en* remplacement *de* | بدلاً من?

ḤRY

n. *ḥry* C 86/9 ?harm, damage | tort, dommage | ضرر ، أذى?

ḤS¹M

v. *ḥs¹m* [M] inflict decisive defeat on *enemy* | infliger une cuisante défaite *à l'ennemi* | هزم (عدوًّا) هزيمة حاسمة

ḤS²K I

v. *ḥs²k* R 4962/19, E 28§1, Ry 522/2 command | commander, ordonner | أَمَرَ

n. *ḥs²k* J 2867/6, F 3/8 command, order | commandement, ordre | أَمْرٌ

†n.p. *mḥs²kt* C 541/88, 89 ambassador | ambassadeur | سفارة ، سفير†

ḤS²K II

n. *ḥs²k* R 4194/2, Gar AY 5d [S] ?relation, cognate | relation, parent | قريب ، ذو قرابة?

n.f. *ḥs²kt* wife | épouse | زوجة

n.p. *ʾḥs²kt* Gar NIS 3/2, †Ry 520/5† ?wife | épouse | زوجة ≠ relation | parent | parente | ذو/ذات قرابة?

ḤS²Y

†n. *ḥs²y-m* Ry 507/6 ?asthma, whooping | asthme, toux asthmatique | ربو، نهج في التنفس ، (ف : حشا) {Drewes Note 103}?†

ḤS³R

n.p. *ḥs³rw* R 3951/1, *ʾḥs³r* C 601/4 {sic photo}, J 816/2 [S] ?*poorer class* | *classe laborieuse* | (فقراء الناس) {Bee Notes 9.192} ≠ n.pr.?

ḤS³S³

n. *ḥs³s³* C 448 + Hakir 1/2 [C] *building material* ?mud brick / mortar / puddled clay? | *matériau de construction* ?brique crue/mortier/argile humide? | (مادة بناء) ؟طوب ، لبن / طين؟

ḤS³Y

n.p. *ʾḥs³y-n* YM 390/7 ?surface-well | puits en surface | حسي ، بئر قريبة القعر ≠ n.pr.?

ḤṢM

v. *ḥṣm* Gl 1628/4, R 4646/8, 13 trample down, trespass on *crops* | piétiner *des cultures* | داس ~ وطىء ~ تعدّى على (غلال أو زروع) {JRy Him 1.97 n. 16}

n. *ḥṣm* Gl 1361/5 &c ?tax, impost | taxe, impôt | ضريبة ، رسم {Sol SEG 4.38}?; MAFRAY Quṭra 1/2 ?tax | taxe | ضريبة {Mü} ≠ fugitive | fugitif | شريد ، طريد ، هارب {Bee Two Roots 29}?

†n. *ḥṣm* C 325/8 [C] ?*part of building* | *élément d'un édifice* | (جزء من بناء)?†

ḤṢN

v. *ḥṣn* J 2856/3 (*ʾs¹m/wmn/—hw*) take under protection | prendre sous sa protection | أجار ، حمى

n.p. *ʾḥṣn* J 619/11, BR M. Bayḥān 3/12, &c. ?vassal, subordinate | vassal, subordonné | جار ، مولى ، تابع ≠ wife | épouse | زوجة?

n.p. *mḥṣn* J 2867/4 defensive works | ouvrage de défense | تحصينات

ḤṢQ

n. *ḥṣq* [M] baggage-train | train des équipages | قافلة عتاد جيش {Bee Notes 7.541}

ḤṢR

n.p. *ḥṣwr* Gl 1537/7, †*ḥṣr* C 542/3 (—*hw/wbʾryhmw*)† [A] ?enclosed cultivated land | terre de culture clôturée | أرض مزروعة مسوّرة ، حديقة {Sch SEG 7.37}?

ḤṢY

n. *ḥṣy* Gl 1655/23, J 578/42, J 647/22 favour *of overlord* | faveur *d'un suzerain* | حظوة (عند سيّد) ، فضلُ ~ نعمةُ (سيّد)

→ *ḤẒY*

***ḤWB**

†n. *ḥb* C 539/1 [LW] sin | péché | ذَنْب ، حُوب†

ḤWD

†n. *ḥwd* J 542/2 [C] ?recess *excavated in a hillside* | renfoncement *creusé à flanc de colline* | غار (محفور في جانب جبل)?†

ḤWL

n. *ḥwl* R 3954/2, R 3955/2, 3 tier of burial loculi *surrounding a tomb chamber* | étage des loculi *qui entourent une chambre funéraire* | طبقة من حجرات دفن (محيطة بقاعة مقبرة) {Bee St 1.91}

n. *mḥwl* C 625 < >

†n.p. *mḥwl* C 325/6 < > ≠ ?water deflector | déflecteur d'un cours d'eau | محوِّل ماء {Ghul}?†

prep. *ḥwl* R 3945/10 around | autour de | حوّل

***ḤWR* I**

v. *ḥwr* MAFY Yašīʿ 8/9, C 546/8, †*ḥr* C 540/66† be ordained, be issued (*command, decree*) | être mis en vigueur ~ être publié (*ordre, décret*) | صَدَرَ ~ نَفَذَ (أمرٌ أو مرسوم)

v. *hḥr*, inf. *hḥrn* Gl 1142/1, s^{1} *tḥrn* J 2856/1 decree, ordain | décréter, ordonner | أَمَرَ ، رَسَمَ

n. *mḥr*, *mḥrt* C 435/2 decree, command | décret, ordre | أَمْر ، مرسوم

***ḤWR* II**

v.imp. *yḥwr* R 3945/16, inf. *ḥwr* C 601/13 settle (tr. & intr.) in *a town* | établir ~ s'établir *dans une ville* | أنزل ، أسكن / أقام ، نزل ، سكن ، استوطن

n.p. *ḥwr*, *ḥwrw* [S] settler, immigrant, inhabitant *of town* | colon, immigrant, habitant *d'une ville* | ساكن ، مستوطن ، مهاجر

ḤWR III

n. *mḥr* J 666/6 ?ruin, devastation *of land* | ruine, dévastation *du pays* | ~ تخريب (أرضٍ) تدمير {JRy Him 2.495} ≠ → *ḤRR*?

**ḤWW*

n.coll. *ḥw* R 3946/4, 8 [S] ?serfs, villeins | serfs, manants | أقنان، عبيد?

ḤWY

v.p. *ḥwy-* E 32/33 [M] encircle, invest | encercler, investir | أحاط، حصر، طوّق

ḤYḌ

n.f. *ḥyḍ* C 523/3, 7, C 533/4 menstruating woman | femme qui a ses règles | حائض

ḤYF

v. *ḥyf* R 3958/2 [AC] ?terrace *fields at foot of hill* | disposer *des champs* en terrasses *au pied d'une colline* | أقام حقولًا مدرّجة (عند سفح جبل)?

n. *ḥyf* J 577/2 [M] troops on the wing | troupes affectées aux ailes | جند على جناح الجيش

v. *ḥyf* J 577/2 [M] assign to duty on the wing | affecter aux ailes | جعل على جناح الجيش

ḤYKL

n. *ḥykl* YM 367/5 [LW] *type of building* | *sorte d'édifice* | (نوع من البناء)

→ *HYKL*

ḤYN

n.f. *ḥyn* C 547/14 time, period | temps, période | حين، زمن

ḤYQ

n. *ḥyqn* (?*ḥyq-n*?) E 13§13 port, roadstead, bay | port, rade, baie | ميناء، مرسًى، خليج، فُرْضة

ḤYR

v. *ḥyr* Ph 124c, p. *ḥyrw* J 631/22, J 643/21 [M] pitch camp | dresser le camp | ضربَ مخيمًا، نصب معسكراً

n. *ḥyrt*, *ḥrt*, p. *hyr-n* E 12§5 [M] camp, encampment | camp, campement | مخيم، معسكر

n.p. *mḥyr* J 2867/6 [A] ?garden land | terre de culture maraîchère | أرض روضة، حديقة {Bee St 2.23}?

→ *ḤRR* II

ḤYW

v. *ḥyw*, imp. *yḥywn* J 669/11, †inf. *ḥyy* Ry 520/6† live; survive | vivre; survivre | حيي، عاش، سلم، بقي

v.imp. *yhḥywn* C 336/7 cure *from sickness* | guérir *qqn d'une maladie* | أحيا، أبرأ (من مرض)

n.f. *ḥyw*, *ḥywt* J 764/3 {JRy Him 2.500}, †*ḥy-n* B. Ašwal 1/2† life | vie | حياة; *ḥyw-m* Gl 1362/3 [A] fertility | fertilité | خصب، نماء {Sol SEG 4.39}

n.coll. *ḥyw-n* Gl 1379/6 living people, the living | *les* vivants | أحياء

a.p. *ḥy-m* J 635/32 alive | vivant | حيّ

ḤZB

n.p. *ʾḥzb* [LW] armed bands *of Habashites or other West Coast folk* | bandes armées *de Habashites ou d'autres populations de la côte occidentale* | أحزاب ~ جماعات مسلحة (من الأحباش أو غيرهم من أهل تهامة)

ḤZN

v. *hḥzn* NNAG 11/37 spoil, damage | abîmer, endommager | أفسد، أتلف

ḤẒR

v. *ḥẓr* R 4176/2+ [R] forbid, prohibit | défendre, interdire | حظَرَ {Bee Two Inscr 62; Bau Sab nadp 139}; YM 547/2+ ?incur a ban | être frappé d'un interdit, être proscrit | فعل ما يستوجب الحرمان?

n. *ḥẓr* R 4646/10, *mḥẓr* MAFY Ḫamir 1/4 [A] enclosed land | terrain enclos | حظيرة. أرض محاطة بجدار أو سور

ḤẒW/ḤẒY

v.p. *ḥẓww* C 660/2, inf. *ḥẓy* C 660/2, YMN 10/4, *ḥẓwn* C 149/1 {sic CIH Add}, J 603/5, MAFY Yašīʿ 5/3, *ḥẓyn* C 648/4, R 4671/2 [C] ?finish off | achever *une construction* | أتمّ، أنجز ≠ obtain favourable auspices for *a construction* | obtenir des auspices favorables *pour une construction* | حصل على فأل حسن (لبناء) {Gar Oros 446}?

v.imp.p. *yḥtẓyw* R 3945/1 be successful | réussir | نجح، أفلح

n. *ḥẓy* favour, goodwill *of overlords* | faveur ~ bienveillance *des suzerains* | حظوة (عند سيد) → *ḤṢY*

n. *tḥẓyt*, *tḥẓt* [C] ?completion | achèvement | إتمام، إنجاز ≠ favourable auspices | auspices favorables | فأل حسن?

ḤẒY

n. *ḥẓy-n* C 23 bowman | archer | صاحب قوس، رام; †Ẓafar 77 Sagittarius (*Zodiac*) | *le* Sagittaire (*signe du zodiaque*) | الرامي، القوس (في بروج الفلك) {Rob Arabie antique 4}†

K

k

conj. *k-*, *kl*, *kn*, *bkn*, *kḏ*, *km*, *kḏm*, *lkḏ*, *klkḏy*, †*ky* Ry 507/7† that; when, because; as; so that, in order that | que; lorsque, parce que; comme; de sorte que, afin que | أنْ، أنّ؛ لانّ؛ عندما، حينما؛ كي، لكي

prep. *k-* R 3945/1 (*k-'ḥd*), C 308/12 (*k-wḥd*) like, as | comme | (كاف التشبيه) ، مثل; †J 1028/8 (*k-s*^{1}*b'tm*) ?tantamount to | équivalent à | بمثابة?†

K'B

†n. *k'bt* C 540/16$^+$ [C] *part of dam structure* | *élément de la structure d'un barrage* | (جزء من بناء السد)†

KBḤ

v. *kbḥ* J 2856/3 ?object to, declare a restraint on | désapprouver *qqch*, émettre des objections contre *qqch* | كبح ، عارض {Bee St 1.89-90}?

KBR

a. *kbr* C 599/6 great | grand | كبير

n. *kbr*, p. *kbr*, *'kbr* C 430/5, *'kbrw*, *'kbrt*, †*kbwr* R 4069/5, J 547/2, C 621/6† [S] magistrate, *chief administrative officer of 'tribe'* | magistrat, *principal responsable administratif d'une « tribu»* | كبير (صاحب المنصب الاداري الاعلى في شعب)

v. *kbr* C 259/2, VL 25/2 [SJ] control, supervise | contrôler, superviser | تولى ، راقب ، أشرف على

v. *kbr* C 343/11, J 627/5 [A] enrich *crops*, *fields* | rendre abondantes *les récoltes*, rendre fertiles *les champs* | وسّع ~ زاد في (الغلالَ ، الأرضَ)

n. *kbr* E 6§2 [A] richness, abundance *of crops* | richesse ~ abondance *des récoltes* | خير وافر ~ محصول وافر (من الغلال); J 651/26 (*'l/…/—*) *not so* much *as* | *pas même* ne fût-ce *que* | ما (لايبلغ) كثرة {Bee Notes 11.206}

kbt

n. *kbt-n* C 375/2, YM 367/6 ?troops | troupes | جند ، كبّة ≠ n.pr.? ?√?

n. *kbt* E 10§1 (*ṣlmn/…/wbʿlyhw/—m*) ?*votive object* | *objet votif* | (تقدمة وفاءً بنذرٍ)? ?√? → *WKB*

KBY

n. *mkby* C 665 [R] ?receptacle for unguents | récipient à onguents | اناء للطيب ، اناء للدهن?

n. *tkby* C 612/3 [R] ?anointing | onction | تطييب ، تمريخ ، دهن?

?n.? *kbyt* Gl 1388/3 [R] <   >

KDḤ

n. *mkdḥ* E 13§13 seaport, dockyard | port, chantier naval | ميناء ، مرفأ

KDN

n. *kdn* J 574/6, J 577/5, p. *'kdn* J 574/7 hillock, hump | colline, mamelon | تلّة

n. *kdnn* YM 390/3 <   >

KFḤ

†v. *kfḥ* Gl 1440/3 <   >†

n. *kfḥ* J 635/45 aggression, assault | agression, attaque | اعتداء ، تعدٍّ

KFL

n. *kfl* J 575/4 (—/ʿ*rn*), C 605/6 ?flank *of mountain* | flanc *d'une montagne* | ~ جانب صفحة (جبلٍ)?

v./n. *kfl*[...] C 292/3 < >

KFR

n.p. ʾ*kfr* C 308/9 [A] ?sluice | vanne, écluse | بوّابة ~ فتحة توزيع ماء {Rho} ≠ covered cistern | citerne couverte | صهريج. بركة مغطاة {Bee}?

†v. *kfr* C 539/1 [LW] pardon *sin* | pardonner *un péché* | †كفّر ~ غفر (سيئةً أو ذنباً)

n. *kfr* C 600/5 < >

KHL

v. *khl* J 651/36 be successful | réussir | نجح. أفلح. فاز

n. *khlt* C 326/3, J 559/12 success, power | succès, pouvoir | نجاح. فلاح. فوز. غلبة

***KLʾ* I**

n.p. ʾ*klʾ* J 653/9 &c [A] pastureland, open country | pâturages, rase campagne | مرعى. أرضٌ بَراح

***KLʾ* II**

n.d. *klʾy* J 557, *kly* J 644/24, J 666/5, E 14§3, f. *klʾty* J 672/1 both | les deux, l'un et l'autre | كلا. كلتا

KLL

n. *kl* (+ gen.) all, every; (+ neg.) any | (+ gén.) tout/toute; tous/toutes; chacun/chacune; (+ nég.) aucun/aucune; pas... de | كل

n. *kl-m* †B. Ašwal 1/3 everything | tout, totalité | †كل شيء†; Gl A 452/2 altogether | tout à fait | جميعا; (†*klm* B. Ašwal 2/2 n.pr. {edd}†)

n. *kll* C 548/13 ?totality | totalité | كل. كلّيّة?

n. *b-klyt-hmw* C 601/4 &c unanimously | unanimement | بالاجماع

v. *kll* C 657/2 &c, *kl* J 842/3 (ʿs^1 *y/wbny/w—/fnwthw*), R 4552/1, MAFRAY Asāḥil 8/1 complete | achever, completer | أتم. أكمل

v.inf. *hklln* E 24§1 marry *a wife* | épouser *une femme* | تزوّج

→ *NKL*

KLM

n. *klm* C 546/7, J 643/8 word, speech, message, utterance | mot, discours, message, déclaration | كلام : كلمة، قول، رسالة، نطق

KLW

n.s.& p. *klwt* R 3913/3 &c [A] ?terrace-field | champ en terrasses | حقل مدرّج ≠ dam wall | mur de barrage | جدار سدّ، مُسَنّاة {Sch SEG 7.11-12}?

n. *klwn* J 669/14 (—*m*), 24 < >

n. *klw*[...] J 678/2 < >

KLW/KLY

n. *klwy-m* MAFY Ḫamir 5/3 [A] ?water-distributor | distributeur d'eau | موزّع ماء?
→ *KL'* II, *KLL*

KMKM

n. *kmkm* C 682 *kind of aromatic*, cancamon | *sorte d'aromate*, cancamone | (نوع من الطيب) كمكام. دهن المرو

KML

v. *hkml* J 651/36, †C 537+R 4919/8† complete *a work*, be successful, achieve success *in* (*b*-) *s.t.* | achever *un ouvrage*, réussir *en* (*b*-) *qqch* | أكمل (عملاً). أحرز نجاحا (في شيء)

v. *s¹tkml* J 564/14 &c accomplish *a task* | exécuter *une tâche* | أنجز ~ أتمّ (مهمةً)

KMS¹

v. *hkms¹* humiliate, crush *s.o.* | humilier ~ écraser *qqn* | أذلّ ~ قهر (أحدًا)

KMT

v.pass. *kmt* C 654/2 ?cross, violate *a boundary* | franchir ~ violer *une limite* | تجاوز ~ تعدّى (حدًّا) {JRy *M'mr* 348}?

KNF

n. *knf* C 407/22, J 635/36 border, side, direction | lisière, côté, direction | كَنَف. جانِب. ناحية

****KNN*** → *KWN*

KR'

n.p. *kr'* J 619/8 leg *of a camel* | patte *de chameau* | كُراع. مستدق ساق (جمل)

***KRB* I**

v. [.]*krb* R 3960/5 (—/*mr'ẓm*) ?carry out *instructions*, *orders* / be bound by *obligation* | exécuter *des instructions* ~ *des ordres* / être tenu *par une obligation* | نفّذَ (توجيهاتٍ أو أوامرَ) / تقيد ~ التزم (بواجب) {Bee Two Roots 27}?

v. *hkrb* E 24§1, R 4233/9 unite *a bride with one's own family* | faire entrer *une épouse dans la famille* | ألحق (عروسًا بأسرته أو عشيرته) {Bee Two Roots 27-8}

v. *ktrb* R 4935/4, J 2147/8 {sic photo} undertake | s'engager *envers qqn à faire qqch* | التزم ≠ demand from *s.o.* | imposer *une obligation à qqn* | ألزم (أحدًا) {Bee Two Roots 26-7}

?n.? *kr*[*b*]*n* R 3895/5 (—/*wmr'ẓn*) ?obligation | obligation | التزام. واجب?

n. *mkrb* C 366 &c *title of head of federation in archaic period* | *titre du chef de la fédération* (période archaïque) | «مكرب» (لقب رئيس حلف قبلي في الفترة المتقدمة)

†n. *mkrb* C 151+152/2, B. Ašwal 1/5 &c [C] ?shrine, temple; synagogue; assembly-hall | sanctuaire, temple; synagogue; salle de l'assemblée | معبد. بيعة. كنيس يهود. دار ندوة?†

KRB II

n.p. *krbt* J 567/22 (—*m/wʾwldm*), J 692/10 (—*m/wʾṯmrm*) blessing, favour | bénédiction, faveur | بركة، نعمة، فضل

KRF

n. *krf*, p. *krf* C 230/2, C 291/6, *kryft* J 2867/3 [A] basin, cistern | bassin, citerne | كريف، صهريج، حوض

n. *kryf-m* C 40/3 ?cistern | citerne | صهريج، حوض ≠ n.pr.?

KRKR

†n. *krkr* C 540/95 [?LW?] *measure of weight* | *mesure de poids* | (وحدة وزن)†

KRR

v. *kr* C 548/10 repeat *an action* | réitérer *une action* | كرّر ~ أعاد (فعل شيء)

n. *krr-m* C 308/9, 10 ?altogether | tout à fait | جميعا، بكليته?

?n./v.? *krr-hmw* C 313/6 < >

KRW

n. *krw-m* R 3946/7, R 4177/4 & Ry 544/3 (*ṣyd/ʿṯtr/w*—) ?n. pr. {Mü} ≠ pit *for trapping game* | fosse *pour capturer du gibier* | حفرة ~ زُبْيَة (لصيد حيوان)

KRY

n.p. *ʾkry* C 291/1 < > حفرة ~ زُبْيَة

KS^{1}D

v. *ks^{1}d* F 76/8 {sic Ja SIMB 335} [J] make *s.t.* irrevocable, non-negotiable | rendre *qqch* irrévocable ~ non sujet à négociation | أبرم (شيئاً)

n. *ks^{1}d* J 670/10 feebleness *of body* | faiblesse *corporelle* | ضعْف ~ عجْز (بَدَنٍ)

KS^{1}W

n.p. *ʾks^{1}wt* C 523/5, 8 garment | vêtement | كساء

→ *KS^{3}W*

KS^{3}ʾ

v. *ks^{3}ʾ* R 4194/2, Gl 1539/4 < >

KS^{3}ʿ

a. *ks^{3}ʿ* J 570/8 ?subsequent | subséquent | لاحق، تالٍ {Bee St 2.21} ≠ → *S^{3}ʿʿ*?

KS^{3}Ḥ

v. *hks^{3}ḥ* R 3945/5, 14 [M] rout, chase | mettre en déroute, pourchasser | هزمَ، طردَ، كسح

†n. *ks^{3}ḥ[-m]* Gar NIS 4/8 < >†

KS^{3}W

n. *ks^{3}wy* J 555/4 [M] *military* clothing | habillement *militaire* | كسوة (حربية)

→ *KS^{1}W*

KWKB

n. *kwkb* J 649/33 star | étoile | كوكب

n. *kwkbt* J 567/23 &c fortunate star, *astrological* good fortune | bonne étoile, bonne fortune *astrologique* | كوكب ميمون. طالع ميمون {JRy Exp astr 521-2}

KWN

v. *kwn*, *kyn* R 4138/7, E 6§1, J 750/11, *kn* E 12§2, †C 541/12, 72† f. *kwnt*, p. *kwnw*, †*knw* C 541/81, 100†, imp. *ykn* R 3945/2, C 562/6, *ykwnn*, *yknn*, f. *tkwn* J 633/12, 15, p. *ykwnw* R 4176/5, *yknnn* C 609/5, *yknn* C 392/5 be; take place, occur | être; avoir lieu, survenir | كان، حدث

v. *kwn*, *kyn* (*ḏ*—/*kwnhmw*) [M] give support to *s.o.* | donner son soutien *à qqn* | ساندَ. ظاهرَ. ناصرَ. نصرَ {Bee St 1.91}

v. *hkn*, imp. p. *yhknnn* C 609/5, inf. *hkn* J 567/11, 12 bring *s.t.* to pass | faire arriver *qqch* | أحدث ~ جعل (شيئاً) يحدث

v.p. *hknw* Gl 1142/1, imp. *yhknn* F 30/6, inf. *hknn* R 3910/1, R 3960/2 [J] ordain, decree | ordonner, décréter | أمر. رسم

n. *mknt* E 22§1 [A] agricultural estate | domaine agricole | ضيعة. أملاك زراعية; F 3/7 &c [J] *legal* status | statut *légal* | مكانة (شرعية)، وضع (شرعي); †B. Ašwal 1/5 (—/*mlkn*) ?*royal* seat ~ status | siège ~ statut *royal* | (مكان ملكي. مقر ملكي / مكانة، رتبة) {Bee Notes 11.197}?†; [C] inner shrine *of temple* | sanctuaire intérieur *du temple* | المقام الداخلي (في معبد) ?√ *KNN*?

KWR

n. *kwr* hill | colline | جَبَل. (ي : كور); Gl 1209/13 (—/*tʾlb*) [R] high-place | haut-lieu | مكان عالٍ. شرف (للعبادة والقربان); d. *kwr-nhn* C 353/12, E 17§2 ?hill | colline | جَبَل. (ي : كور) ≠ n.pr.?

KYB

v.inf. *kyb*- C 87/10 defend, protect *s.o.* | défendre ~ protéger *qqn* | حمى ~ منع (شخصاً) → *GYB*

***KYD* I**

v.aux. *kd* ZI 22, p. *kydw* J 585/7 almost *do s.t.* | faillir ~ manquer *faire qqch* | كاد ~ أوشك (أن يفعل شيئاً)

***KYD* II**

v. *kd* J 750/12 treacherously endanger *s.o.* | mettre traitreusement en danger *la vie de qqn* | كاد (لأحد) {Bee Misf 228}

v.p. *tkydw* R 3992/13 (*hyt*/*ʾrḫn*/*ḏ*—), inf. *ktd*[*n*] R 3992/6 [J] start a prosecution against *s.o.* | entamer des poursuites contre *qqn* | رفع شكوى على (أحد)

***KYL* I**

n.p. *ʾkyl* Gr 3/5 [C] ?*ornamental metal* stud / plate | clou *décoratif*, plaque *décorative en métal* | رصائع / لوحات (من معدن للزينة) {Bee St 1.93}

***KYL* II**

n. *klt* C 570/1 measurement | mesure | كيل

L

l

prep. *l-* to, up to; for | à, jusqu'à; pour | الى . لِـ; in, on *a date* | à *telle date* | لِـ . في (للتاريخ :) {Bee Marg 2.427}; with respect to, concerning | relativement à, concernant | لِـ، بخصوص، من حيث; R 3945/15 (*l-mhyʿ*/*ʾwṯnn*), *ln* R 3945/17 along | le long de | لِـ، على امتداد، مع

partic.rel. → *ḏ*

Lʾ M

v. *lʾm* J 658/13 {edd} make a peace settlement | réaliser un accord de paix | صالح ~ لاءم (بين فريقين)

Lʿ B

n. *mlʿb* C 37/7 (—/ *ʿbrn*), C 356 [A] ?land irrigated *by canal* | terre irriguée *par un canal* | أرض تُسقى (بساقية)?

lʿ l

adv. *lʿl* M. Māriya/5, *l-lʿl* C 80/11 upwards | vers le haut | الى أعلى. الى فوق

LBʾ

n. *lbʾ*, †f.d. *lbʾn* F 74/2 {sic Mü Neuinterpr 63} (*ṯty*/—), p. *ʾlbʾ* Gar ŠY/A5, 10, B3, 5† lion / lioness | lion / lionne | أسد / لبؤة

LBB

n. *lb*, p. *ʾlbb* heart | cœur | لبّ. قلب

n. *lbb* C 548/13 (*dbs¹m*/*w—m*) palm-heart | cœur de palmier | لباب النخل. جُمّار. شحم النخلة

LBN

n. lbny YM 467 ?storax *perfume* | *parfum* storax | (بخور) اللبنى ~ الميعة {Mü Weihrauch 748}?

LBS¹

v. *lbs¹* R 3956/3 don, wear | revêtir ~ porter *un vêtement* | لبِسَ

n.p. *ʾlbs¹* YM 441/8, E 12§3 {Bee Notes 11.205} garment | vêtement | لباس

?v.? *lbs¹* MAFY B. Zubayr 4/5 <   >

lbt

†n. *lbt* C 540/11+ <   > †

LDN

n. *ldn* C 685 &c ladanum *aromatic* | *aromate* ladanum | لاذَن (نوع من الطيب)

LFY

v. *lfy*, p. *lfyw*, imp.p. *ylfyw* J 576/4+, *ylfynn* Gl 1361/6, *ylfy-* J 577/12 meet, find *s.o.*; get *s.t.* | rencontrer ~ trouver *qqn*; obtenir *qqch* | لقيَ ~ وجد ~ ألفى (أحداً)؛ وجد ~ أحرز (شيئاً)

LHG

†n.p. *ˀlhg* Gar ŠY/A5, B2 (—/*mwglm* {edd}) [C] upper window | fenêtre supérieure | (ي : لَهْج) نافذةٌ عُليا {Mü}†

lhm → **HMM*

LḪM

n. *lḫm* J 700/11 exchange of blows | échange de coups | ملاطمة. لِخام. ملاخمة

LKD

n. *mlkd* Ist 7632/2 [A] cistern | citerne | صهريج. حوض

lm

partic. *lm* C 523/7, C 532/8, C 533/4, C 548/6 not | ne ... pas | لم (النافية)

LMD

†v. *lmd* (?*gmd*?) C 540/78 [C] ?tighten *a surface* with cement | cimenter *une surface* pour la rendre étanche | ?وثّق ~ متّن (سطحًا) بملاط†

****LMM***

v.p. *lmw* R 3959/3, R 4134/5 [J] come to an agreement *with s.o.* | parvenir à un accord avec *qqn* | تراضى. اتفق (مع أحدٍ) → *GMM*

ln

prep. *ln* from (specially with following *ˁd*/ *ˁdy*) | de, depuis (surtout suivi de *ˁd* / *ˁdy*) | مِن

conj. *ln* Ry 538/31 &c, *ln/ḏ-* J 633/5, *ln/ḏt* R 4624/7 when; since | lorsque, depuis que | حين. منذ

→ *l*

LQḤ

v. *lqḥ* R 3308/3, F 55/4 [J] take, seize *illegally* | prendre ~ saisir *illégalement* | أخذ غصباً. أخذ بغير حق

v. *lqḥ* C 600/9 < >

v. *hlqḥ* [M] rout, throw into disorder | mettre en déroute, semer le désordre | هزم. فلّ. شتّت

n. *mlqḥt* J 643/32, J 643bis/4 [M] rout, disorder | déroute, désordre | هزيمة. فلّ. تشتيت جمع

LQṬ

v. *lqṭ* C 84/4 capture, seize *s.o.* | capturer *qqn*, s'emparer de *qqn* | أسر (احدًا). قبض على (أحدٍ) {Bee Notes 10.407}

v. *s¹tlqṭ* Lu 23/7 ?pick up | ramasser, recueillir | التقط {Lu} ≠ get back, regain | récupérer, rentrer en possession de *qqn* | استرد. استعاد {Bee}?

LS¹N

n. *ls¹n* J 570/13 &c tongue | langue | لسان ; C 86/9 calumny, evil tongue | calomnie, médisance | لسان سوء. نميمة

LṢQ

v. *lṣq* DJE 10/3, 4 hunt down (*deity*) *offenders* | harceler *des délinquants* (*divinité*) | ترصّد (الإِلَهُ أحدًا). كان (الإِلَهُ لأحد) بالمرصاد

LYL

?v./n.? *lyl* J 649/33 (—/*lylm*) fall *of night* | tomber (*nuit*) / tombée *de la nuit* | دخَلَ / دخول (الليل)

n.f. *lly*, p. *lwly* J 2110/6, *llt* E 28§1 night | nuit | ليل. ليلة {JRy Him 5.201}

LYZ

v. *lyz* R 4142/6 heal *a limb from injury* | guérir *un membre d'une blessure* | أبرأ ~ شفى (عضواً من اصابة) {Bee St 2.24}

M

m

partic. *-m*, *-mw*, *-my* C 336/7, *-myw* Gar ISA 5/10 (otiose enclitic | enclitique redondant) | ما (الزائدة)

Mʾ

n. *mʾt*, d. *mʾtn*, †*mʾtyn* C 540/86†, p. *mʾ* R 3945/13, C 413/1, *mʾn*, *mʾ-nhn* Gl 1533/7, 9, *mʾt* hundred | cent | مائة

mʿn

conj. *k-mʿn-mw* ?as soon as | dès que, aussitôt que | حالما?

****MDD***

†n. *mdt* C 541/96 period | période | مُدّة†

n. *mmd* C 516/19, R 2740/9 < >

MDR

n. *mdr* R 4231/5, p. *ʾmdr* R 3951/4, *mdwr* MAFY Ḫamir 5/4 territory, ground | territoire, sol | أرض

n. *mdrt* R 4054/3, Rob Nağr 1/1 < >

MDY

n. *mdy* R 4176/4 (*s³dn*/*hgr*/*w—h*) < >

mḏr

†n. *mḏr-m* Ry 510/5 ?routing, putting to flight | déroute, mise en fuite | هزيمة، تشتيت جمع {Gar Osserv 473} ≠ n. pr.?† ?√?

MḌW

v.inf. *mḍwn* C 522/1 ?pay over *money* | verser *de l'argent* | دفع ~ سدّد (مالاً) {Bee Textual 29}?

MḌY

a.f. *mḍyt-m* J 649/19 deep, penetrating *wound* | *blessure* profonde | عميق. بالِغ (نعتاً لجرح)؛ ماضٍ. نافذ (نعتاً لطعنة)

mh/mhn

pron.rel. *mhn* J 720/13, Gl 1520/5, NNAG 12/11, *mhmyw* Gar ISA 5/10 what, that which | qui/que; ce qui/ce que | ما (الموصولة)

conj. *k-mhn-mw* J 669/10, 22, J 736/12 in the event that | au cas où | اذا ما

MHN

†n. *mhn* Ry 510/4 (*ʿly/—s¹bʾtm*) [M] *expeditionary* service | service *expéditionnaire* | †خدمة (في حملة)، خروج (في حملة)

MHR

n. *mhrt* J 752/9, 10 filly | pouliche | مُهْرَة

n. *mhrt* C 492/3, Gl A 716/2 wealth, possessions | fortune, biens | ثروة. أموال

v. *hmhr* F 55/7 [J] ?levy *payment* | imposer *un paiement* | ?جبى ~ حصّل (مالاً أو نفقة)

n.coll. *tmhrt* J 665/12, E 32/7 [M] contingent of *bedouin* mercenaries | contingent de mercenaires *bédouins* | أعوانٌ ~ متطوعةٌ (أعرابٌ) {Mü Ende 233}

MḪḌ

v. *mḫḍ* [M] smite, defeat | frapper, battre *un ennemi* | كسرَ، غلبَ. قهرَ; [C] hew out *from rock* | creuser *dans le roc* | نحتَ ~ قطعَ (من الصخر)

v. *hmḫḍ* R 3945/17 [J] ?be handed over for administration | être confié à l'administration (*territoire conquis*) | ?سُلِّم ليوضع تحت إدارة، وُكِلَ

v. *s¹tmḫḍ* R 3945/4⁺, Ra 42/7, 14 [J] appropriate *property* | s'approprier *des biens* | تملك (مالاً)، استولى على (مال)

n. *mḫḍ* C 570/2 ?stonemason, stonecutter | tailleur de pierre | ?حجّار. قالع حجارة

n. *mḫḍn* J 555/4 (*tʾmnm/w—m*) favour, grant | faveur, octroi | هبة، عطية، انعام

MḪR

v. *mḫr* C 555/1, C 570/5 face, run, extend towards (*boundary*) | se diriger ~ aller ~ s'étendre vers (*limite*) | امتدّ ~ جرى ~ اتّجه (حَدٌّ) إلى

n. *l-ḏ-mḫr* J 649/41, J 575/6 *on* the day following, *on* the morrow | *le* lendemain | غداً، (في) اليوم التالي {Bee Marg 2.427}

MḤL

v. *hmḥl* J 735/6 suffer from drought | être atteint par la sécheresse | أمحل

†n. *mḥl* C 539/6 drought | sécheresse | †محل

mḥly

n. *mḥly-m* Gl 1533/6 ?oath | serment | ?√? ?يمين، قسم

MKR

n.coll. *mkr* R 3951/2 traders | marchands | تُجّار

ML'

v. *ml'* J 618/6, J 735/13 fill | remplir | ملأَ {JRy Him 2.480}

v. *ml'* Rob Kāniṭ 4/3 [J] ?pay in full | payer intégralement | دفع كاملاً، سدد تسديدًا تاماً {Bee Notes 12.72}?

v. *ml'*, *hml'* J 557 [C] complete *a construction* | parachever *une construction* | ~ أتمّ أكمل (بناءً)

v. *hml'* J 631/20, J 788+671/16, BR M. Bayḥān 4/9 grant *oracle* | accorder un oracle à *qqn* | أنعم (بوَحْيٍ على أحدٍ)

v. *s¹tml'* seek, petition for favour | chercher à obtenir ~ demander *une faveur* | طلب فضلاً، التمس عوناً

n. *ml'* F 30bis/2 &c [J] total sum *of money*, value | montant *d'une somme d'argent*, valeur | مبلغ كامل (من النقد)، قيمة تامة; Gl 1572/3, Gl 1547/8 [A] crop | récolte | غلة، ثمار، محصول; Ist 7630/6 full capacity | pleine capacité | قدرة كاملة، سعة كاملة; YMN 5/7 [S] plenary assembly | assemblée plénière | اجتماع شامل، مجلس عام، مَلَأ; E 32/32 (*w—/hrgw/bn/'b'l/trm*) great number | grand nombre | عدد بالغ; J 558/5 (*—/wḥf/s²n'm*) ?host *of enemies* | foule *d'ennemis* | كثرة (شانئين) ≠ collusion | collusion | ممالأة، تواطؤ?

n. *ml'* C 448+Hakir 1/5, C 407/10, NNAG 12/15, *ml't* J 647/26 lapse *of time*, duration, period | laps de temps, durée, période | مرور (زمن)، مدّة، فترة {JRy Him 2.486}

n. *ml'*, p. *'ml'* help, fulfilment; *divine* favour; oracle | aide, accomplissement; faveur *divine*; oracle | عون؛ فضل (إلّهي)؛ جواب موحَى

n. *tml'* C 374, C 375/1 completion | achèvement | إتمام، إكمال

MLK

n. *mlk*, p. *'mlk*, f. *mlkt* E 13§7 king/queen | roi/reine | ملك/ملكة; †J 546/4 (*rḥmnn/—n*) King *as attribute of God* | *le* Roi (*épithète de Dieu*) | المَلِك (من صفات الله)†

v. *mlk* NNAG 15/12 (*bkn/—/mr'hmw*) become king | devenir roi | ملَكَ، صار ملكا

v. *hmlk* E 32/43 ?invest with authority over | investir *qqn* des pouvoirs sur | ملَّك، جعل ملكاً أو ذا سلطان على ≠ أَملك، gain authority over | prendre le pouvoir sur | ملَك، أحرز مُلكا أو سلطاناً على، تملّك?

n. *mlk* kingship, reign | royauté, règne | مُلك

n.p. *'mlkt* Gl 1200/4 (*['l]'ltm/w'mlkm/w—m*) ?kingdom | royaume | مملكة?

†n. *mlkt* Ry 507/11 realm | royaume | مملكة، ديار ملك†

n. *mmlkt* Sh 31/10 royal seat, city, domain | résidence ~ ville royale; domaine royal | مملكة، ديار مَلِك، مدينة ملكيّة {Mü Gesandtschaft 162}

†a. *mlyky-m* Ist 7608bis/4 royal | royal | ملكي، ملوكي†

n. *mlk*, ?p. *mlwk* Gl 1593/5? property, possession, domain | propriété, biens, domaine | أموال ، أملاك ; (—/ʾ*lmqh*, —/ʿ*ṯtr*) domain | domaine | أرض مملوكة ، أملاك

n. *mlk* Sh Ḥuqqa {Mü Ḥuqqa 118} owner | propriétaire | مالك

MLṮ

v. *mlṯ* C 523/3 have sexual intercourse with *a woman* | avoir des relations sexuelles avec *une femme* | مالَثَ ~ جامع (أمرأةً)

***MLY* I**

v. *mly* J 649/40, *tmly* J 635/4, p. *tmlyw* J 576/5, E 12§3, E 13§1, imp.p. *ymtlyw* J 576/7, inf. *mtlyn* J 578/11 &c, *s¹tmly* R 3945/13 [M] get, win, obtain as booty | obtenir, gagner; obtenir comme butin | غَنِم ، أحرز غنيمة {JRy Him 2.485}

n. *mlt* [M] loot, booty, prize of war | pillage, prise de guerre | غنيمة ، مكسب حرب

***MLY* II**

n. *mly* winter; winter crop | hiver; récolte d'hiver | شتاء ، غلة شتاء

a. *mly-m* J 653/8 (*s¹qym*/—) [A] ?of winter | hivernal | شتوى ، منسوب الى الشتاء ≠ abundant | abondant | ?وافر ، كثير

***mn* I**

pron.rel. *mn*, *mn-mw*, *mn*/*ḏ*-, *mn*/*l*-, *mn-ḏ-mn* F 64/6, *mn-m* YM 547/2, C 548/1 who, whosoever | celui/celle(s)/ceux qui, quiconque | مَن

***mn* II**

prep. *mn* (only in texts with Haram as known or probable provenance | uniquement dans les textes provenant certainement ou probablement de Haram | (فقط في النقوش التي يعرف أو يحتمل انها من مدينة هرم) from | de (marquant l'origine) | مِن

mmw

n. *mmw* YM 396/4 (*ṣlmn*/*w*—*n*) *votive object* | *objet votif* | (شيء يقدم وفاءً بنذرٍ) ?√?

MNʿ

v. *mnʿ* C 573/5 &c prevent, ward off *s.o.* | empêcher *qqn*, tenir *qqn* à distance | منع ~ صدَّ (أحدًا); C 291/3 ?prohibit | interdire | ?منع ، حظر

v. *tmnʿ* J 643/23 [M] fight off *enemy* | repousser *l'ennemi* | صدّ ~ رَدّ (عدواً) {JRy Nouv int 8}

****MNN***

n. *mn* Gl 1379/6 (*k*—/*ḥywn*) benefit | bénéfice | منفعة ، فائدة ، مزية {Bee Notes 11.204}

****MNY***

n. *mn* J 735/12 (ʿ*dy*/—/*mḥrmn*) outer precinct *of sanctuary* | enceinte extérieure *du sanctuaire* | فناء خارجي (لحرم أو معبد)

mqrm

n. *mqrm* C 438/4, C 460/1, C 948/7 < > ?√?

MQṬ

n. *mqṭt* J 649/32 setting *of the sun* | coucher *du soleil* | مغيب، غروب (الشمس)

mr

n. *mr* Gar AY 7/2, Ist 7630/4 (*krfm/w—m*) [A] < > ?√?

→ **MRR*, *MWR*

MRʾ

n. *mrʾ*, p. *ʾmrʾ*, f. *mrʾt* man/woman | homme/femme | مرء، امرؤ، رجل / مرأة، امرأة; [S] lord/lady, overlord, suzerain, social superior | seigneur/dame, suzerain; supérieur *dans l'ordre social* | سيّد/سيّدة; [R] *divine* lord/lady | seigneur (*divin*) / dame (*divine*) | ربّ / ربّة، (إله / إلهة); Mü 1/5 &c male/female child | enfant *de l'un ou l'autre sexe* | طفل / طفلة; *mrʾt* E 24§1 *marriageable* girl | fille *nubile* | امرأة، صبية في سن الزواج

MRḌ

v. *mrḍ* (*mrḍ*/—) suffer from *disease* | être atteint *de maladie* | مَرِضَ

n. *mrḍ*, p. *ʾmrḍ* C 343/6, J 731/6, *mrḍt* BR M. Bayḥān 3/8 sickness, disease | maladie | مَرَض

→ *RḌW/RḌY*

****MRR***

v.imp. *ymrn* J 711/5 occur | arriver, survenir | جرى، حدث، مر

mrt

n. *mrt-n* F 90/2 ?limestone | calcaire | ?حجر كلسي

MS^{1}Ḥ

v. *hms^{1}ḥ* Rob Rayda 2/4 [R] ?anoint | oindre | ?مسح، دهن، طلى

†n. *ms^{1}ḥ-hw* C 541/2, Ry 506/1 [LW] Messiah | Messie | †المسيح

MS^{1}K

?v.? [...]*ms^{1}k* Gl 1376/2 < >

n.d. *ms^{1}k-nhn* C 602/4 < >

MS^{1}R

†v. *ms^{1}r* J 547/4 (+ *b-*), C 540/72 &c (acc) [C] ?clear away silt | évacuer le limon | أزال الطين، رفع الطمي، كرى، (ي : مسر) {Rob Cal Him 46, 50}?†

†n. *ms^{1}r* C 540/8^{+}, C 541/58 [C] ?silt *behind dam* | limon *en amont d'un barrage* | طين السيل، طمي (وراء السد)، (ي : مِسر) ?†

****MS^{1}S^{1}***

v. *ms^{1}* C 523/6 touch | toucher | مسَّ

MS^{2}W/MS^{2}Y

v. *ms^{2}y* C 533/4 go away | s'en aller | مشى، مضى

v.imp. *l-ms^{2}w* J 720/15 [R] drive, take along *sacrificial animal* | mener ~ amener *un animal destiné au sacrifice* | ساق ~ أخذ معه (هَدْياً أو أضاحي)

→ *NS^{2}W*

MS^{3}R

v. *ms^{3}r* R 3945/6 remove *inscription, monument* | enlever *une inscription* ~ *un monument* | أزال ~ أزاح (نقشاً أو نصباً)

***MṢ*ʿ**

a.p. *mṣʿ-m* C 376/4 (*blṭm*/—) fresh-minted *coins* | *monnaie* à fleur de coin | جديد السكة، ناصع (نعتاً لنقد)

MṢR

n.p. *ʾmṣr* J 512/5 ?baggage camel | chameau de bât | جمل الحِمْل، زامِل {Bee St 1.96}?

→ *ṢYR*

MTʿ

v. *mtʿ*, *hmtʿ* R 4998/3, Gl 1364/6 save, deliver, make thrive *s.o./s.t.* | sauver ~ délivrer ~ faire prospérer *qqn/qqch* | نجّى ~ سلّم ~ أبقى ~ أنجح (أحدًا أو شيئا)

n. *mtʿ* J 664/17 trickery | ruse, stratagème | كيد، (ف : مَتْع)

n. *mtʿt* C 323/8 protection, deliverance | protection, délivrance | حماية، خلاص

MṮL

n. *mṯl* the like of *s.t.*; similar *in status* to *s.o.* | *ce qui est* semblable à *qqch*, *de condition* similaire à *qqn* | مثل (شيء)؛ مثل ~ مثيل ~ نظير ~ عديل (لأحد في مكانة)

n. *mṯl*, p. *ʾmṯl* image, statue | image, statue | مثال، تمثال

n. *mṯl* R 3959/4 [J] copy, duplicate, exemplar *of document* | copie ~ double ~ exemplaire *d'un document* | نسخة مماثلة (من وثيقة)

v. *hmṯl* Gl 1200/8, Gl 1533/14 duplicate, copy *a text* | reproduire ~ copier *un texte* | نسخَ (نصاً)، صنع نسخة مكررة (من نص)

v. *mtṯl* C 380/5 be punished | être puni | عوقب، مُثّل به، نُكّل به

MṬR

n. *mṭr* YMN 3/3, YMN 4/4, p. *ʾmṭr* [A] *rain-watered* field | champ *arrosé par la pluie* | أرض يسقيها المطر، (ي : مطيرة) {Bee Notes 11.208}

n.p. *mṭwr* C 3/6 (*hqny*/*tʾlb*/*rym*/*ʿdy*/—/*ʾhgrn*) ?<   > ≠ n.pr.?

→ *ṬWR*

MṬW

v. *mṭw* [M] make an expedition | faire une expédition | زحف، قام بحملة

n. *mṭwt* Sh 31/24, 25, p. *mṭw* R 4138/4 [M] expedition | expédition | حملة

mw → *m*

MW

n. *mw*, d. *mw-nhn* J 635/37, Gl 1138/6+, p. *mwy*, *ʾmwh* YMN 5/3 water, water-supply; watercourse; irrigation system | eau, approvisionnement en eau; cours d'eau; système d'irrigation | ماء، مياه؛ مجرى ماء؛ نظام سقاية، نظام ري

→ *mmw*

MWN

n. *mwn-n* J 2109/10 ?provisions, food | provisions, nourriture | ?مؤونة، زاد، قوت

MWR

n. *mwrt*, p. *mwrt* YMN 1/2 [C] ?access way | voie d'accès | مدخل{Mü Ḥuqqa 112}?

v.p. *hmw̱rw-* C 448 + Hakir 1/4 [C] ?build an access way | aménager une voie d'accès | ?بنى مدخلا

v. *mwr-* C 353/6 [M] besiege *s.o.* | assiéger *qqn* | حاصر، حصر (أحدًا)

MWR/MYR

v.imp. *yhmr[n]* C 603a/3 sell cereals | vendre des céréales | باع حبوباً {Bee Notes 6.318}

n. *myr* C 73/8, C 603a/2, R 2860/2 sale of cereals | vente de céréales | بيع حبوب

n. *myr* Rob Kāniṭ 6/2, p. *'mwrt* C 343/11, NNAG 11/23, E 25§2, *'myrt* E 14§3 &c, *'mr-n* J 627/5, *'mrt* J 615/18 [A] cereal crops, cereal harvest | culture ~ moisson *de céréales* | محصول ~ غلال ~ حصاد (حبوب)

MWT

v. *mwt* J 735/7, Ry 613/3, †Ry 520/7†, *myt* J 669/20, †p. *mtw* Ry 507/5†, imp. *ymwtn* Ra 42/12, Gl A 744/4, *ymtn* Ra 42/13, R 3910/5, J 649/21 {JRy Him 2.487} die, be dead | mourir, être mort | مات، كان ميتًا

v.p. *s¹tmtw* C 353/8 be near death | être sur le point de mourir | شارف الموت

n. *mwt* death | mort (f.) | موت

n. *mwtt* J 645/13, C 588a/3 fatal disease | maladie mortelle | داء عضال، داء مميت

a. *myt[-m]* J 2109/9 dead, stillborn *child* | *enfant* mort ~ mort-né | ~ (مولود) سقط ميت عند الولادة

MYR → ***MWR/MYR***

MYT → ***MWT***

MYṮ

n. *myṯ* Rob Kāniṭ 6/2 (—/*wmyr*) ?wine | vin | نبيذ ≠ pressed dates | dattes pressées | ?تمر مكبوس

***MZR* I**

†n. *mzr-m* C 540/50 (—/*ḏtmrm*) *date*-wine | vin *de dattes* | †نبيذ (تمر)

***MZR* II**

?v./n.? *mzr* Gl 1539/4 < >

MẒ'

v. *mẓ'* go, proceed, march | aller, s'avancer, marcher | مضى، سار; reach (*'d* / *'br*) *a place* | atteindre (*'d* / *'br*) un endroit | بلغ (مكانا); J 643/8 (—/*w*...) proceed *to do s.t.* | se mettre *à faire qqch* | مضى ~ تقدم ~ أقبل (يفعل شيئًا)

v. *hmẓ'* [J] pay over *money* | verser *de l'argent* | دفع ~ سدّد (مالاً); put into effect *an agreement* | mettre *un accord* en application | أمضى ~ نفّذ (عقدًا أو اتفاقاً) ; [R] carry out *ritual prescription* | exécuter *une prescription rituelle* | أدى ~ أمضى (فريضةً دينية)

N

N'D

n./a. *n'd* [A] luxuriance / luxuriant *crops* | surabondance *de récoltes* / *récoltes* surabondantes | وفرة، غضارة / (محصول) وافر

N'B

n. *n'b* C 352/16 speaker of ill-omened words | qui profère des paroles de mauvais augure | ناعب، ناطق بشؤم

N'M

v. *n'm* be favourable, be prosperous; agree, consent | être favorable ~ prospère; être d'accord, consentir | طاب، نعِم؛ وافق، رضي

v. *hn'm* J 2147/10 gratify, treat favourably | gratifier, traiter avec faveur | أرضى، سرّ، أنعم (على أحدٍ)

n. *n'mt* prosperity, success | prospérité, succès | نعمة

n.p. *'n'm* MAFY Ḥamida 2/4 ?goods, property | marchandises, biens | سلع، مال?

n. *n'm* C 683 *an aromatic* | *sorte d'aromate* | (نوع من الطيب)

a.p. *n'mt* Gl 1533/3 (*bltm*/—*m*) *coin* of full value | *monnaie* de pleine valeur | تام القيمة (نعتا لقطعة نقد)

N'Y

†v.p. *n'yw* Gar ŠY/A5, B2 (—/*lhw*) {sic photo} affix *to a building* | fixer *des ornements dans une façade* | جعل ~ وضع على (بناء)†

NB'

v. *tnb'* [R] promise, vow *an offering to a deity* | promettre ~ faire le vœu *de faire une offrande à une divinité* | نذر (قرباناً لإلٰه)

NB' → *NḌ'* II

NBL

v. *nbl* despatch, send *s.o.* on a mission *to* (*b'br*) *s.o.* | dépêcher ~ envoyer *qqn* en mission *auprès de* (*b'br*) *qqn* | أرسل ~ بعث (أحدًا) في بعث أو بعثة (إلى أحد)

v. *nbl* J 576/13 make overtures to *s.o.* | engager des pourparlers avec *qqn* | راسل، فاوض

n. *tnblt*, *tblt* J 643/11 *diplomatic* mission, delegation, envoys | mission ~ délégation *diplomatique*; émissaires | وفد، رسل، بعثة (دبلوماسية)

NBT

v. *nbt* Ist 7630/1, Gl 1547/4 [S] assume office, exercise leadership | assumer ses fonctions, exercer la direction | تقلد منصباً، تولّى إمْرة

†v. *tnbt* F 74/7 undertake | entreprendre | أخذ على عاتقه ، تولى†
n. *ḏ-nbt-m* R 4133/2 [S] ?office-*holder* | *titulaire d'*une charge | (صاحب) منصب ، (متولي) إمْرة ?
n. *nbtt* E 18§1 (*mlk/w—/wʾtwt/mrʾyhmw*) [S] assumption of office | *action de* prendre des fonctions تقلُّد منصبٍ

NBṬ

v. *nbṭ* Lu 26/3, *hnbṭ* [AC] dig *a well* down to water | forer *un puits* jusqu'à la nappe d'eau | أنبط (بئرًا) ، حفر (بئرًا) حتى الماء

NDʾ

v. *yndʾ* Gl 1138/10 (*—/mwm/lfnwtn*) [A] make flow | faire couler | أجرى ، أسال
v. *hndʾ* J 643/7 ?act unexpectedly, by surprise | agir de façon inattendue ~ par surprise | فعل على حين غرة ، فعل فجأة ، نَدَّ منه فعل ?

NDB

v. *ndb* C 448+Hakir 1/1 {sic photo Gr}, p. *hdbw-* C 448+Hakir 1/2, 3 [C] construct, work on | construire, travailler à | أنشأ ، عمل

NDF

v. *ndf* E 13§9 [M] ?rush | se précipiter | اندفع ، انطلق ، هبّ ?
n. *ndf* J 631/33 [M] ?light cavalry | cavalerie légère | خيّالة ، فرسان ?

NDY

v.imp. *yndyn* C 548/7 ?drive out | repousser | أخرج قسرًا ، طَرَد ?
†v.inf. *ndyn-* Ry 510/4 ?chase | poursuivre | طرد ≠ proclaim | proclamer | أشهر ، نادى بـ ، أعلن {Bee Maʿdikarib 307-8}?†

NḎH

v. *tnḏh* J 600/8 <   >
n. *mḏht* J 600/4, N 19/2 <   >

***NḎR* I**

v.imp. *ynḏrn* C 546/6, *yḏrn* J 702/3, inf. *tnḏrn* C 532/2 &c; v. *ntḏr* C 547/2 [R] atone, do penance | expier, faire pénitence | كفّر عن ذنبه
n. *tḏr-m* J 720/5 [R] *in* expiation | *en* expiation | تكفير(اً)

***NḎR* II**

v.p. *hḏrw* J 575/4 warn, threaten | avertir, menacer | أنذر
n.p. *mnḏr* J 643/26 [M] intelligence agent | agent de renseignements | عَيْن ، متسقط أخبار ، نذير ، منذر

***NḌ*ʿ I**

v. *nḍ*ʿ NNAG 12/27 perpetrate *a deed* | comettre *un forfait* | اجترح ~ فعل (فعلاً أو فعلة)
v.inf. *tḍʿn* inflict harm | causer du tort | ألحق أذى
n. *nḍ*ʿ, *mnḍ*ʿ R 4818/6 maleficence, harm | maléfice, tort | أذىً ، ضرر

***NḌ*ᶜ II**

v.imp. *yḍ*ᶜ*n* J 657/10, v. *tnḍ*ᶜ J 657/4 &c, imp.p. *ytḍ*ᶜ*nn* Gar ISA 5/11, inf. *tḍ*ᶜ*n*, *ntḍ*ᶜ*n* J 2839/12, 15, NNAG 15/23, J 630/9 {sic edd} implore, make supplication | implorer, supplier | تضرع

n. *nḍ*ᶜ ZI 29, *tnḍ*ᶜ*t* C 571/8, *tḍ*ᶜ E 3 supplication | supplication | تضرُّع ، ضراعة

NḌḪ

v. *nḍḫ* C 523/7 [R] defile, sprinkle with impurity | souiller, asperger d'une substance impure | نجّس ، نضح بنجاسة

NḌḤ

n. *mnḍḥ*, *mḍḥ*, p. *mnḍḥt* [R] tutelary deity *of bayt* (~ *well*?) | divinité tutélaire *d'un bayt* (~ *d'un puits*?) | إِلَهٌ وَلِيٌّ (بيت أو بئر)

n. *mnḍḥ*[.] C 570/7 (—*mwn*) [AC] ?*water* distributor | distributeur *d'eau* | مُوَزِّع (ماء)?

NḌW

v. *nḍw* R 3945/15, Gl 1628/4 destroy | détruire | خرّب ، أتلف

v.imp. ?*yḍwn*? C 522/3 ?leg. *yḍ*ᶜ*n* {Bee Textual 28} → *WḌ*ᶜ?

→ *MḌW*

***NF*ᶜ**

n. *hf*ᶜ J 651/53 advantage *for enemy* | avantage *à l'ennemi* | نَفْع ~ منفعة ~ مزية (لعدو)

NFḪ

n.p. *mnfḫt* C 570/4 [AC] water-distributor | distributeur d'eau | مقسّم ماء ، موّزع ماء

NFL

v. *nfl* E 13§9 [M] fall *in battle* | tomber *au combat* | سقط (في معركة)

v. *nfl* Gl 1217/6 cause *s.t.* to befall *s.o.* | faire survenir *un désastre à qqn* | أنزل (شيئاً) بأحد {Sol SEG 4.19}

n. *nflt* Gl 1217/6 accident, disaster | accident, désastre | نازلة ، مصيبة

NFQ

v. *nfq* C 581/11 demand *s.t. from* (*bn*) *s.o.* | exiger *qqch de* (*bn*) *qqn* | اقتضى ~ طلب (شيئاً من أحد)

a. *nfq* [J] binding, effective | obligatoire, exécutoire | مُلزِم ، نافذ

n. *mnfq* C 600/12, Gl 1200/8, 10 [J] binding document | document contraignant | وثيقة مُلْزِمَة

n. *nfq* AM 221/2 = Gl 1656/1 ?sarcophagus | sarcophage | ناووس {JRy} ≠ [J] demand | demande *de paiement* | طلب ، اقتضاء {Höf}?

***NFR**

n. *tfr* R 4176/7 ?dismissal *of pilgrims* | renvoi *des pèlerins* | نَفْر (الحجيج) {Ghul}?

→ *WFR*

NFS¹ I

n.f. *nfs¹*, p. *ʾnfs¹*, *ʾfs¹* soul; person; self; life | âme; personne; soi-même; vie | نفس، ≠ نفس، كائن حي ; شخص، روح، حياة *ḏ-nfs¹-m* C 522/1 ?living being | être vivant | نفس، كائن حي ≠ → *NFS¹* III?

n. *nfs¹* C 445/1 &c, *mnfs¹* Gl 1327/2 funerary monument | monument funéraire | نُصْب مدفن

n.f. *nfs¹* C 523/4 woman in childbed | femme en couches | أمرأة نُفَساء

NFS¹ II

v. *hfs¹* J 735/15 [A] ?open up | ouvrir *des vannes* | بثقَ، فتحَ ≠ clear | évacuer *du limon* | صفّى، نقّى?

n. *m(n)fs¹* F 70/2, p. *mnfs¹t* J 735/15 [A] ?sluice | écluse | مُنْبثق ماء، مصَبّ ماء ≠ settling basin | bassin de décantation | مصفاة ~ حوض تنقية (ماءٍ قبل وصوله الى صهريج أو حوض أكبر) {Bee Notes 11.208}?

NFS¹ III

n. *nfs¹* R 4176/10 (*ḥẓrnh/—m*) ?dispute | dispute | نزاع، خصومة، منافسة {Ghul} ≠ risk of life | *sous* peine de mort | تغرير بالنفس، مخاطرة بالنفس {Bau Jazyk 108}?; C 522/1 ?feud, dispute | querelle, dispute | حقد، تِرَة، نزاع {Bee Textual 28} ≠ → *NFS¹* I?

NFṢ

v. *nfṣ* E 13§10 &c, imp. *yfṣn* J 631/22 [M] march, march off | marcher ~ se mettre en branle (armée) | سار، فصل، توجّه

***NGF** → *TLF*

NGR

n. *ngr* R 3967/2 [A] ?cultivated land | terrain cultivé | أرض مزروعة {Irv Surv} ≠ water-wheel | roue hydraulique | بَكَرة ماء، منجور، (ف : نِجار) {Ghul}?

NGS¹

v.imp. *yngs¹n* C 548/3 [R] defile | souiller | نجّس

NGS²

v. *ngs²* E 32/37 [M] gain control of *town* | prendre le contrôle *d'une ville* | ~ ملك استولى على (بلدة); ?C 522/1 {MoMi Him p. 60 n. 2} trespass over *boundaries* | violer *des limites* | تعدى ~ تجاوز (حدودا) ≠ → *NGZ*?

n. *ngs²y-n*, †p. *ngs²t* Ist 7608bis/3, 7† [LW] negus, *king of Aksum* | *le* Négus, *roi d'Aksum* | نجاشي، (أحد ملوك اكسوم)

NGW

v.imp. *ygwn-* J 567/8, C 67/12 give out, intimate, announce to (acc) *s.o.* | proclamer ~ faire savoir ~ annoncer *à* (acc) *qqn* | أبلغ ~ أعلم (أحدًا)، أعلن ~ أَسَرّ (الى أحد) {JRy Mancie 264}

n. *mngw-m* F 71/9, J 564/4, *mngyt*, *mngt*, event, incident, accident; *divinely ordained* outcome; *good/bad* luck | événement, incident, accident; issue *fixée par décret divin*; *bonne* chance/malchance | حادثة ~ نازلة ~ عاقبة (قضى بها إلّه)؛ حظّ (سعيدٌ / عاثرٌ)

NGZ

v.inf. *ngzn* C 522/1 ?create an altercation ~ a brawl | provoquer une altercation ~ une rixe | أحدث منافسة، أحدث منازعة {Bee Textual 29} ≠ → *NGS²*?

v. *hgz* ZI 22, inf. *hgzn* J 585/8, J 644/17 do away with, put an end to, finish off *a person* | éliminer ~ achever *qqn* | تخلص من ~ وضع نهاية لـ ~ أجهز على (أحدٍ) {Bee Aux 192}

NHḌ

v. *tnhḍ* F 121 [S] be tributary *to* (*tḥtn*) *s.o.* | être assujetti à (*tḥtn*) *qqn* | كان رعية أو ذمة (لأحد)

NHK

v. *nhk* J 620/6, imp. *ynhkn* R 4090/2 cause damage, inflict damage *on* (*ʿly*) *s.t.* | endommager, causer des dégâts *à* (*ʿly*) *qqch* | أتلف ~ أضنى ~ آذى ~ نهك (أحداً)

NHL

†n. *mnhl* Ry 506/6 {edd} watering-place, well | abreuvoir, puits | منهل†

NHM

n. *nhm* VL 25/2, †*nhmt* C 541/59† [C] polishing, smooth dressing *of stone* | dressage ~ parement lisse *d'une pierre de taille* | صقْل ~ تسوية (حجارة)

n. †*nhmt* F 74/1, Gar AY 9d/6, *mnhmt* C 325/9†, C 353/17, †C 537+R 4919/4† [C] smooth dressed, polished stone | pierre *de taille* dressée ~ polie | حجر سويّ، حجر صقيل

n. *nhmt* R 4772/2 <   >

NHR

n.p. *ʾnhr* C 308/6, R 3967/2 [A] irrigation channel | canal d'irrigation | نهر، ساقية، قناة ري

NHY

n. *mnhyt* R 3945/4, p. *mnhy* R 3945/18 [A] ?irrigation basin | bassin d'irrigation | مسقاة، حوض رَيّ ≠ irrigated land | terre irriguée | أرض سقاية، ارض ري?

NḪL

n.m.& f. *nḫl*, p. *ʾnḫl*, *nḫl* R 3946/18 [A] palmgrove | palmeraie | نخل، نخيل، بستان نخيل

***NḪY* I**

v.p. *hnḫyw* ZI 71, imp.p. *yhnḫyw* ZI 71 [A] be allowed to flow (*water-supply*) | être mise en état de s'écouler (*réserve d'eau*) | أُسيل ~ تُرك يجري (ماءٌ)

n. *mnḫy* [A] supply-channel *of irrigated area* | canal d'alimentation *d'une zone irriguée* | ساقية تجرّ الماء (إلى منطقة ري)
→ **NWḪ*

***NḪY* II**

v. *tnḫy*, f. *tnḫyt*, p. *tnḫyw* [R] confess, admit *sin* | confesser ~ reconnaître *un péché* | أقرّ ~ اعترف (بذنب أو خطيئة)

n. *tnḫyt* C 547/13, C 546/1, 9, *tnḫt* C 547/15 confession *of sin* | confession *d'un péché* | إقرار ~ اعتراف (بذنب أو خطيئة)

***NḪY* III**

v. *ntḫy* C 678/2 < >

NḤB

v. *nḥb* J 629/27, J 576/6, 14 [M] invest ~ storm *a town* | investir ~ prendre d'assaut *une ville* | حصر ~ طوّق ~ اجتاح (مدينةً)

v. *tnḥb* E 32/28, inf. *tḥbn* J 578/11 [M] carry on a struggle *with* (*bʿm*) *s.o.* | mener la lutte *contre* (*bʿm*) *qqn* | ناضل (أحدًا)

NḤL

v. *nḥl* C 516/20 &c [J] grant lease | louer à bail (*bailleur*) | نحل ـ اعطى إجارة أو ايجارًا

v. *hnḥl* C 350/10 [J] ?lend, hire out | prêter, donner en location | أجَّر ، أعار?

v. *tnḥl* Gr 3/4 [J] obtain, secure ?*by lease*? | obtenir ~ se procurer *qqch* ?*à bail*? | أحرز ~ حصّل (؟بإجارة؟) {Bee St 1.95}

n.p. *nḥlt* C 435/2, C 599/6, Gl 1547/2, 6 [J] grant, lease | concession, bail | نِحْلة ، اجارة

n. *nḥl* [M] mercenary captain | capitaine mercenaire | قائد مرتزقة ، رئيس مرتزقة {Bee Notes 8.452}

n.coll. *nḥl* J 665/37 [M] mercenary troops | troupes de mercenaires | جندٌ مرتزقةٌ

n.p. *ʾnḥl* Ry 548/13 [M] hirer *of mercenaries* | recruteur *de mercenaires* | مستأجر ~ مستخدم (مرتزقة)

nḥql → *ḤQL*

NḤR

n.p. *ʾnḥr* J 576/15 trained charger | cheval de combat | حصان قتالٍ مدرَّب

NḤṢ

v.f.p. *s¹ tnḥṣn* R 4176/6 ?be pregnant (*animal*) / be suckling, nurturing *offspring* | être grosse (*femelle*) / n'être pas encore sevrée (*progéniture d'animal*) | كانت (الحيوانات) تحمل / ترضع (فصيلاً أو عقباً)?

NKF

n. *nkf* J 576/14, J 643/9 rejection, refusal, negative answer | rejet, refus, réponse négative | رفض، استنكاف

NKL

v. *nkl* [C] work, finish off *in stone* | travailler *la pierre*, parachever un ouvrage *en pierre* | عمِلَ ~ صنع ~ أنجز (بالحجر)

v. *hnkl* Gar AY 7/2 {Rob}, *hkl* Gr 1/4, d. *hkly* MAFY Yašīʿ 1/5, p. *hnklw* C 230/2, *hklw* Māriya 1/4, E 19§3, Gr 3/5, inf. *hkl* C 648/4 {edd} [C] work, finish off *stone construction* | exécuter ~ parachever *une construction en pierre* | عمل ~ أنجز (بناءً بحجر); [A] effectuate *agricultural exploitation* | monter *une exploitation agricole* | أنجز ~ أتم (استغلالاً زراعياً)

n.f.p. *nkylt* YMN 5/3, YMN 6/2 [A] leat, water-channel | chenal, canal, conduit | مجرى ماء

NKR I

n. *nkr* C 603a/4 ignorance, unawareness | ignorance, inadvertance | جهْل. غفلة. سهو {Bee Notes 6.318}

n. *nkr* Gl 1388/2, Gl 1533/11 [S] stranger, alien, metic | étranger, métèque | غريب، أجنبي. أحد الجالية

→ *NẒR*

NKR II

v. *nkr* afflict, punish (acc/*bʿly*) *s.o.* | affliger, punir (acc/*bʿly*) *qqn* | ابتلَى ~ أصاب ~ عاقب (أحدًا)

n. *tnkr* C 405/7, 8, NNAG 15/5 affliction, suffering *from malady* | action d'être affecté ~ de souffrir *d'une maladie* | بلوى ~ بلاء ~ معاناة (من مرض)

v.inf. *hnkrn* J 562/21, *hkrn* J 558/7, pp. *nkr* C 29/5, *mhnkr* C 449/4, F 64/2, *mhkr* E 13§15 &c deface, damage *monument* | dégrader ~ endommager *un monument* | شوّه ~ بدّل ~ أتلف (نصباً)

v.imp. *ynkr* C 380/6, inf. *nkrn* R 4646/17, v.imp. *yhnkrn* Rob Maš 1/14 [J] be fined, pay a fine | être frappé d'une amende, payer une amende | غُرِّم ~ دَفع غرامة

n. *tnkr* C 546/4, *tkr* NNAG 12/19 [J] fine, mulct, amend *for a delict* | amende, réparation *pour un délit* | غرامة (نقدية)، غرم ~ تعويض عن (جناية أو اساءة)

†n. *nkr* R 5094/5 [J] challenge, objection *to rights claimed* | contestation *de droits revendiqués* | †انكار ~ اعتراض (على حقوق مدّعاة)

NKṮ

v. *nkṯ* NNAG 11/38 remove *s.t. from its place* | enlever *qqch de sa place* | أزال ~ أزاح (شيئاً من مكانه)

NKY

pp. *nky* mischievous, spiteful person | *personne* malveillante ~ rancunière | شخص ذو نكاية، حاقد

n. *nky*, *nkyt* mischief | malveillance, tort | نكاية، سوء طوية، شر

NML

n. *nmln* C 380/6 < >

NMR I

n. *nmr*, p. ʾ*nmr* leopard, panther; chieftain | léopard, panthère; chef | نمر، رئيس قوم

a. *nmr* C 429/6 (ʾ*ys*^{1}*n*/—*n*) ?ferocious | féroce | عنيف، متوحش، ضارٍ ≠ n.pr.?

NMR II

n. *nmr* R 3943/6, †?d.? *nmry* C 541/114, *nmryn* C 540/19⁺ †, p. ʾ*nmr* C 329/2 [AC] *part of dam structure* | *élément de la structure d'un barrage* | (جزء من بناء سدّ)

NQB

v. *nqb* Rob Zāhir 1/2, †R 4069/8†, inf. *nqbn* C 518/2 [AC] cut, excavate *channel* | creuser *un canal* | نقَب ~ حفَر ~ شقّ (قناةً أو ساقيةً)

n. *nqb* YMN 5/3, p. *nqbt* R 3958/3 &c, ʾ*nqb* R 3967/2 [A] channel, passage *for water* | chenal ~ conduit *pour le passage de l'eau* | قناة ~ مجرى (ماء); *nqb* C 570/4 ?channel | chenal, conduit | قناة ≠ n.pr.?

→ *qb*

NQḎ

v. *hnqḏ* R 4386, p. *hqḏw* J 665/37, E 12§3, E 17§2, d. *hqḏ*- C 353/12, imp.p. *yhqḏw* J 586/22, inf. *hnqḏn* J 560/12, J 643bis/2 [M] seize, capture *animals/prisoners*; despoil, plunder *enemy* | saisir ~ capturer *des animaux* ~ *des prisonniers*; dépouiller ~ piller *l'ennemi* | أمسك ~ أسر (حيواناتٍ / أسرى)، استلب ~ انتهب (عدوًّا)

v.p. s^1 *tqḏw* J 665/39, 42, inf. s^1 *tnqḏn* J 644/20 [M] seize, capture, plunder, despoil | saisir, s'emparer de, piller, dépouiller | استولى على، نهب، استلب

n.p. *nqyḏ* J 665/45 [M] captured animal | animal capturé | حيوان أسير (ف : نقيذة)

NQL

v. *nql* R 4635/4, R 4228/7 [C] ?quarry stone | extraire la pierre *d'une carrière* | قلع حجارة?

v. *hql* C 642/7 [C] ?excavate | creuser | حفر، نقب?

v.inf. *hqln* Gr 24/7 (*yd*ʿ*n*/*w*—) ?communicate, inform | communiquer à, informer | نقل خبراً، أعلم?

n. *mnql*, *mql* J 576/6, †d. *mqly* C 541/29†, p. *mnqlt* C 418/1 &c [C] path cut on mountain side | chemin taillé à flanc de montagne | طريق في جِبل، مَنْقَل، (ي : نقيل)

n. *mnql* R 3951/3 [J] ?transfer *of property* | transfert *de biens* | نقل (مالٍ)?

n. *tqlt* → **QLY*

NQM

v. *nqm* punish, take reprisals on *s.o.* | punir *qqn*, exercer des représailles contre *qqn* | نقم من، انتقم من (أحد) ~ عاقب (أحداً)

v.imp. *yhqm* R 3945/18 (*nqm*/—/*ḥr*/s^1bʾ) avenge *s.o.* | venger *qqn* | ثأر (أحداً أو بأحد)، انتقم (لأحد)

n. *nqm* R 3945/18 vengeance, reprisals | vengeance, représailles | ثأر. انتقام

NQR

n. *nqr* J 2109/14 malicious person, backbiter | personne malveillante ~ médisante | رجل سوء، مغتاب

†n.coll. *nqr* Ry 508/6, J 1028/7 [M] strike force | force d'intervention | قوة ضاربة، صفوة جند†

NQṢ

v.inf. *hnqṣn* C 599/1, *hqṣn* YM 281/2 [J] cede, concede | céder, concéder | نزل عن، تنازل عن، تخلّى عن

n. *mqṣ-m* R 4230C/2, NNAG 11/34 loss, damage | perte, dommage | خسارة، تَلَف

NQZ

v. *nqz̲* C 20/2 (*ʿs*^{1}*ʾw/w—*) &c [C] excavate, dig *grave &c* | creuser *une tombe &c* | حفر (قبراً، الخ)

NS^{1}*ʾ*

v.p. *ns*^{1}*ʾ* C 547/7 defer, postpone | remettre à plus tard, postposer | نسأ، أخّر، أجّل

NS^{1}*L*

n. *ns*^{1}*l* R 4176/6 offspring *of animal* | progéniture *d'animal* | نسل ~ ذرية (حيوانات)

NS^{1}*R*

prep. *ns*^{1}*r*, *ns*^{1}*rn*, *bn/ns*^{1}*r*, *bn/ns*^{1}*rn* towards, in the direction of | vers, en direction de | نَحْوَ، صَوْبَ

NS^{2}*ʾ*

v. *ns*^{2}*ʾ* R 3945/14, imp. *yns*^{2}*ʾ* R 3945/2 arise, take action | se manifester, agir | قام بعمل

v. *ns*^{2}*ʾ* R 3958/2 [AC] build up, raise *e.g. terrace-field* | élever ~ édifier *p. ex. un champ en terrasses* | أنشأ ~ رفع (حقلاً مدرّجاً); R 4176/7 [R] cause to depart, dismiss *pilgrims* | congédier *des pèlerins* | جعلَ (الحجيج) يُفِيض; Mafray Quṭra 1/1 ?raise taxes | lever des taxes | جبى ضرائبَ، فرض تكاليفَ {Mü} ≠ expel *fugitive* | expulser *un fugitif* | طرد ~ أخرج (فارًّا أو طريداً) {Bee Two Roots 29}?; imp. *ys*^{2}*ʾn* C 443/4 remove, take away *s.t.* | enlever ~ emporter *qqch* | أزال ~ رفع (شيئاً); imp.f. *tns*^{2}*ʾn* C 611/3, C 947/2, R 4815/3 [A] take out *water from canal* | prélever *l'eau d'un canal* | رفع ~ نزح ~ أخذ (ماءً من ساقية)

v. *ns*^{2}*ʾ* J 643/5, *tns*^{2}*ʾ* J 577/17 &c, imp. *ynts*^{2}*ʾn* Gl 1330/12, *yts*^{2}*ʾn* C 308/13, *ytns*^{2}*ʾn* E 14§4, E 18/11, inf. *tns*^{2}*ʾn* J 589/11 [M] *initiate hostilities*, wage *war* | ouvrir *les hostilités*, faire *la guerre* | أنشأ ~ أثار (قتالاً)، شنّ (حرباً)

n.coll. *ns*^{2}*ʾ-n* R 3951/2, C 648/2 [S] *social class* | *classe sociale* | (طبقة اجتماعية)

n. *mns*^{2}*ʾ* J 644/4 &c [M] *military* action, offensive | opération *militaire*, offensive |

عمل (حربي)، هجوم; R 3945/1, 14 [S] tribal assembly ~ gathering ~ levy | assemblée, rassemblement de la tribu; levée d'hommes | ندوة ~ اجتماع ~ جَمْع (قبيلةٍ)

n. *mns^{2}ʾ* C 603b/25 < >

NS^{2}Ṣ

ns^{2}ṣ R 3945/6 < >

****NS^{2}W***

n. *ms^{2}w-n* Ist 7687/2 ?libation-vase | vase à libation | ?إناء قربانٍ سائلٍ

NS^{3}F

v. *ns^{3}f* Gl 1177/3, Ra 14/2 destroy, scatter like dust | détruire, dissiper comme de la poussière | نسف، ذرا كالغبار

NS^{3}G

v. *ns^{3}g* R 4176/6 ?drive *game* / trap *with nets* | traquer *du gibier* / capturer *au filet* | ?طرد (الصيدَ) / صاد (بشِباك)

v. *hns^{3}g* {Mü Bronze 79} fit together | assembler *les pièces d'un objet* | ركّب ~ وضع الأجزاء بعضها على بعض

NS^{3}K

†n. *ns^{3}k* C 540/84 food rations | rations alimentaires | †حِصَص من الطعام، أرزاق

NS^{3}L

v. *hns^{3}l* C 323/2 cause, occasion *e.g. damage* | causer, occasionner *p. ex. des dégâts* | سبّب ~ أعقب (خراباً، مثلاً)

NS^{3}R

n. *mns^{3}rt* E 12§4, J 631/29 [M] vanguard detachment | détachement d'avant-garde | منسر ~ قطعة أمامية من الجيش

****NṢʿ*** → *MṢʿ*

NṢB

v. *nṣb* C 204/1 &c set up, place *a monument* | ériger ~ dresser *un monument* | نصب ~ أقام (نصباً)

n. *nṣb* M. Māriya/10 ?sharing out, apportionment *of labour* | répartition *des tâches* | ?تقاسُم ~ تناصُب (العملِ)

n. *nṣb* image *of person*; memorial stone | image *d'une personne*; mémorial en pierre | نُصْب؛ تمثال (إنسان)؛ حجر منصوب (تذكاراً)

n.p. *mnṣbt* F 127/2 [C] pillar | pilier | عمود، سارية

NṢF

v. *nṣf* N 74/3 [R] perform rites | exécuter les rites prescrits | أدى فرائض عبادة، أدى شعائر {JRy Him 1.93}

v. *tnṣf* J 564/11 &c [S] provide, perform service | fournir ~ exécuter des prestations | خدم، قام بخدمة، (ف : تنصف)

n. *mnṣf* M. Māriya/10 labour service | corvée | (ف : نصافة) خدمةُ عملٍ.

n. *mnṣf* Gl 1209/1, 6, p. *mnṣf* E 13§11, *mnṣft* R 4176/5 servant, servitor; temple personnel | serviteur; desservant, membre du personnel du temple | خادم. (ف : مَنْصَف)؛ سادن معبد

NṢḤ

†n. *nṣḥt* C 538/1 friendship | amitié | مودة خالصة. نصيحة†

n. *mnṣḥ* R 3951/4, p. *mnṣḥt* R 3951/3 [J] ?disposition, organization | disposition, organisation | ترتيب، تنظيم، تصريف?

NṢR

v.†imp. *yṣrn* Ry 508/10 {sic photo}†, inf. *nṣr* J 577/10, J 640/4 aid | venir en aide | نصرَ. ناصر. أمدَّ بعون؛ نصر، أعان; [M] provide support | prêter main-forte | نصرَ. ناصر. أمدَّ بعون

v.inf. *hnṣrn* C 308/20, *hnṣr-* Gl 1330/18, *hṣrn-* Gl 1225/5 gain the support of *s.o.* | obtenir l'appui *de qqn* | نال مناصرة (أحد)

v. s^1*tṣr* [M] summon to one's support | lancer un appel à l'aide | استنصر. استعان

n. *nṣr* aid, support, assistance, help | aide, appui, soutien, secours | نصْر. اعانة. عوْن

n.coll. *nṣr* J 577/11, J 647/22, †R 5085/9† [S] ?privileged adherents | partisans privilégiés | أنصار، أعوان مقربون {Bee Notes 12.69-71}? → *NẒR*

NṢT

v.imp.f. *tnṣt* ZI 22 prevail (*silence*) | régner (*silence*) | ساد (صَمْتٌ)

n. *nṣtt* ZI 22 silence, oblivion | silence, oubli | صمْت، سكوت، نسيان

***NṬ*ʿ I**

v.p. *tnṭʿw* E 18/8, inf. *nṭṭʿn* Gl 1330/17, *ṭṭʿn* C 308/19 rebel, raise an insurrection | entrer en rébellion, provoquer un soulèvement | عصى، ثار

n. *nṭʿ* F 119/12, C 294/3, C 351/10 enmity, infliction of harm | inimitié, action de causer du tort | عداوة، إيذاء

***NṬ*ʿ II**

n. *nṭʿ* J 555/4 [M] leather *for shields* | cuir *pour boucliers* | جلد (للتروس أو الدرقة)

***NṬ*ʿ III**

n. *nṭʿ* J 557, *nṭʿt* C 40/2 &c *type of building* | *sorte d'édifice* | (نوع من المباني)

***NṬ*ʿ IV**

v. *tnṭʿ* C 179/7, C 308/4 < >

s^1*tṭʿw* → *ṬWʿ*

NṬF

v. *hnṭf* Gl 1209/5 publish, make known | publier, faire connaître | أعلن، نشر

n. *nṭf* J 2848L/3 [R] offering | offrande | تقدمة، قربان

n. *mnṭft* C 460/8, C 464/8, C 465/4, *mṭft* C 460/6 [R] *type of altar ?for libations?* | *sorte d'autel ?à libations?* | (نوع من مذبح ؟لتقديم قربان سائل؟)

NṬS²

n. *nṭs²* C 548/10 ?disturbance of order | perturbation de l'ordre public | شغب، تعكير صفو، إزعاج {Ghul}?

****NWB***

v.p. *hnbw* J 560/13 take over, confiscate | s'emparer de, confisquer | نزع، صادر {Bee Warf}

****NWD***

n. *nd-n* E 28§2 wind | vent | ريح، (ي : نَوْد) {JRy Him 5.203}

****NWF***

v. *hnf-* R 4148/5, inf. *hnf* Ry 614/7 bestow *s.t.* on *s.o.* | accorder *qqch* à *qqn* | أنعم ~ تفضل (بشيء على أحد)

****NWH̠***

n. *mnh̠t* J 618/6 [A] ?basin | bassin | حَوْض {JRy Him 2.480}? → *NH̠Y*

NWḤ

†v.imp. *ynwḥn* Wellcome A 103664/b12 ?destroy | détruire | أتلف، دمّر، خرّب?†

n. *nḥt-m* J 650/32, J 2109/12 ?mourning, bereavement | deuil, perte | نياحة على ميت?

****NWQ***

n. *nqt* J 665/44 she-camel | chamelle | ناقة

****NWR***

v. *hnr* Ry 586/4 &c (—(-hw)/*btrḥ*) [R] ?offer *burnt offering* | offrir *un holocauste* | قرَّبَ (قربانَ محرقة) ≠ clothe *an image* | vêtir *une statue* | كسا (تمثالا أو صنماً) {Ghul}?

n. *mnrt* C 276/2 <   >

NWY

v.inf. *nwyn* NNAG 13 + 14/3 separate oneself from *s.o.* | se séparer de *qqn* | تناءى، نأى بنفسه (عن أحد) {JRy Inst 132 n. 13}

n. *nwy* Ry 443/2 [A] ditch | fossé | نُؤي، أخدود، خندق

n. *nwy* C 516/13, 21 <   >

n. *nw* J 2848y/10 (*s¹b²/wgwm/w—m*) ?environs | environs | نواح ، أطراف?

prep. *nwyt* R 3943/3 around, in the vicinity of | autour ~ dans le voisinage de | حول، في جوار، عند أطراف

NZ^c I

v. *nz^c* J 577/8 (—/*ydm*) withdraw *allegiance* | retirer *son allégeance* à *qqn* | نزع (ولاءً)

NZ^c II

v. *nz^c* J 616/20 [M] come to grips with *enemy* | en venir aux prises avec *l'ennemi* | نازع ~ جالد ~ ضارب (عدوًّا)

n. *nz*ᶜ R 4188/10 disputation, quarrel | dispute, querelle | نزاع، خصام

***NZḤ**

v.imp. *yhzḥ* R 4197bis/2 [A] ?provide irrigation | fournir l'irrigation | أَرْوَى، أستى، نزح ماءً للريّ ≠ √*ZḤḤ*?

NZL

†pp./n. *nzl-m Ry 509/6* descending / descent | *en* descendant / descente | نازِل / نزول†

***NẒM**

v.inf. *hẓmn* J 700/6, NNAG 15/4{sic} safeguard, deliver | sauvegarder, délivrer | حفظَ، نجّى

NẒR

v.inf. *nẓr* J 577/10 observe | observer | نظر. راقب، شاهد; J 662/12 (*lqrn/w*—) &c [M] watch over, protect | surveiller, protéger | نظر. راقب. حفظَ

n. *nẓr* N 22/8 evil eye | mauvais œil | اصابة بالعين. عين

n. *nẓr* C 352/14 protection | protection | نَظَرٌ. رعاية. حماية

n.coll. *nẓr* J 616/22, YMN 13/12{sic edd} &c, †Gr 11/1{sic photo}† [S] ?privileged adherents | membres privilégiés de l'entourage | نظراء. أقران (من الحاشية أو الأتباع) {Bee Notes 12.69-71}?

n. *mnẓr* Rob Ḫadara 4/3 < >

→ *NṢR*

Q

qb

v.inf. *tqbn* YM 386/6 ?vow | promettre par vœu | نذرَ? ?√?

QBḌ

†n.coll. *qbḍ* Ry 509/9, BR Yanbuq 47/6 [M] ?militia, gendarmerie | milice, gendarmerie | أعوان مسلحون، شرطة?†

n. *mqbḍt* C 947/2 < >

QBL

†v. *qbl* C 539/1 accept | accepter | قَبِل†

v. *qbl* C 604/2, YM 281/3, *hqbl* C 376/11 pay rent *for land* | payer *un fermage* | دفع أجراً (عن ارض)، تقبّل (أرضاً)

v. *qtbl* E 18/11, J 644/4, *s¹tqbl* J 762/4, *s¹tqb[l]* Gl 1365/12 raise *an insurrection*, provoke *a disturbance* | provoquer *un soulèvement*, créer *des troubles* | أثار (عصياناً)، هيّج (شغباً)

n. *qbl* Ḍulaᶜ 2/5, p. *mqblt* C 604/2, J 647/29 [A] leased, rented *crop*-land | terre *de cultures* louée à bail | أرض زراعية مؤجرة أو مستأجرة، أرض متقبلة

n. *qbl* YM 440/8 *some kind of calamity* | *une certaine calamité* | (نوع من النوازل أو النكبات)

n. *qblt* E 18/10, J 644/4, 13, Gl 1365/12 insurrection | insurrection, soulèvement | ثورة. عصيان

n. *qblt* C 439/2 ?< > ≠ *an aromatic* | *sorte d'aromate* | (نوع من الطيب)?

n. *mqbl* J 574/12 equivalent, *s.t.* corresponding | *qqch* d'équivalent ~ de correspondant | مقابل. مماثل. نظير

prep. *l-qbl* Gl 1532/2, Lu 11/2 in front of | en face de | أمام. قبالة; *l-qbly* J 788+671/24 during | durant, pendant | أثناء. خلال; *qbl-* C 605/2, *b-qbl* M. Māriya/11 before (*of time*) | avant | قَبْلَ

prep.& conj. *qbly*, *qbly/ḏ-*, *l-qbl*, *l-qbly*, *l-qbl/ḏ-*, *l-qbly/ḏ-*, *l-qbly/ḏt* because of / because | à cause de / parce que | بسبب. من قِبَل / لأنّ

QBR

n.f. *qbr*, p. *ʾqbr* Gl 1136/2 grave, tomb | tombe, tombeau | قبر

n. *mqbr*, p. *mqbrt* grave, tomb, burial place | tombe, tombeau, lieu de sépulture | مقبرة

v.inf./n. *qtbrn* C 619/3, *qtbr-m* YMN 1/5 be buried / burial | être enterré/inhumation | قُبِرَ. دُفِنَ / قَبْر. دَفْن

QDḤ

n. *mqdḥ* C 972, R 2740/7 [R] ?cup, vessel *for offerings* | coupe ~ récipient *pour des offrandes* | قدَح ~ إناء (للقرابين)?

QDM

v. *qdm*, *tqdm*, *qtdm* be in charge of *a job* | être responsable *d'une tâche* | تولى ~ اقتدم ~ تقدم (عملاً)

v. *qdm* J 665/9 [M] act as vanguard | servir d'avant-garde | تقدم. سبق. كان في الطليعة

v. *qdm*, *tqdm*, *qtdm* ST 1/6 [M] confront, do battle with (acc/*bʿm*) *s.o.* | affronter ~ combattre (acc/*bʿm*) *qqn* | قابل ~ واجه ~ عارك (أحداً)

v. *qdm* E 18/17 (—*nhmw*/.../*ʾbrq*/*ṣdqm*) {sic photo}, *hqdm* C 516/5, †C 541/48† send | envoyer | أرسل. قدّم

v. *tqdm* R 4646/15 [J] be presented for trial | être déféré à la justice | قُدّم لمحاكمة {Bee Notes 8.449}

n. *qdm*, p. *ʾqdm* [M] leader, commander | chef, commandant | قائد. مقدم. (ف : قدّام)

†n. *qdm-m* Gar NIS 4/8 ?firstborn | premier-né | بِكْر?†

n. *mqdm* R 4782/2 shoulder *of a beast* | épaule *d'un animal* | ذراع (حيوان) {Serj Hunt 31}

n. *mqdmt* J 576/8, 9, J 665/17, 18 [M] vanguard | avant-garde | مقدمة. طليعة

n. *tqdm* C 79/9, p. *tqdmt* J 586/8 &c [M] attack | attaque | تقدُّم. هجوم

n. *ln-qdm-m* J 745/5 previously | antérieurement | قديماً. من قبل

n. ʾ*qdm* †Gar ŠY/A4, C 541/113 [C] front part, façade | partie antérieure, façade | مقدّمة. واجهة أمامية†; Rob Maš 1/13 previous occurrence | instance antérieure | مرة سابقة. مرة متقدمة

a. *qdm* R 4646/19 &c, ʾ*qdm* Ry 548/6 former, previous | précédent, antérieur | قديم. سابق

a.f. *qdmt* C 547/14 forthcoming | futur | قادم. تالٍ. قابِل

prep. *qdm*, †*qdmy* C 541/40†, *b-qdm*, *b-qdmy* before (*time/place*) | avant, devant | قَبْل (زماناً / مكاناً)

QDR

n.p. ʾ*qdr* C 80/10 (ʾ*rbʿy/—m*) *x*-fold, *x*-times as much | *x*-uple; *x* fois autant | أضعاف. أمثال. مقادير. أقدار

n.p. ʾ*qdr* C 633bis/2 < >

QDS¹

†n./a. *qds¹* C 541/3 (*rḥ/[q]ds¹*), Ist 7608bis/1 ([*mn*]*fs¹/—*) [LW] holiness / holy | sainteté / saint | قداسة. قدسية / مقدس. قدوس†

†v. *qds¹* C 541/66, 117 [LW] celebrate the Liturgy in *a place* | célébrer la Liturgie en *un lieu* | قدّس ~ احتفل بقدّاس نصارى في (مكان) {Irv; Bee Notes 9.187}†

QḌB

n. *qḍb* J 700/12 stick, staff | bâton, gourdin | قضيب. عود. عصا

QFD

n.?p.? *mqfdt* R 4652/1 [C] foundation | fondations | أساس

QFL

v. *qfl* go home | rentrer chez soi, regagner son foyer | رجع (من غُربة). قَفَل; [M] return to base | regagner sa base | رجع الى القاعدة. قفل

QHL

n. *qhl* C 352/15 &c, *qhlt* C 973/6 [S] assembly, community | assemblée, communauté | اجتماع. مجمع. جماعة

QLB

v. *qlb* Alfieri 1/3 [A] till, turn over *soil prior to cultivation* | labourer ~ retourner *le sol avant sa mise en culture* | قلبَ (الأرضَ قبل زراعتها)

QLD

n. *mqld* R 4197bis/2, C 652/2, Rob Zāhir 1/2, p. *mqldt* Gl 1209/11, MAFRAY Balaq Ğanūbī 1/4 [AC] basin | bassin | حوض

QLḤ

n. *qlḥ* C 518/2 [C] raised water-channel | conduite d'eau surélevée | ساقية ماء مرفوعة {Dequin Jemen 136}

QLL

a. *qll* J 750/9, E 13§10, C 547/10 little, scanty | en petite quantité, peu abondant | قليل; f. *qllt* J 2109/10 (*ġyr*/—/*mwnn*) *not* deficient | *pas* insuffisant | (غير) قليل. (غير) ناقص

QLM I

n. *qlm* R 3853 ?Sab? calamus *aromatic* | *aromate* calamus | القلم (نوع من الطيب)

QLM II

n. *qlm* R 4230C/2, *qlmt* insect pest, ?locusts? | insecte nuisible ?sauterelles? | حشرة مؤذية. هامّة. ؟جراد؟ → *QML*

v. *hqlm* Sh 8§4 be ravaged (*land*) by insect pests | être ravagé par des insectes nuisibles (*pays*) | ابْتُلِيَتْ (أرضٌ) بحشرات مؤذية أو هوامّ

QLS^1

†n. *qls^1* Ry 507/4, 5 &c [LW] church | église | «القليس». كنيسة†

**QLY*

†n. *tqlt* Gar ŠY/A4 {sic Gar Note 2.295} [C] ?burning *of limestone for plaster* | calcination *du calcaire en vue de faire du plâtre* | حَرْق (الحجر لصنع الجير للملاط) {Bee Notes 10.423}?†

QM^c

v. *qm^c* overthrow *s.o./s.t.* | vaincre, renverser *qqn* ~ *qqch* | قمع ~ قهر (أحداً). ثلّ ~ أسقط (شيئًا)

QML

n. *qmlt* C 174/4 {sic Gl} insect pests, ?locusts? | insectes nuisibles, ?sauterelles? | حشرات مؤذية، هوامّ، ؟جراد؟ → *QLM*

QMM

n. *qmm* Gl 1209/13 summit | sommet | قِمّة

qmt

n. *qmt* J 558/5 *some kind of misfortune* | *un certain malheur* | (نوع من المصيبة أو الكارثة)

QN^c

v. *tqn^c* J 562/7, J 564/4 accept, consent *to an action on s.o.'s* (acc) *part* | accepter *d'agir en faveur de* (acc) *qqn* | قبِلَ ~ ارتضى (فعلَ أحدٍ)

v. *tqn^c* C 315/8 gain *s.o.'s* acceptance *for* (*l-*) *s.t.* | obtenir de *qqn* qu'il consente *à* (*l-*) *qqch* | نال قبول (أحدٍ لشيء)، حاز رضا (أحدٍ عن شيء)

n. *qn^c-m* J 643/10 ?persuasion, urging | persuasion, vive insistance | إقناع. حَثٌّ?

n. *mqn^c* F 80 ?adequate supplying | approvisionnement suffisant | زادٌ كافٍ {Irv}?

QNT

n. *qnt* C 603a/2 (—/*ḫlfn*), *qnt-m* C 603a/4 ?< > ≠ tax collector, overseer | percepteur ~ contrôleur *des taxes* | جابي ضريبة، ناظر، رقيب {Bee Notes 6.319}?

†n. *qntn* C 541/122 [LW] *measure of weight* | *mesure de poids* | (مقياس وزن)†

QNY

v. *qny*, f. *qnyt*, p. *qnyw*, d.f. *qnyty*, imp. *yqny*, *yqnyn*, p. *yqnynn*, *yqnn* J 2147/10 acquire | acquérir | اقتنى، حاز، أحرز; Mü 1/4 get *a child by* (*bn*) *a woman* | avoir *un enfant d'une* (*bn*) *femme* | رُزق (ولداً) ~ ولد له (من امرأة) (ولدٌ)

v.imp.p. *yqnynn* C 105/3 {sic}, v. *hqny*, f. *hqnyt*, d. *hqnyy*, d.f. *hqnytw* YM 441/1, p. *hqnyw*, *hqnw* ST 2/3, imp. *yhqnyn* C 336/9, f. *thqnyn* J 717/8 {JRy Him 2.498}, p. *yhqnynn* [R] offer, dedicate *s.t.* to (acc/*l*-, cf JRy Inscr Nami 106 n. 35) *a deity* | offrir ~ dédier *qqch* à (acc/*l*-, cf. JRy Inscr Nami 106 n. 35) *une divinité* | قدم ~ قرب ~ أهدى (شيئا) الى (اله)

n. *hqnyt*, ʾ*qnyt* C 95/3 (*d̲t*/—*n*) &c, C 343/12 (*d̲n*/—*n!*) {Bee St 1.94} [R] dedication | dédicace | تقدمة، قربان، هدية

n.s. coll. *qny*, *qnwy* R 4176/2, p. ʾ*qny* C 313/6 &c, *mqny* R 3958/13 possessions; cattle, livestock; slave | biens; bétail, cheptel; esclave | مال؛ ماشية، أنعام؛ عبد

qr

†v.imp. *yqr* Wellcome A 103664/b1 < >† ?√?

*QR*ʾ

v. *qr*ʾ C 581/9 ?order, command | ordonner, commander | أمَرَ?

v. *s*¹*tqr*ʾ C 976/3 &c ?be convened | être convoqué | اجتمع?

*QR*ʿ

v. *tqr*ʿ NNAG 12/8 (—/*s*¹*lṭm*) draw lots | tirer au sort | تقارع، اقترع، ضرب قرعة {JRy Mancie 269}

QRB

v. *qrb* be near; approach | être près; s'approcher | قرب، اقترب من; YM 392/15 be near *to* (*l*-) *s.o.* | être près de (*l*-) *qqn* | قرب ~ كان قريبا (من أحد); E App B 3/12 attend (*l*-) *a festival* | assister *à* (*l*-) *une fête* | حضر ~ شهد (عيدا); C 523/2, C̦ 533/3 approach *a woman* sexually | s'approcher sexuellement *d'une femme* | قرب (أمرأةً) لجماع

v. *qrb* J 649/28 &c [M] bring up *troops* | amener *des troupes* | قرّبَ، أحضر (جندا)

n. *qrb* YM 390/8, †C 540/6† proximity | proximité | قُرْب

†n. *qrbn* C 539/1 [LW] offering, sacrifice | offrande, sacrifice | قربان، أضحية†

n.f. *qrbnt* C 890/1 ?devotee | adepte (*d'une divinité*) | متقرِّب، متعبِّد?

†n.p. ʾ*qrbt* R 4157/4, Gl A 668/4 [S] ?ally | allié | قريب، حليف?†

a. *qrb* near | proche | قريب; †C 539/2 (ʿ*lmn*/—*n*) *the* present *world* | *le monde* présent | (العالم) القريب، هذه (الدنيا)†

QRḌ

n. *qrḍ* R 4183/1 [S] *title of functionary* | *titre de fonctionnaire* | (لقب صاحب منصب)

QRF

n. *qrf* C 614/2 ?*type of coin* | *sorte de numéraire* | (نوع من النقد)?

QRḤ

v. *qrḥ* Ashm 1057.17/5 inflict *wound* | causer *une blessure* | قرح ، قرّح ، جرح

n. *qrḥ* Ashm 1957.17/5 wound | blessure | قرْح ، جرْح

QRN

v. *qrn* [M] perform garrison duty; watch out for, be on guard against *enemy* | être en service de garnison; faire le guet ~ monter la garde contre *l'ennemi* | رابط . خدم في حامية ؛ راقب ~ ترقب (عدوا)

n. *qrn*, p. ʾ*qrn* J 660/17 [M] garrison; garrison duty; garrison troops; guard, military escort | garnison; service de garnison; troupe de garnison; garde (f.) ~ escorte militaire | رباط . حامية ؛ مرابطة ، خدمة في حامية ؛ مرابطون ، جند حامية ؛ حرس ، خفارة عسكرية

n.s./p. *mqrn-m* J 578/39, *mqrnt* ST 1/22, †Ry 508/8, J 1028/4, 8† [M] defence, guard | défense, garde (f.) | حماية ، حراسة ، دفاع

QRS²

n. *qrs²t*[.] R 4664/1, †d. *qrs²ty* BR Yanbuq 28/1† ?herdsman | berger | راعٍ?

QRS³

n. *qrs³-n* C 562/7 ?*sort of food* | *sorte d'aliment* | (نوع من الطعام)?

QRṢ

†n. *qrṣ* C 540/43 ram / sheep | bélier / mouton | كبش / رأس ضأن†

QRW

v.imp. *yqtrn* N 74/12 be punished | être puni | عوقب

v. *hqrw* C 19/5 (*qyfhw*/*ḏ*—/*bhgrn*/*mryb*) < >

n. *qrw* R 4194/4, *qrwt* R 4194/3 [A] ?channel opening out into basin | chenal s'élargissant en bassin | (ف : قَرْو) ، حوض ممدود مستطيل إلى جنب حوض ضخم يُفْرغ فيه من الحوض الضخم?

QRY

n. p. *qr* J 574/4 town *outside South Arabian culture area* | ville *en dehors de la sphère culturelle de l'Arabie du Sud* | قرية ~ بلدة ~ مدينة (واقعة خارج منطقة حضارة جنوب جزيرة العرب) (cf *qryt* n.pr.)

QS¹B

v. *qs¹b* F 120/6, 14, Baynūn 2/2, 4 do, commit damage | endommager, faire des dégâts | أتلف ، خرّب

n. *qs¹bt* F 120/6 damage | dégâts | تلف ، خراب

***QS¹D* I**

n.coll. *qs¹d* C 356/4 (ʾ*s¹dm*/*w*—*m*), R 3951/2 &c [S] *non-arms-bearing class* | *classe sociale ne portant pas les armes* | (فئة لا تحمل السلاح); N 19/6 (—/*t*ʾ*lb*), R 4176/2, 7 ?[R] pilgrims | pèlerins | حجّاج?

?→ *QS¹Ṭ*?

***QS¹D* II**

v. *qs¹d* J 577/8, †Ry 506/3, C 541/9⁺† rebel, revolt | se rebeller, se révolter | ثار. عصى

n. *qs¹dt* J 577/13, J 667A/8 rebellion | rébellion | ثورة. عصيان

†n./a. *qs¹d-m* Ry 510/5 rebellion / rebellious | rébellion / rebelle | عصيان. ثورة / عاصٍ. ثائر†

QS¹Ḥ

n. *qs¹ḥ* C 82/7 violence | violence | عنف. شدة. قسوة

QS¹M

n. *mqs¹m* C 548/2 (*ʾḫd/b—m*) ?oracular decision | décision oraculaire | حكم من مقسم. وحي {Mü} ≠ [J] collective oath | serment collectif | قسامة (أيمان يقسمها أولياء القتيل اذا ادعوا الدم) {Ghul}?

QS¹R

n. *mqs¹r* R 4583/2 &c ?[R] *person bound by religious vow* | *personne liée par un vœu religieux* | (إنسان ملزم بنذر ديني)?

QS¹S¹

†n. *qs¹s¹* C 541/67 [LW] *Christian* priest | prêtre *chrétien* | قسيس، قسّ (نصارى)†

***QS¹Ṭ* I**

n.coll. *qs¹ṭ* R 3945/10⁺, R 4134/2 [S] *class of ?smallholders?* | *classe de ?petits propriétaires?* | (فئة ؟من صغار ملاك الأرض؟)

?→ *QS¹D* I?

***QS¹Ṭ* II**

n. *qs¹ṭ* C 682 &c costus *aromatic* | *aromate* costus | القسط (عود ~ طيب)

QS²B

v. †*qs²b* Gar AY 9d/6†, *hqs²b* [C] build, construct, make | construire, édifier, faire | بنى. أنشأ. صنع; [A] bring under cultivation | mettre en culture | استصلح للفلاحة. فلح

n. *qs²bn* C 380/4, †*qs²bn-m* C 541/104† new construction | nouvelle construction | بناء قشيب، إنشاء جديد

a. *qs²b-m* C 448+Hakir 1/4 new | nouveau | قشيب، جديد

QS²Ḏ

n. *qs²ḏn* C 282/6 (*—/bbrq/dṯʾ*), C 282/9 *natural disaster consequent on storm* | *désastre naturel résultant d'une tempête* | (كارثة طبيعية ناشئة عن عاصفة)

QS²M

n. *qs²mt* C 308/9 [A] ?vegetable plot | lopin de culture potagère | مَبْقلة، موضع زراعة بقول أو خضار (ي : مقشمة)?

QS³M

n. *qs³m* R 4176/13, Gl 1446/4, *qs³mt* Gl 1379/6 ?portion, share | portion, part | قِسم، نصيب، سهم?

qṣ → *QYẒ*

***QṢ*ᶜ**

†v. *qṣ*ᶜ C 325/8 [C] bore *a tunnel* | percer *un tunnel* | نقب (نفقاً)†

n. *mqṣ*ᶜ Baynūn 1/2, Baynūn 2/3 tunnel | tunnel | نفقٌ

***QṢṢ* I**

v. *qṣṣ* Gar AY 6/2 [J] ?pay off *a debt* | régler *une dette* | سدّد ~ سوّى ~ قاصّ (دَيْناً)?

***QṢṢ* II**

†n. *qṣ* R 5085/7 (*gyrm/w—m*) cement; gypsum | ciment; pierre à plâtre, gypse | قِصّة، جِصّ، طين بشِيد†

QṢW

v.imperat. *tqṣw* R 4088/1 (—/ᶜ*brm*) avoid, keep away from | éviter, se tenir à distance de | باعد، جانبَ، قاصى

QTL

v. *qtl* kill | tuer | قتَلَ

QTR

n. *qtr* J 631/24 ?ambush | embuscade | كمين ≠ n.pr.?

QTW

n. *mqtwy*, *mqtw-n* J 673/1, †*mqtw* Ry 513/1, Ry 514,2†, d. *mqtwyy*, p. *mqtt*, *mqtwt* R 4220/2, J 2355/8, †Ry 509/8†; f.s. *mqtwyt* N 14/2, C 289/6 [S] steward, *title of personal assistant, deputy or administrator of king, qayl, tribe &c* | intendant, *titre d'un assistant ~ représentant ~ administrateur personnel d'un roi ~ d'un qayl ~ d'une tribu &c* | (ف : مقْتَوِ)، خازن، خادم (لقب خادم أو نائب أو مدبّر عند ملك أو قيل أو قبيلة); [M] marshal | lieutenant ~ officier supérieur *à différents échelons de la hiérarchie militaire* | أمير جند

QṬN

a./n. *qṭn* (*bhṭm/w—m*), Gl 1537/6 (*gddm/w—m*) ?small | petit | صغير ≠ native | indigène, natif du pays | مقيم، قاطن {Ghul}?

n.coll./s. *qṭnt* Gl 1142/9, Gl 1143/4, †C 541/124, 126† flock/head of small cattle | troupeau/tête de petit bétail | قطيع /رأس من الضأن والماعز

QṬR

n./v. *qṭr* C 948/5 <   >

n. *mqṭr*, p. *mqṭrt* Gl 1209/8 incense-altar | autel à parfums | مقطر ~ مقطرة ~ مجمرة (للبخور)

QṬT

v. *qṭṭ* Gl 1188/3 <   >

**QWḌ*

v.inf. *qṭḍ* E 13§5, J 616/14 [M] reduce *enemy* to submission | contraindre *l'ennemi* à se soumettre | كسر شوكة (عدوٍّ)، قهر (عدوًّا) {JRy Him 3.248 n. 2}

QWF

n. *hqwf* J 541/8 delimitation | délimitation | تحديد، وضع حدود، بيان حدود
→ *QYF*

QWḤ

v.p. *qḥw* C 566/2 (—/*mʾḫdn*), inf. *qḥ* Gr 1/4 [AC] plaster *a cistern* | plâtrer *une citerne* | جصّص (صهريجاً)، أصلح (حوضا) بطين أو ملاط

v. *hqwḥ*, *hqḥ*, inf. *hqḥn* NNAG 16/3 [C] complete satisfactorily, finish off; level, plaster | terminer de façon satisfaisante, parachever; égaliser, plâtrer | أتم، أنجز، أكمل؛ سوى، طلى بجص أو طين; [M] triumph *over* (*b-*) *enemy* | triompher *de* (*b-*) *l'ennemi* | فاز (على عدو)

v.p. *s¹tqḥw* Rob Umm Laylā 1/12 [C] complete satisfactorily | terminer de façon satisfaisante | أتم، أنجز، أكمل

v.inf. *s¹tqḥn* J 559/8, J 561/8, J 664/19 [M] achieve success, triumph | remporter un succès, triompher | أحرز نجاحا أو فوزا

n. *mqḥ*, p. *mqyḥ* C 448 + Hakir 1/4, M. Māriya/9, *mqyḥt* success | succès | نجاح; [M] triumph | triomphe | فوز; [C] completion, finishing off; plastering | achèvement, parachèvement; plâtrage | إتمام، إكمال، إنجاز؛ تجصيص، طلاء بالملاط
→ *QYḤ*

QWL

n. *qwl*, *qyl*, *ql*, p. *ʾqwl*, *†ʾql* Ry 507/1† [S] (post-archaic | après l'époque archaïque | (من ما بعد الحقبة القديمة الأولى) *member of the leading clan in a s²ʿb* | *membre du clan principal d'un s²ʿb* | قَوْل، قَيْل (أحد أفراد بيت رئاسة في شعب)

v.imp. *yqln* J 2867/10 be *qayl* over, exercise function of *qayl* | diriger en qualité de *qayl*, exercer les fonctions de *qayl* | صار قيلا على، تولى منصب قيل

n.p. *mqwl* J 577/17 residence of a *qayl* | résidence d'un *qayl* | مسكن قيل، مقر قيل

n.p. *mqwlt* J 647/27 services ~ duties of a *qayl* | service ~ fonctions de *qayl* | مسؤوليات ~ واجبات (قيل) {Bee Notes 9.198}
→ *NQL*

QWM

v. *qm* Gr 3/3, p. *qmw* Ry 613/2 <   >

v.imp. *yqwm* Gl 1520/4, inf. *qwm* J 633/7 [A] stand (*crops*), be planted | être sur pied (*récoltes*), être planté | قام ~ استوى (الزرعُ)، غُرِسَ، زُرِعَ; [M] direct, organize (*bʿm*) *troops* | diriger ~ encadrer (*bʿm*) *des troupes* | أدار ~ وجّه ~ نظّم (جنداً)

v. *qwm* R 4635/2, Gl 1521/1, imp. *yqmn* C 570/9, C 588/4, R 4123/1 [C] erect | ériger | أقام، نصب; [J] establish, decree *an ordinance*; attest, witness *a document* | prendre *un arrêté*; authentifier *un acte* par témoignage | أقام ~ سنّ (قانوناً أو حكماً)؛ صدّق على ~ أشهد على (وثيقة)

v. *hqm*, †p. *hqmw* C 537+R 4919/8†, inf. *hqmn* R 4646/16 erect, establish | ériger, établir | أقام، أنشأ; [J] pay *reparation* | payer *à titre de réparation* | دفع (تعويضاً) {Bee Notes 8.449}

v.p. *tqwmw* F 76/7 [J] attest, witness *document* | authentifier *un acte* par témoignage | صدّق على ~ أشهد على (وثيقة)

n.p. *qwm* Gl 1701/5 (*s¹bʿt/—m*) locality | endroit | محل. مكان، موضع

n. *mqm* Rob Maš 1/12 (*b—n*) *on the* spot, immediately | *sur le* champ, immédiatement | مكانَه، فوراً، لوقته، عندها; J 633/6 [M] post, posting, position | poste, affectation, position | موقع عسكر، موضع مرابطة. إرسال عسكر الى موقع؟

n. *mqm*, p. *mqmt*, *mqymt* might, power, authority; *material* resources | puissance, pouvoir; ressources *matérielles* | مقام، قوة، قدرة، سلطة؛ قدرة ~ موارد (مادية); *ḏ-mqmt-n* J 702/6 person in authority | préposé | ذو مقام، صاحب سلطة

QYḌ

v. *qyḍ* C 570/2, inf. *qyḍ* C 570/4, v.p. *tqyḍw* Gr 3/3, v.inf. *s¹ tqḍn* R 3910/2 [J] barter, exchange, acquire | troquer, échanger, acquérir | قايض، بادل، عاوض

n.p. *ʾqyḍ* C 11/2, R 3910/2 property *in goods/land* | propriété *mobilière* ~ *foncière* | مال (من بضاعة / أرض)

QYF

n. *qyf*, *qf* J 541/7, Gl 1520/2, 3, *mqf*, p. *ʾqyf* Ry 591/1, *mqyft* DJE 21/2 stela; boundary stone; cult-stone *of any kind* | stèle; borne; pierre cultuelle *de tout genre* | نُصب؛ حجر حد؛ حجر له علاقة بعبادة (مهما كان نوعها)

v. *qyf*, *qf*, p. *qyfw* NNAG 19/1, *qfw* R 4636/4, Gl 934+933, Gl 1721/1, *qf-* C 393/2 &c, imp.p. *yqfnn* Gl 1142/6 set up *a qyf* | ériger un *qyf* | أقام ~ نصب («قيفاً»)

n. *mhqft-n* C 904 <   >

→ *QWF*

QYḤ

v.inf. *qyḥ* Ko 4/4 (*brʾw/w—/bʾry*) [C] finish off, plaster *well* | parachever, plâtrer *un puits* | أنجز، أكمل، طيّنَ، جصّص (بئرا)

→ *QWḤ*

QYL

n. *qyl* → *QWL*

†a. *qyly-m* Ist 7608bis/4 belonging to a *qayl* | appartenant à un *qayl* | قيلي، منسوب الى قيل†

QYN

n. *qyn*, p. *'qyn* Gl 1533/2^{+} (—/*ṣrwḥ*) [S] *title of an administrative official*, factor | *titre d'un fonctionnaire d'administration*, agent | (لقب مسؤول اداري) ، وكيل

QYṢ → *QYẒ*

QYW

v.p. *qyww* E 32/14 wait | attendre | انتظر {Mü Ende 237}

QYẒ

n. *qyẓ*, *qṣ* J 594/10 summer season; summer crops | saison d'été; récoltes d'été | قيظ ، موسم القيظ ؛ غلال قيظ

n.p. *mqyẓ* E 26§2 &c [A] land growing summer crops | terre qui produit des récoltes d'été | أرض تنبت محصولات قيظ

QẒ'

n. *qẓ't* F 90/1 < >

R

r' → ***R'Y***

R'B

v. *hr'b* R 3910/7, C 291/9, F 55/6 [J] make a contract | conclure un contrat | تعاقد ، عمل عقدا

v. *s^1tr'b* Gar AY 6/3 [J] ?demand fulfilment of contract | exiger l'exécution d'un contrat | ?طلب إيفاءً بعقد

n. *r'b* Lu 22/1 (—/*mlkn*) [S] *title of functionary* | *titre de fonctionnaire* | (لقب صاحب منصب)

R'S¹

n. *r's^1*, p. *'r's^1* head; top; chief person | tête; sommet; personnage principal | رأس ؛ قمة ؛ رئيس; R 3951/4 self, person | *lui*-même, *sa propre* personne | ذات ~ نفس ~ شخص ~ رأس (الانسان)

n.p. *mr's^1* chief, principal personage | chef, personnage principal | رئيس ، شخص مقدّم

R'S²

v. *hr's^2* C 400/1, C 600/4, R 3910/7, *s^1tr's^2* C 607/2 [J] *engage in some type of commercial transaction* | *se livrer à une certaine opération commerciale* | (اشتغل بنوع من المعاملات التجارية)

R'Y

v. *r'* C 74/17, p. *r'yw* C 282/10, †C 541/73† see | voir | رأى

v.imp. *yr'yn̲* J 570/5 &c, inf. *r'y* Ham 9/5, MNAO 1/5, v. *hr'y* show *to s.o.* | faire voir à *qqn* | أرى (أحداً)

v.imp. [*y*]*rt*ʾ*yn* C 140/13 be manifested | se manifester | ظهر . تبدّى . تراءى

n. *hr*ʾ*yt* C 357/10, R 4052/4, E 15§1 oracular vision | vision oraculaire | رؤيا (بفأل أو استخارة)

partic. *r*ʾ, *r*ʾ/*k*- behold, indeed, in fact | voici!, de fait, en fait | إذا (الفجائية) ؛ فعلًا

R*ʿ*G

v. *hr*ʿ*g* {sic edd} J 735/13 [A] fill *with rainwater* | remplir d'*eau de pluie* | ملأ (بماء المطر)

R*ʿ*L

n. *r*ʿ*lt* R 4760A/2 < >

R*ʿ*W

n.p. ʾ*r*ʿ*w* C 553+554/1 < >

R*ʿ*Y

v.imp.d. *yrt*ʿ*nn* J 745/10 graze, pasture (*beasts*) | brouter, paître (*animaux*) | رعى ~ ارتعى (بهائمُ)

v. *rt*ʿ- Ham 9/10 [J] favour, protect *in a lawsuit* | favoriser ~ protéger *dans un procès* | حابى ~ راعى (في دعوى قضائية)

n. *r*ʿ*y* Gl 1142/7 herdsman | berger | راعٍ

†n. *r*ʿ*yn* F 74/6 guidance, assistance | direction, assistance | †رعاية. ارشاد. عون

n. *mr*ʿ*yt*, p. *mr*ʿ*y* R 3945/8, C 546/11, *mr*ʿ*t* Gl 1142/8 pastureground | pâturage | مرعى

R*ʿ*Ẓ

†v. *hr*ʿ*ẓ* C 540/67, 70 issue *a command* | donner *un ordre* | †أصدر (أمرا)

n. *r*ʿ*ẓ* command, authority | commandement, pouvoir | إمْرَة. سلطة

n. *mr*ʿ*ẓ* R 3960/5, [R 3895/5] command, directive | ordre, directive | أمر. توجيه

***RB*ʿ I**

n.?coll.? *rb*ʿ (—*n*/*d*ʿ*mrn*, —*n*/*ḏrydt*, —*n*/*ds*²*bmm*) residence/residents | résidence/résidents | ربع . مسكن / سكّان. منزل / نزلاء {Bee Notes 9.189}

n.p. ʾ*rb*ʿ*w* J 650/2, 24, E 19§1, E 22§1 [S] ?townsfolk | citadins | أهل بلد {Bee Notes 9.190}?

n.d. ʾ*rb*ʿ-*nhn* R 3951/7, J 556 ?group of townsfolk | groupe dans la population urbaine | جماعة من أهل بلد {Bee Notes 9.190} ≠ n.pr.?

***RB*ʿ II**

n. ʾ*rb*ʿ, ʾ*rb*ʿ*t* four | quatre | أربع ، أربعة ; ʾ*rb*ʿ*y* forty | quarante | أربعون

n. *rb*ʿ one-fourth, quarter | quart | رُبْع . جزء من أربعة

n. *rb*ʿ C 562/4 (*bḏbḥ*/—*m*) [R] ?four year old *victim* | *victime* âgée de quatre ans | أضحية عمرها أربع سنوات?

n. *rb*ʿ (—*n*, —*hmw*) [R] *tutelary deity as quarter moon* | *divinité tutelaire: quartier de lune* | (معبود راعٍ (الجماعة) في صورة قمر في ربع الشهر)

a. *rbʿ* fourth | quatrième | رابع

v. *trbʿ* J 586/23 allot a quarter-share of booty to *king* | allouer *au roi* le quart du butin | جعل (للملكِ) المرباع. قسم (للملكِ) ربع الغنيمة {Bee Warf 14-15}

†n. *rbʿt* C 325/1, Gar ŠY/A5, B2 [C] ?square-hewn stone | pierre équarrie | حجر مربع?†

RBB

v. *rb* Gl 1143/1 own, possess | posséder | ملك. حاز

v. *hrbb* J 716/6 ?seize | saisir | استحوذ على. استولى على ≠ bring up *a fosterchild* | élever *un enfant adoptif* | أرَبَّ ~ ربّى (ولداً) ربيباً {E *Tārīẖ* 103}?

†n. *rb-yhd* C 543/2, *rb-hwd* Ry 515/5, *rb-hd* J 1028/12 [LW] Lord *of the Jews* | Seigneur *des juifs* | ارب يهود. رب اليهود†

n. *rb-m* R 2740/7 *measure of capacity* | *mesure de capacité* | (مكيال)

n. *rbb* C 308/24 hostage | otage | رهينة

n.p. *ʾrbbw* R 4176/12 [S] protegee, person under protection | personne sous protection | ربيب نعمة. صنيعة

RBḌ

v. *rbḍ* Gl 1142/12 grant grazing rights | accorder des droits de pacage | أرعى. منح حقوق رعي {Bee Taʾlab 154}

n. *mrbḍ* Gl 1142/7, 10 grazing-ground | pâturage | أرض مرعى

a. *mhrbḍ* J 650/13 (*mlym*/—*m*) favourable *season for crops* | *saison* favorable *pour les récoltes* | موافق. مُواتٍ (نعتاً لموسم غلال)

RBẖ

n. *rbẖ* C 544/5 (—/*ʾfs¹hmy*/*bhmt*/*ʾwldn*), J 633/14 (*b*—/*wḥyw*/*bn*/*hwt*/*ḥlẓn*) comfort, revival; survival | réconfort, action de reprendre vie; survie | راحة. استجمام؛ بقاء. سلامة

RBḤ

v. *hrbḥ* Rob Kāniṭ 4/3 [J] ?pay interest | payer des intérêts | ربّح ~ دفع ربحاً أو فائدة (على مال) ≠ make a profit | faire du bénéfice | رَبِح {Bee Notes 12.71}?

n. *rbḥ* Gl 1200/7, Gl 1572/2, Gar AY 6/2 profit, interest | bénéfice, intérêt | رِبْح

?*rbnḥt*(!)? Gl 1547/8 < >

RBQ

v. *hrbq* C 429/6, *rtbq* R 4730/2 ?conspire against *s.o.* | conspirer contre *qqn* | تآمر على (أحد)?

RBW

v.imp. *yrbwn* R 4646/18 farm, cultivate *land* | cultiver *la terre* | ازدرع ~ افتلح (أرضاً) {JRy Him 1.98 n. 28}

RDʾ

v. *hrdʾ* help, assist, support | aider, assister, soutenir | ردأ. أعان. ساند

n. *rd*ʾ, *trd*ʾ Ra 14/6 help, assistance, aid | aide, assistance, secours | رِدْء. عون. مساندة

n.p. ʾ*rd*ʾ VL 25/4 helper | aide (m.) | رِدْء. عَوْن. معين. ناصر

†n. *mrd*ʾ R 5094/4 help / helper | aide (f./m.) | †عَوْن. مساندة / عَوْن. معين

RDY

n. *rdy* C 603c/1 [J] < >

n.p. *rdyt* Gl 1547/2 [J] ?financial obligation | obligation financière | ?التزام مالي

***RḌ*ʿ**

v. *rḍ*ʿ R 3945/13 massacre | massacre | ذَبّح

RḌḤ

v. *rtḍḥ* R 3884/5, J 575/5 [M] engage in pitched battle | se lancer dans une bataille rangée | حارب في موقعة

v. *rḍḥ* J 647/15 < >

RḌW/RḌY

v.imp. *yrḍwn* J 691/10, †*yrḍyn* Ry 507/9†, v. *hrḍw*, *hrḍy*, *hrḍ* C 407/26, C 365/5, imp. *yhrḍwn*, *yhrḍyn* please, satisfy, content *s.o.* | plaire à *qqn*; satisfaire ~ contenter *qqn* | أرضَى (أحداً)

n. *rḍw*, *rḍy*, *rḍwn* C 28/6 (—/ʾ*lbbhmw*) goodwill, satisfaction, good pleasure | bienveillance, satisfaction, bon plaisir | رِضىً. رضوان

n. *mrḍ* R 4176/13 ?favour, concession | faveur, concession | ?مرضاة. فضل. نعمة

a.p. *rḍy-m* good *coin* | *monnaie* de bon aloi | (نقد) جيد ~ رضيّ

†?a./n.? *mrḍy-m* C 539/4, *mrḍyt-m* J 544/4 approved, satisfactory / approval, satisfaction | approuvé, satisfaisant / approbation, satisfaction | مرضي. مرتضى / †مرضاة. رِضىً

***RF*ʾ**

v. *rf*ʾ J 700/16 safeguard | protection | حفظ. صان

RFD

v. *rfd* C 588b/3 < >

†n. *rfd* F 74/9, 10 help, assistance | aide, assistance | †رِفْد. عَوْن

n. *rfd* C 643/1, R 3911/2, Rob Kāniṭ 20/1, p. *rfdt* C 40/3, ʾ*rfd* C 308/6 [C] supporting wall, buttress *of house* | mur de soutènement ~ contrefort *d'une maison* | طَيّ ~ | revêtement *d'un m*ʾ*ḥd* | ?revetment *of a m*ʾ*ḥd* :[AC] جدار استنادي. دعامة بارزة ≠ subsidiary canal | canal secondaire | قناة ثانوية. ساقية صغرى. تجدير (حوض) {Irv} {Ghul}?

n. *rfd* BR M. Bayḥān 1/5 *votive object* | *objet votif* | (شيء وفاءً بنذر)

RFQ

n. *rfq* Gl 1376/8, *rfqt* R 4199/2 < >

RGL

n.f. *rgl* foot, leg | pied, jambe | رجل. قَدَم

n.p. *rgl* J 665/24, *ʾrgl* C 375/2, J 576/14 [Ḿ] unmounted soldier | fantassin | جندي، راجل

n.coll. *rgl* J 577/5, Rob Maš 1/3 (*qs¹dhmw/w—hmw/wʾdmhmw*), [.]*rglt* N 15/2 [S] ?*armsbearing class* | *classe portant les armes* | (حملة السلاح من الرجال)?

n. *rgly* J 566/1 (—/*mlkn*) [M] ?runner, orderly | messager, ordonnance | ساعٍ. خادم?

a. *rgl-m* J 577/5 on foot | à pied | راجلاً، على رجله. على قدمه

RĠM

n. *rġm* C 352/16, YM 441/3, 4 illwill, disfavour, spite | malveillance, défaveur, rancune | رُغم. كره. كراهية. نقمة

RHN

†v. *rhn* Ry 506/7, 8, C 541/52 give pledges ~ guarantees *of loyalty* | fournir des gages ~ des garanties *de loyalisme* | †أعطى رهوناً ~ أعطى ضمانات (على ولاء)

†n.p. *rhn* Ry 507/6, 7 pledge, guarantee *of loyalty*, hostage | gage ~ garantie *de loyalisme*; otage | †رَهْن ~ ضمان (ولاء). رهينة

RHṬ

†n.p. *ʾrhṭ* B. Ašwal 1/5 [S] family member | membre de la famille | رجل من اهل †بيت، واحد من أسرة أو رهط

RḤB

v. *hrḥb* N 28/4 [C] enlarge | agrandir | أرحب . وسّع

†n. *rḥb* C 541/109 breadth | largeur | †رحب، سعة، عرض

n. *rḥbt* ?rural area *around town*; open space *for assemblies* | région rurale *entourant une ville*; espace ouvert *pour les assemblées* | رحبة، منطقة ريفية (حول مدينة)، ساحة ≠ n.pr.?

?n./a.? *rḥyb-m* R 4229/6 ?ample | vaste | رحب، واسع ≠ n.pr.?

***RḤḌ* I**

v. *rḥḍ* Rob Maš 1/6, 11 wash | laver | رَحَضَ، غسلَ

***RḤḌ* II**

n. *mrḥḍ-n* J 576/9 ?open country | campagne | أرض خلاء {Bee Warf} ≠ n.pr.?

RḤL

n. *rḥl* J 649/40, J 651/27, J 665/39 equipment (e.g. *saddle &c*) | harnachement | رحل، جهاز (مثل سرج الخ)

RḤM

†v. *rḥm* Ry 508/11 (—*k*, 2ᵉ pers.), *trḥm* C 926/4, Ry 508/11, Ry 513/3 be merciful | être miséricordieux | †رَحِمَ

†n. *rḥmt* C 541/1 mercy | miséricorde | رحمة†

†a. *mtrḥm-n* F 74/3 (*rḥmnn*/—) merciful | miséricordieux | رحيم، مترحم†

RḤQ

v. *rḥq* be distant | être éloigné | بعُدَ، نأى

a. *rḥq-m* far, distant | lointain, éloigné | بعيد، ناءٍ

RḤS³

v. *rḥs³* C 428/2 [R] ?offer *libation* | offrir *une libation* | قرَّبَ (قرباناً سائلاً)?

RKB

v. *rkb* J 745/7, 9 ride | monter *un animal* | ركِبَ

n.f.p. *rkb* riding camel | chameau de selle | راحلة، ركوبة، بعير ~ ناقة ركوب

n. *rkb*, p. *rkb*, *rkbt* J 715/2, E 32/17 rider, mounted soldier | cavalier/méhariste, soldat monté | راكب، جندي راكبٌ بعيراً ~ ناقة

RMḤ

n. *rmḥ* Gl 1376/6, Ist 7617/1 ?lance | lance | رمح?

RML

n. *rml* Māriya 1/3 (*tḥẓt*/*w*—/*s¹qfhmw*) [C] ?building sand | sable de construction | رمل (للبناء) ≠ favourable omen from geomancy | présage géomantique favorable | اشارة فأل حسن من علم ~ خط الرمل?

RMY

v.imp.?f.p.? *yrmyn* J 539/4 ?run towards | aller ~ tendre vers (*limite*) | جرى نحو {Bee Notes 12.61-3} ≠ → *RYM*?

a. *rmy-m* R 4772/4 [J] *money* paid on the spot, in cash | *argent* payé comptant ~ en espèces | (مالٌ) يدفع حالا، (نقدٌ) حاضر

RND

n. *rnd* C 682 &c *type of aromatic* | *sorte d'aromate* | رند (نوع من الطيب)

rq

v.imp. *yrqn* C 588a/6 (*d*ʾ*l*/—) <   >   ?→ *RQY*?

RQD

†v. *rqd* Ry 509/4 traverse *a defile* | franchir *un défilé* | قطَعَ (ممراً ضيقاً)†

†n. *mrqd* Ry 509/4 defile *between rocks*/*mountains* | défilé *entre des rochers*/*montagnes* | ممر ضيق (بين صخور / جبال)†

***RQY* I**

v.p. *rqyw* J 665/16 go up, ascend | monter, s'élever | رقي، صعد

******RQY* II**

n.f.p. *rqt* J 735/9 female magician | magicienne | راقية، ساحرة

RS¹L

†n.p. *rs¹l* C 541/90, 91 [?LW?] messenger, envoy | messager, envoyé | رسول†

***RS^{1}S^1**

v. *hrs*^{1} C 375/2, R 3951/4; v.p. *s*^{1}*trs*^{1}*w* J 561bis/9 (*kl*/ʾ*brt*/*bhmw*/—/*b*ʾ*ḏrr*) [M] perform *military* service | servir *comme soldat* | أدّى خدمةً (عسكرية)

rs*^{1}*t

†n. *rs*^{1}*ty* C 925/2 < >†

RS^{1}Y

pp.f.p. *rws*^{1}*y* C 352/5 (ʾʾ*rḫ*/—/*b*ʿ*lyhw*) lie heavy *on s.o.* | accabler *qqn* (événement) | رسا ~ ثَقُلَ (على أحد)

RS^{2}D

v. *rs*^{2}*d* F 76/7 [J] give legal effect to | donner une sanction légale à | صدّق; ?v.? [.]*rs*^{2}*d* C 398/10 ?inflict correction on | infliger une correction à | فرض تقويمًا على، قَوَّم?

n. *rs*^{2}*d* R 3957/7 ?*penal* correction | correction *pénale* | تقويم (عِقاباً)?

RS^{2}W/RS^{2}Y

n. *rs*^{2}*w*, p. ʾ*rs*^{2}*w* C 41/1, ʾ*rs*^{2}*wt* R 4176/12, C 563+956/4, ʾ*rs*^{2}*ww* C 548/5, Gl A 704/2 [R] *title of holder of a religious function* | *titre du détenteur d'une fonction religieuse* | (لقب صاحب منصب ديني)

n. *rs*^{2}*wt*, p. *rs*^{2}*wt* J 2848 ad 3,4 [R] office/term of office of *rs*^{2}*w* | fonction/durée de fonction de *rs*^{2}*w* | منصب/فترة ولاية «رشو»

v. *rs*^{2}*w* [R] serve as *rs*^{2}*w* | remplir la fonction de *rs*^{2}*w* | عمِل عمَل «رشو»

v. *rs*^{2}*w* C 607/4 (—/*ḏn*/*wtfn*) [J] ?make a grant *of s.t.* | faire donation *de qqch* | وهب، منح (شيئاً)?

v. *hrs*^{2}*w* R 3943/4 ?appoint as *rs*^{2}*w* | nommer à la fonction de *rs*^{2}*w* | عيّن في منصب «رشو»?

n. *rs*^{2}*y* R 4782/3 (*bdltn*/*w*—*n*) [R] ?offering | offrande | تقدمة; Condé Nordschleuse/2 ?offering | offrande | تقدمة ≠ year of office of *rs*^{2}*w* | année de fonction d'un *rs*^{2}*w* | عام تولي منصب «رشو»?

n. *rs*^{2}*y-m* J 702/4 < >

n. *rs*^{2}*yt* J 718/9 < >

n.p. *mrs*^{2}*w-m* R 3943/3 ?sanctuary | sanctuaire | حَرَم?

RS^3^{c}

v. *rs*^{3}^{c} YMN 1/2, YMN 11/1 construct | construire | أنشا، بنى

RṢD

v. *rṣd* BR M. Bayḥān 5/6 [M] watch, keep an eye on | guetter, surveiller | رصد، رقب، راقب

rt → *RWT*/*RYT*

RT^c

v. *rt*^{c} J 658/11 &c [M] post, station *troops*, *guards* | poster *des gardes*, munir *d'une garnison* | رتّب، وضع (جنداً أو حرساً)

v. *rtʿ* R 4176/4, 12 ?reach, extend to, adjoin | atteindre, s'étendre jusqu'à, jouxter | ?بلغ، وصل، امتد الى

n. *rttʿ-m* Gl 1628/3 [J] directive | directive | أَمْر، توجيه

ṇ. *mrtʿ* R 4176/8 ?extent, sum total | étendue, total | ?مبلغ

→ *RʿY*

RTB

n. *mrtb* C 520/4 ?regular due, regular cult act | *ce qui est* régulièrement dû, acte régulier du culte | ?فريضة ثابتة؛ عبادة مُطَّرِدة

RTḤ → *RZḤ*

RṮD

v. *rṯd, hrṯd* C 448+Hakir 1/6 &c commit, entrust *s.o./s.t. to the protection of a deity* | confier *qqn ~ qqch à la protection d'une divinité* | جعل ~ وضع (احداً / شيئاً) (في حماية اله)

v. *rtṯd* J 572/8, J 586/10, J 716/11 take under one's protection | prendre sous sa protection | جعل في حمايته، وضع في حمايته

n. *mrṯd* R 4998/1 &c protegee *of a deity* | protégé *d'une divinité* | جارٌ ~ شخص في حمايةِ ~ صنيعة (إلَهٍ)

n. *mrṯd* C 588b/7 <   >

RWḌ

n. *mrwḍ* R 4922/3 size, dimension | taille, dimensions | حجم، بُعْد

RWḤ I

v. *hrwḥ* increase, extend, enlarge *boundaries &c* | augmenter ~ étendre ~ agrandir *des limites &c* | زاد ~ مدَّ ~ وسَّعَ (حدوداً الخ)

n. *hrwḥt* C 610/1 enlargement | agrandissement | توسيع، تكبير

***RWḤ II**

†n. *rḥ* C 541/3 [LW] *Holy* Spirit | *le Saint*-Esprit | †روح (القدس)

RWS^3

n.p. *mrws^{3}t* Ry 613/5 <   >

RWT/RYT

n. *rwt* R 4123/1, *ryt* J 564/10 [J] ?decision, discretion | décision, pouvoir discrétionnaire | ?رأي، اختيار

n. *rt* Gl 1573/2 (*b-rt-m*), Gl 1573/4 (*hyt/rt-n/rt/ḫrf/ʾbkrb*) [J] outstanding ~ deferred obligation | obligation permanente ~ différée | التزام غير مسدّد، التزام مؤجل {Mü ZDMG 127(1977).127}

RWY

v.imp. *yhrwy[n]* R 4781/3 [A] provide a water-supply | alimenter en eau | استقى، روّى، سقى، زوّد بماء

v.inf. *trwyn* Sh 32/15 replenish one's water-supplies | se réapprovisionner en eau | تروى، تزوّد بماء

n.p. *rwt* J 665/43 [M] ?beasts for transport of water | animaux pour transporter l'eau | روايا، دواب يستقى عليها?

n. *rwy-m* Gl A 773ab+798/2 [A] tank, cistern | réservoir, citerne | حوض، صهريج

n. *mrw*, *mryt* R 4513/3 [A] irrigation system | système d'irrigation | نظام ري، نظام سقاية

RYD

†v. *tryd* C 541/92 diminish, fall off, subside | diminuer, décroître | نقص، هبط†

†v. *tryd* R 4158/9 < >†

n. *ryd* Gl 1209/8, 12, F 72/4, R 4624/4 ?lower part | partie inférieure | جزء سفلي; shoulder *of a hill* | contrefort *d'une colline* | كتف (جبل)، (ف : ريد)?

RYM

v.imp.?d.? *yrmyn* J 539/4 ?be over, overlook | surplomber, dominer | أشرف على، أطل على ≠ → *RMY*?

v.p. *rymw* C 448+Hakir 1/2 [C] ?heighten *a wall* | rehausser *un mur* | رفع ~ أعلى (جداراً)?

v.inf. *rymn* J 2851/2 < >

†v.p. *trymw* C 596/8 [M] < >†

n. *rym-m* R 3946/5 (*ln*/*ẓwrm*/*w*—), J 557, †C 541/108† [C] height; *in* height, upwards | hauteur; *en* hauteur, vers le haut | علوّاً، صعوداً، الى أعلى

n. *rmt* C 660/4 (—/*hwr*) [A] ?upper end *of cistern* | extrémité supérieure *d'une citerne* | طرف أعلى (من حوض أو صهريج) ≠ stepway | volée de marches | دَرَج، (ف : ريم)?

n. *mrym* [C] ?roof-terrace | terrasse sur le toit | سطح بيت، (ف : ريم) {Mü Taʿizz 95}?

→ *ḎYR*

RYS³

v. *rys³* R 3910/1, R 4646/1 [J] decree | décréter | أمر، رسمَ

v.imp. *yrys³n* Ra 42/3+ ?be proved | s'avérer | ثبت، تبين {Bee Notes 10.419}?

RYT → *RWT*/*RYT*

RZʾ

†v. *rzʾ* C 540/36, 82, C 541/115 expend | dépenser | أنفق†

n. *rzʾ* C 548/13, *trzʾ* C 546/5 expenditure | dépense | نفقة

RZḤ

†n. *rzḥ* {sic Mü} Gar ŠY/A11 [AC] ?settlement basin | bassin de décantation | حوض تصفية، مصفاة?†

RZM

n. *rzm* R 3951/3, p. *ʾrzm* R 3951/5, C 601/8 [J] ?land-tax, customary tribute | impôt foncier, tribut coutumier | ضريبة أرض، خراج، جزية?

RZY

†v. *hrzy* Ry 508/7 [M] ?provide support | prêter main-forte | قدّم عوناً، أمَدّ بعونٍ?†

S¹

s¹

†?prep.? *s¹-mlkn* C 541/78 {Sol Dique}, Ist 7608bis/6 {sic photo; GRy (ʾ)*mlkn*} ?to, towards | à, vers | نحو، الى ≠ n.pr. {Mü Abess 164}?

S¹ʾB

v. *s¹tʾb* Hakir 2/2 draw water | puiser de l'eau | نزح ماء، استقى ماء

S¹ʾL

v. *s¹ʾl* ask, request, demand, lay claim | demander, prier, exiger, revendiquer | طلب، ادّعى، طالب; *ʾl*/—, *ʾl*/*ʾs¹*/—, *ʾl*/*ḏ*—, *ʾl*/*hs¹ʾl* C 570/7 [J] *let no* claim be raised to; *let nobody* lay claim to | *qu'aucune* revendication *ne* soit émise *concernant*; *que personne ne* revendique | (لا) سؤالَ، (لا) ادعاءَ؛ (لا) يسألَنّ ~ (لا) يدعِيَنّ (أحد)

, v. *ts¹ʾl* C 80/3, Gr 28/4, *s¹tʾl* C 76/5 make request *from* (*bʿm*) *s.o.* | exiger *qqch de* (*bʿm*) *qqn* | سأل ~ استعطى ~ طلب مطلباً (من أحد)

v. *s¹ts¹ʾl* C 609/4 [J] ?put forward a request | formuler une exigence | قدّم مطلباً، تقدم بمسألة?

n. *s¹ʾl*, p. *s¹ʾwlt* C 601/7, C 609/5, 7 [J] claim, *financial* demand | revendication, exigence *financière* | ادّعاء، مطالبة (بمال)

n. *ms¹ʾl* [R] oracle; oracular response; oracular favour | oracle; réponse oraculaire; faveur oraculaire | وحي؛ جواب مُوحى؛ نعمة (نزلت) وَحيًا

S¹ʾR

v. *s¹ʾr* J 643bis/3, J 575/6, J 578/21 [M] survive *from an engagement* | réchapper *d'un combat* | نجا (من عراك)

n. *s¹ʾr* J 735/11 &c rest, remainder; other | reste, restant; autre | سؤر، بقية؛ سائر، مَنْ سوى

n. *s¹ʾrt* Mafray Quṭra 1/4 (—/*brṯm*/…/*ġyr*) any, every *place* … *other than* | tout *autre lieu* … *que* | كل (مكان غير); Rob Rayda 2/3 (—/*mḥrmn*) ?whole, all of | tout | جميع، كل، ≠ custom, practice | coutume, usage | عادة?; R 3910/7 ?additionally, besides | en plus, en outre | بالاضافة، الى جانب {Bee Notes 12.72}?

n. *s¹ʾrt* C 292/5 < >

S¹ʿD

v. *s¹ʿd* [R] grant, bestow *a favour* (*deity*) | accorder ~ octroyer *une faveur* (*divinité*) | أعطى ~ وهب (الهُ فضلاً أو نعمةً)

v. *hs*^{1}*ʿd* MAFY Ḫamir 1/2 (—*n/whs*^{2}*ʾmn/kl/ḫṣbm*) [J] cede, grant away | céder, concéder | نزل عن. تنازل عن. منح

n. *s*^{1}*ʿd* C 535/8 &c beneficence | bienfaisance | نعمى. معروف

†n. *s*^{1}*ʿdt* Gl 1440/6, 7 ?good fortune | bonne fortune | ?سعادة. سعد†

S^{1}ʿḌ

?v. *s*^{1}*ʿḍ*? J 586/24 < > ?leg. *ṣʿd*?

S^{1}ʿL

†n. *s*^{1}*ʿl* Ry 507/6 coughing | toux | سعال {Drewes Note 103}†

s^{1}ʿm

s^1*ʿm* C 603b/30 < >

S^{1}ʿS^{1}ʿ

n. *s*^{1}*ʿs*^{1}*ʿ* [A] summer season | saison d'été | فصل الصيف

S^{1}Bʾ

v. *s*^{1}*bʾ* carry out an undertaking, *e.g. military expedition, diplomatic mission, commercial journey, religious pilgrimage, work of construction* | exécuter une entreprise *p. ex. une expédition militaire ~ une mission diplomatique ~ un voyage commercial ~ un pèlerinage religieux ~ un ouvrage de construction* | أدّى ~ أنجز ~ قضى مهمة (مثلاً : حملة عسكريةً. بعثةً سياسيةً. رحلةَ تجارةٍ. حجًّا. بناءً); R 3910/5 [J] have the use ~ the disposal *of (bʿly) an animal* | avoir l'usage ~ disposer *d'un (bʿly) animal* | انتفع بـ ~ تصرف بـ (حيوان)

v. *s*^{1}*bʾ* F 30/1 [J] pay over *money* | verser *de l'argent* | دفع (مالاً)

v. *s*^{1}*bʾ* NNAG 12/17, 25 oblige, compel, constrain *s.o. to (l-) do s.t.* | obliger ~ forcer ~ contraindre *qqn à (l-) faire qqch* | ألزم ~ أجبر ~ اضطر (احدًا ان يفعل شيئا) {JRy Mancie 272}

v. *ts*^{1}*bʾ* Gl A 452/5 ?be compelled | être contraint | ?اضطُرَّ. أُلْزِمَ. أُجْبِرَ

†pp.p. *s*^{1}*bʾ* Ry 520/8 (—*m/ls*^{1}*m/rḥmnn*) militant *in God's cause* | militant *pour la cause de Dieu* | †محارب (في سبيل الله)

n. *s*^{1}*bʾy-n* C 84/3, YM 386/1, p. *ʾs*^{1}*bʾ-n* J 562/8 (—*/wʾqwln*) &c ?warrior | guerrier | محارب ≠ Sabaean | Sabéen | ?سبئي

n. *s*^{1}*bʾt*, p. *s*^{1}*bʾt*, *s*^{1}*byʾ*, *ʾs*^{1}*bʾt* E 13§13 (*ṯty/—n!*) expedition, undertaking, journey | expédition, entreprise, voyage | حملة، مهمة، رحلة

†n.coll. *ts*^{1}*bʾt* Ry 507/8 participants *in a military expedition* | participants *d'une expédition militaire* | †محاربون ~ مشاركون (في حملة حربية)

ts^1*bʾn* C 289/7 < >

n. *ms*^{1}*bʾ*, p. *ms*^{1}*bʾ* C 418/1 &c road, way; watercourse | route, chemin; cours ~ conduite *d'eau* | طريق؛ مجرى ماء; [M] expeditionary force | corps expéditionnaire | قوة غازية، حَمْلة

S^{1}Bʿ I

n. *s^{1}bʿ*, *s^{1}bʿt* seven | sept | سبع ، سبعة ; *s^{1}bʿy* seventy | soixante-dix | سبعون

n. *s^{1}bʿ* C 570/3, 4 one-seventh | septième (1/7e) | سُبْع ، جزء من سبعة

a. *s^{1}bʿ* E 26§1 seventh | septième (7e) | سابِع

S^{1}Bʿ II

v. *s^{1}bʿ* C 353/14 &c [M] surrender, capitulate | se rendre, capituler | استسلم

v. *s^{1}bʿ* Gl A 744/3 (*y—n/wyḍbḥn/bqs^{1}dm*) <   >

v. *hs^{1}bʿ* J 576/4 &c [M] force *s.o.* to capitulate | contraindre *qqn* à capituler | أجبر (احدًا) على الاستسلام

n.p. [*ʾs^1*]*bʿ* J 586/19 [M] men who have surrendered | hommes qui se sont rendus | رجال مستسلمون

***S^{1}BB I**

v. *s^{1}b* NNAG 16/5, pass. J 700/10 cause, occasion *s.t.* | causer ~ occasionner *qqch* | سبّب ~ أعقب (شيئاً) {Irv Hom 288}

***S^{1}BB II**

v.f. *s^{1}bt* J 700/15 be slashed (*hand*) | être entaillée (*main*) | جُرِحَت (يدٌ) {Bee Add Irv Ḥom 292}; p. *s^{1}b-* BR M. Bayḥān 3/9 afflict *s.o.* (*malady*) | éprouver *qqn* (*maladie*) | أصابت (أحدًا عِلّةٌ)

S^{1}BḤ

s^{1}bḥ Gl 1369/5 <   >

S^{1}BL

†n. *s^{1}blt* Ẓafar 56 ear of corn (*Zodiacal Virgo*) | l'Épi *de la Vierge* (*zodiaque*) | (برج) السنبلة (من بروج الفلك) {Pir CIAS I.482}†

s^{1}tbl → *WBL* II

S^{1}BQ

n. *s^{1}bq* Ry 548/5 {Ja SIMB 325 n. 124} ?success | succès | فوز، سَبْق ?

S^{1}BṬ

v. *s^{1}bṭ* [M] beat, defeat *enemy* | battre ~ vaincre *l'ennemi* | غلب ~ كسر (عدوًّا); J 700/11 strike, fell, throw down *s.o.* | battre ~ abattre ~ jeter à terre *qqn* | صرع ~ طرح أرضا (أحداً)

v. *ts^{1}bṭ* J 669/19 engage in an affray | se lancer dans une rixe | اشترك في شجار

n. *s^{1}bṭ* Ry 613/4 ?beating | bastonnade | ضَرْب ≠ grandchild | petit-enfant | سِبْط ، حفيد?

n.p. *s^{1}bṭ* C 380/6, Rob Maš 1/12 stroke, blow *as punishment* | coup *en guise de châtiment* | ضربةٌ (عقاباً)، سوط

S^{1}BY

v. *s^{1}by* [M] take captive | capturer | سَبَى

n. *s^{1}by-m* R 3945/6 captivity | captivité | سَبْي، سباء
n.coll. *s^{1}by*, p. *ʾs^{1}by* C 79/6, C 140/4, J 577/12 [M] captives *including non-combatants* | prisonniers *y compris des non-combattants* | سبايا ~ أسرى (من المحاربة وغير المحاربة)

S^{1}D^{ʾ}

l-ts^{1}d^{ʾ} C 921/7 < >

S^{1}DL

†n. *s^{1}dl* C 540/86 [LW] measure of fine flour | mesure de fleur de farine | مكيال دقيق†

S^{1}DM

n. *s^{1}dm* J 619/12, E 20§2 ill-health | mauvaise santé | سقم، اعتلال

S^{1}DṮ

n. *s^{1}dṯ*, *s^{1}dṯt* (early | époque ancienne | في الحقبة القديمة), *s^{1}ṯ*, *s^{1}ṯt* (middle & late | époques moyenne et récente | في الحقبتين الوسطى والمتأخّرة) six | six | ستّة، سِتّ; *s^{1}t* Gl 1533/2 ?six / six / ستة ≠ → *S^{1}T*? *s^{1}ṯy*, *s^{1}ṯy*, †*s^{1}ty* R 5085/11† sixty | soixante | ستون
a. *s^{1}dṯ* sixth | sixième (6e) | سادس; Ry 538/23 (*bmw*/—/*hwt*/*ywmn*) *on the* sixth *day after*, six *days later* | *le* sixième *jour après*, six *jours plus tard* | (بعد) ستة (أيام)، (في) اليوم) السادس (بعد ذلك)
†*s^{1}dṯ* C 541/119 < >†

S^{1}DY

n. *s^{1}dy*[*-m*] C 464/4 ?[R] slow pace *in circumambulation* | allure lente *durant une circumambulation* | خطو بطيء (عند الطواف) {Ghul}?

s^{1}ḍr leg. *ʾḍr*, → *ḌRR*

S^{1}FH

v. *s^{1}fh* J 2109/23 be ignorant, unaware of *s.t.* | être ignorant ~ inconscient de *qqch* | جهلَ (شيئاً)، غفل ~ سها (عن شيء); †R 5094/5 ignore the rights of *s.o.* | méconnaître les droits de *qqn* | تجاهل حقّ (أحدٍ)†; C 140/12 be neglectful, oblivious *towards* (*l-*) *s.o.* | être négligent ~ oublieux *envers* (*l-*) *qqn* | أهمل ~ أغفل (أحداً); J 643/19, 28 [M] ?be unaware of | être inconscient de | غفل عن، سها عن {Bee} ≠ fear | redouter | خاف، خَشِي {JRy}?

S^{1}FḤ

v. *s^{1}fḥ* J 735/8 summon, call out *s.o.* | mander ~ convoquer *qqn* | دعا ~ نادى (أحداً); J 578/22 (—/*ʿqbt*/.../*tḥt*) place *s.o.* under the orders of | placer *qqn* sous les ordres de | وضع (أحداً) تحت إمرة (أحدٍ آخر)
n./v. *s^{1}fḥ* C 460/2, n. *s^{1}fḥ-m* Ṣirwāḥ 3+Gl 1642/3 < >

S^{1}FL

n. *s^{1}fl*, p. *s^{1}flt* R 3966/10, *s^{1}fylt* J 585/14 lowland | plaine | سفل، سافلة، أرض منخفضة; [A] low-lying field | champ en contrebas | سافلة، حقل منخفض

n. *s*^{1}*fl* R 3958/5, †R 5085/7, C 540/9+, Gar ŠY A/12 {sic photo}† [C] bottom, lower part | fond, partie inférieure | سفل، جزء سفلي

s^{1}*flt* R 4151/5 < >

S*^{1}*FN

n.p. *s*^{1}*fn* E 13§13 ship | bateau | سفين، سفينة

***S*^{1}*FR* I**

n. *s*^{1}*frt* C 570/5 extent | étendue | امتداد

***S*^{1}*FR* II**

n.coll. *s*^{1}*frt* R 3945/3 (*bqrm/w—m*) small cattle | petit bétail | صغار الأنعام

***S*^{1}*FR* III**

v. *hs*^{1}*fr* YM 453/4 < >

S*^{1}*GD

†n. *ms*^{1}*gd* Tan^{c}im [LW] praying-place, oratory | lieu de prière, oratoire | مسجد، مصلى†

S*^{1}*HL

n. *s*^{1}*hl* C 405/13, †Ry 508/4† plain | plaine | سَهْل

S*^{1}*Ḫ̱M

n. *s*^{1}*ḫm* R 4176/12 ?dispute | querelle | نزاع، خصام?

S*^{1}*Ḫ̱N

n.p. *ms*^{1}*ḫn* C 69/3, C 563+956/1, R 3951/1, *ms*^{1}*ḫnt* C 69/4, C 337/11, C 418/2 [S] landlord, proprietor | propriétaire | مالِك

S*^{1}*ḤT

v. *s*^{1}*ḥt*, *hs*^{1}*ḥt* [M] rout, defeat, throw into disorder; take *a place* by storm | infliger une défaite, mettre en déroute; emporter d'assaut *une place forte* | هزم، فلّ، أوقع في اختلال، أخذ (مكاناً) عنوةً

n. *s*^{1}*ḥt* J 578/20, 21 &c [M] rout, disorder | désordre, débâcle | هزيمة، اختلال، اضطراب

S*^{1}*KB

n. *ms*^{1}*kb* Gl 1364/1 < >

S*^{1}*KR

v. *s*^{1}*kr* C 568/5 be placated (*deity*) | être apaisée (*divinité*) | طاب نفسا ~ رضي ~ سكن (إلّه)

†n. *s*^{1}*kr* R 4069/9 [A] ?barrage | barrage | سِكْر، سدّ على مجرى ماء، مسناة?†

***S*^{1}*L*^{c}**

n.p. ʾ*s*^{1}*l*^{c} C 548/8 [LW] shekel (*coin*) | shekel (*monnaie*) | «سلع» (وحدة نقد)

S^{1}LF

n. *s^{1}lf* C 329/2, Gr 3/5 (*mṣrʿy/w—/bythmw*) [C] ?façade | façade | واجهة?

n. *ms^{1}lf* C 40/4, C 67/14 [C] ?levelled ground, platform | sol égalisé, plate-forme | أرض مسواة، أرض مسلوفة، مصطبة?

S^{1}LH̲

n. *s^{1}lẖt* YM 467 cassia | cassia | سليخة، قِرْفة حطبية (نوع من الطيب)

S^{1}LḤ

v. *s^{1}lḥ* R 3957/5 [R] render *s.o.* impure *by contact*, contaminate | rendre *qqn* impur *par contact*, contaminer | لوّث ~ نجّس (أحدًا بالمس)

n. *s^{1}lḥ* C 548/1, 3 ?arms, weapons | armes | سلاح ≠ defilement | souillure | تلويث، تنجيس?

S^{1}LM

v. *s^{1}lm* Gl 1330/22, E 12§2 sue for peace | solliciter la paix | سالَم، جنح الى السلم، طلب السلم

v. *hs^{1}lm* C 315/5, 10 pacify, bring about peace *between* (*byn*) *combatants* | pacifier; établir la paix *entre* (*byn*) *des combattants* | أصلح (بين متحاربين)

v. *s^{1}tlm* Ko 1/5 (*l—/bʾlhn*) gain security *with* (*b-*) *deity* | trouver la sécurité *auprès* (*b-*) *d'une divinité* | نال الأمان (عند إله); Gl 1533/8: leg. *s^{1}tʿlm*

n. *s^{1}lm* peace | paix | سِلْم، سلام; †*s^{1}lm* Ry 507/11 (*—/ʿly*), J 545/4 (*—/ws^{1}lm*), *s^{1}lwm* [LW] Ry 534 + Mafy Rayda 1/5, Rob Naǧr 1/3 peace! (*as greeting*) | paix! (*en guise de salutation*) | سلام! (تحية)†

n. *s^{1}lm* Sh 31/18 regularity *of rainfall* | regularité *des chutes de pluie* | انتظام (سقوط مطر)

n. *ms^{1}lm* [CR] *type of altar* | *sorte d'autel* | (نوع من مذبح)

S^{1}LṬ

n.coll. *s^{1}lṭ* NNAG 12/8 divinatory arrows | flèches divinatoires | أزلام، قِداح، استقسام. (ف : سِلَط) {JRy Mancie 269}

S^{1}M

†n. *s^{1}m* C 727/3 (*s^{1}ṭr/—hw*) &c, Ist 7608bis/16 (*b—*), J 1028/12 (*ʿly/—*), J 546/1, 4 (*ʿl/—*)†, p. *ʾs^{1}mw* Gl 1733/3 (*b—/kl/ʾns^{1}m*) name *of a person*, *of God* | nom *d'une personne* ~ *de Dieu* | اسم (شخص أو الله)

v. *s^{1}my* R 4130/4, R 4131/6, imp. *ys^{1}myn* Ry 366/3, 6, C 605bis/6, p. *ys^{1}mynn* C 435/3, R 3911/3, NNAG 2/2, inf. *s^{1}my* C 613/4, F 3/6 be named; be mentioned by name | être nommé; être appelé par son nom | سُمِّيَ، دعي؛ ذُكِر اسمُه

v. *s^{1}my* J 705/4 cause *a parent* to name *a child so-and-so* | faire donner *tel* nom *à un enfant par ses parents* | جَعَل (والداً) يُسمّي (ولداً كذا وكذا) {JRy Un parallèle 288}

v.imp. *ys^{1}tmyn* J 655/9, f. *ts^{1}tmyn* R 4233/10, F 121, p. *ys^{1}tmynn* F 3/2 &c, inf. *s^{1}tmyn* R 4505/2 be named, have the name | s'appeler, porter *tel* nom | سُمِّي، كان اسمه

S^{1}Mʿ

v. *s^{1}mʿ* hear; hearken to; obey | écouter; prêter l'oreille à; obéir | سمع ؛ أصاخ السمع ؛ أطاع

v. *s^{1}mʿ* [J] witness to (acc) *document*; notify, make known | être témoin d'un (acc) *acte*; notifier, faire connaître | شهد على ~ سمع (وثيقةً) ؛ أعلن ، أسمع

n. *s^{1}mʿ*, p. *ʾs^{1}mʿ* C 601/8, C 613/3 [J] testimony; document; *person acting as* witness | témoignage; document, acte; *personne faisant office de* témoin | شهادة ، سماع ؛ وثيقة ، سند ؛ شاهد ، سامع

S^{1}MR

n. *ms^{1}mr* C 876/2 < >

S^{1}MW

v. *s^{1}mw* YM 386/4 ?offer *to a deity* | offrir à *une divinité* | ?قدّم ، قرّب (إلى إلّه)

S^{1}MY

n. *s^{1}my-n* DJE 10/3 &c, †C 540/81 &c† heaven | *le* ciel | السماء

S^{1}ND

n. *mš^{1}nd* R 4763/12, †Ry 507/11 &c† inscription | inscription | مسند ، نص منقوش

→ *S^{3}ND*

****S^{1}NN***

v. *ts^{1}n* (?) J 720/11 (—/*nkr*/*ʿbdhw*) ?decree (*deity*) / be decreed | décréter (*divinité*) / être décrété | ?سَنَّ (إلّه) / سُنَّ

n. *s^{1}nt* F 76/8 rule, code, customary law | règle, code, droit coutumier | سُنَّة ، عُرف

n. *s^{1}nt* C 604/6 < >

prep. *b-s^{1}n-* E 21§1 with | avec, auprès de | مع

†prep. *s^{1}n* C 325/2, 4 &c towards, in front of; next to, by | vers, en face de; à côté de, auprès de | †نحو ، في اتجاه ، قبالة ؛ بجانب → *S^{1}WN*

→ *S^{3}NN, WS^{3}N*

****S^{1}NS^{3}L***

†n. *s^{1}s^{3}lt* Ry 507/10, *s^{1}s^{1}lt* Ry 508/8, J 1028/4, 8 chain *of fortifications* | chaîne *de fortifications* | †سلسلة (تحصينات)

?*s^{1}ny*?

†*ʾls^{1}nyhmw* C 925/2 < >†

S^{1}Qʾ

n./v. *s^{1}qʾ* C 554/1 < >

S^{1}QF

v. *s^{1}qf* C 434/2, N 29/1, Gr 3/2 [C] roof *a building* | mettre sous toit *un bâtiment* | سَقَف (بناء)

†v. *s^{1}tqf* C 537+R 4919/7 [C] build a roof | construire un toit | †سَقَف ، سقَّف

n. *s*^{1}*qf*, p. *ʾs*^{1}*qf* [C] roof, roofing; ceiling; floor *of multi-storied building* | toit; plafond; étage *d'un édifice à plusieurs étages* | سقف؛ طبقة (في بناء ذي طبقات)

n. *ms*^{1}*qf* C 132/2, N 70/2, p. *ms*^{1}*qft* R 4461, Gr 3/1 [C] roofed hall, roofed structure | salle couverte, structure sous toit | سقيفة، بناء مسقوف، مسقفة

S*^{1}*QH

n. *s*^{1}*qh* J 603/5 < >

S*^{1}*QṬ

n.p. *s*^{1}*wqṭ-m* F 120/18 < >

S*^{1}*QY

v. *s*^{1}*qy*, p. *s*^{1}*qyw* J 735/13, †C 540/56†, imp. *ys*^{1}*qyn*, f. *ts*^{1}*qyn* C 657/3, J 2834/5, inf. *s*^{1}*qy* C 611/4, Rob Maš 1/5 [A] irrigate *land*; water *cattle* | irriguer *une terre*; abreuver *du bétail* | سقى (أرضا)؛ سقى (بهائم)

v.imp.p. *ys*^{1}*tqynn* E 13§10, [*ys*^{1}]*tqynn* J 750/8 quench one's thirst (*person*) | étancher sa soif (*personne*) | ارتوى ~ أطفأ غلّته (انسان)

n. *s*^{1}*qy*, *ms*^{1}*tqy* C 308/7 [A] irrigation; irrigated land | irrigation; terre irriguée | سَقْي، سقاية؛ أرض سقيا

†n. *s*^{1}*qy* C 540/47, 93, C 541/128 waterskin | outre | سِقاء، قربة; C 541/130 (—*m*/*ḏtmrm*) ?*date*-wine | vin *de dattes* | ?نبيذ (تمر)†

n. *ms*^{1}*qy*, *ms*^{1}*qt*, p. *ms*^{1}*qyt* [A] irrigation; irrigated land | irrigation; terre irriguée | سَقْي، سقاية؛ أرض مسقية، أرض سقيا

n. *s*^{1}*tqy-m* Gl 1138/8 irrigation | irrigation | سُقيا، استقاء

a. *s*^{1}*qy* J 670/26, Gl 1537/7 [A] well-watered *ground*/*crops* | bien arrosée(s) (*terre*/*cultures*) | (أرض / غلال) جيدة السقيا، سقيّة

S*^{1}*RQ

v. *s*^{1}*rq* C 972, pass. C 30/4 steal | voler, dérober | سرق

v. *s*^{1}*rq* C 398/11, C 522/2 < >

***S*^{1}*RR* I**

v. *s*^{1}*r*, p. *ʾs*^{1}*rr* valley; cultivated land beside flood-bed | vallée; terre cultivée le long du lit d'un torrent | بطن الوادي، أرض مزروعة عند مجرى الوادي

***S*^{1}*RR* II**

n. *s*^{1}*rwr* C 308/5, 8 [?LW?] *type of measure* | *sorte de mesure* | (نوع من المقاييس)

S*^{1}*RW

†n. *s*^{1}*rwyt* C 541/40, 53, *s*^{1}*rwt* C 541/33, 78 [?LW?] [M] campaigning force | troupe en campagne, corps expéditionnaire | †سرية قتال

S*^{1}*T

n. *s*^{1}*t* Gl 1533/2 (*ʾly*/—/*ʾqwln*) ?[S] *those having the same* authority, status *as the qayls* | *ceux qui ont le même* pouvoir ~ statut *que les qayls* | (أكفاء ~ مساوون للأقيال (في سلطة ~ رتبة {Bee Notes 10.413} ≠ → *S*^{1}*DṮ*?

s^{1}tbl → *WBL*

s^{1}tl

†n. *ms^{1}tl* C 541/67 (*ʾb—h*) ?*Christian religious* community | communauté *religieuse chrétienne* | (دينية نصرانية) جماعة {Bee Notes 9.187-8}?† ?√?

S^{1}TY

n. *ms^{1}ty* C 563+956/2 drink | boisson | شراب

S^{1}ṬR

v. *s^{1}ṭr* write, inscribe | écrire, consigner | سطَر، كتبَ، نقشَ

†v. *hs^{1}ṭr* Ry 507/9, *ts^{1}ṭr*, *s^{1}ṭṭr* C 728/2 commit to writing; place a written record | mettre par écrit; établir un document écrit | قيَّد بالكتابة، سطّر بيّنةً خطيّة†

n. *s^{1}ṭr*, p. *ʾs^{1}ṭr* writing, inscription, document; line | écrit, inscription, document; ligne | سطر، كتابة، نقش، وثيقة، سطر، خط ; [*l*]-*s^{1}ṭr-nhn* J 539/4 ?*in* both directions, *on* both sides | *dans* les deux directions, *des* deux côtés | (على كلتا) الناحيتين، (على كلا) الجانبين {Bee Notes 12.61-3}?

n. *s^{1}ṭr* Ist 7630/6, p. *ʾs^{1}ṭr* J 2867/5 tract of land | lopin de terrain | شقة من الأرض {Bee St 2.23}?

†n. *s^{1}ṭr* BR Yanbuq 32 writer | auteur *d'une inscription* | كاتِب†

S^{1}ṬW

v. *hs^{1}ṭw* Gl 1574/14 vouchsafe | accorder | منّ على، أنعم على، وهب، رزق

S^{1}Wʾ

n. *s^{1}wʾ* evil, *s.t.* bad, wicked, unfavourable; *divine* wrath | mal, *qqch* de mauvais ~ méchant ~ défavorable; courroux *divin* | سوء، (شي أو أمر) سيئ؛ غضب (إلهيّ)

S^{1}WD

n.d. *ʾs^{1}wdy-* J 665/31, †p. *s^{1}wd* Ry 509/10, *s^{1}wʾd* J 1031a/3, *s^{1}dt* C 597/2† [?LW?] [M] chieftain | chef | سيّد

s^{1}wn

prep. *s^{1}wn* C 608/8, J 651/32 towards | vers | نحوَ، صوبَ

→ **S^{1}NN*

S^{1}WR

v. *hs^{1}r* C 396/5 (—/*gnʾ*) build *a wall* | construire *un mur* | بنى (سوراً)، سوّر

n. *ms^{1}rt* Mafray Asāḥil 8/2 ?wall | mur | سور ≠ covered hall | salle couverte | قاعة مستورة، قاعة مغطّاة? → *S^{1}YR*

n.p. *ms^{1}wrt* J 2867/4 wall | mur | سُور

***S^{1}YB* I**

v./n. *s^{1}yb-* DJE 12/3 [C] ?set back *upper stories of a building behind* a parapet / set back stories | disposer en retrait *les étages supérieurs d'un bâtiment derrière* un parapet / disposer des étages en retrait | / رَدُّ (طبقاتٍ عليا من بناء) وراء حاجز أو شرفة طبقات بناء مرتدّة الى الداخل?

S^{1}YB II

n. *s^{1}yb* C 140/8 gift | don | عطاء، هبة، (ف : سيب) {Mü CIH 140.418}

S^{1}YB III

n. *s^{1}yb* J 567/28, NNAG 15/30 betrayal | trahison | خيانة، غدر

***S^{1}YL**

n. *ms^{1}lt* J 649/17 {sic edd} wadi-bed | lit de wādī | مَسِيل، مجرى واد، بطن واد

S^{1}YR

n. *s^{1}yr* C 37/5 &c, *s^{1}r* F 71/6 &c ?agricultural land *attached to a town* | terre agricole *dépendant d'une ville* | أرض زراعية (ملحقة بمدينة)، ريف (مدينة) ≠ catchment area *for rain* | aire de captage *de l'eau de pluie* | ?منطقة سيل (ماء المطر)، مسايل (المطر)
→ *S^{1}RR*

n. *ms^{1}rt* C 645/6, R 4788/2 [A] ?canal | canal | ?مجرى، قناة → *S^{1}WR*

S^{1}YṬ

n.p. *ʾs^{1}yṭ* J 735/14 [A] ?rainwater cistern | citerne d'eau de pluie | بركة ~ حوض ~ ?صهريج (ماء مطر)

S^2

S^{2}ʾM I

v. *s^{2}ʾm* buy, purchase | acheter | اشترى، ابتاع; J 2856/2 purchase *s.t.* from (2 acc) *s.o.* | acheter *qqch* à (2 acc) *qqn* | اشترى (شيئاً) من (أحدٍ)

v. *hs^{2}ʾm* R 3946/8 &c sell | vendre | باع

n.s.& p. *s^{2}ʾmt* purchase; merchandise | achat; marchandise | مشترى؛ بضاعة، سلعة

n. *mhs^{2}ʾm* R 3910/6, J 2856/3 vendor | vendeur | بائع

S^{2}ʾM II

n. *s^{2}ʾm* C 608/6, *s^{2}ʾmt* north | nord | شأم، الشمال

†v. *s^{2}ʾm* C 541/29 [M] march northward | marcher vers le nord | أشأم، زحف شمالاً، †سار شمالاً

n./a. *s^{2}ʾmyt* GRy Graff p. 561 northward | vers le nord / dirigé vers le nord | شمالاً، نحو الشمال

n./a. *s^{2}myt* YMN 13/4 < >

n. *s^{2}ʾm-m* C 290/4 < >

S^{2}ʾML

v. *hs^{2}ʾml* C 432/6 ?be northward | être en direction du nord | ?كان في اتجاه الشمال

S^{2}ʿB

n. *s^{2}ʿb*, p. *ʾs^{2}ʿb*, *s^{2}ʿb* J 635/11, †BR Yanbuq 47/5, 6† [S] *sedentary* tribe, commune, group *of village communities* | tribu *sédentaire*, communauté, groupe *de communautés de village* | شعب، قبيلة (من الحضر)، بلدة، ناحية، (ي : عزلة)، مجموعة (من فئات

(قروية; †B. Ašwal 1/3 (—*hw/ys*^{3}*r'l*) people *of Israel* | peuple *d'Israël* | †شعب (اسرائيل)

S*^{2}*ʿM

v. *s*^{2}*tʿm* R 4970/2 <   >

***S*^{2}*ʿR* I**

v. *s*^{2}*ʿr* J 720/13 &c, imp.f. *ts*^{2}*r*(!) C 532/9 be aware of *s.t.* | se rendre compte de *qqch* | شعر ~ علم (بشيء)

n. *s*^{2}*ʿr* J 745/11 knowledge, awareness | connaissance, conscience | شعور، علم {Bee BSOAS 35(1972).353}

***S*^{2}*ʿR* II**

n. *s*^{2}*ʿr* J 670/26, E 28§2, †C 540/87† barley | orge | شعير

S*^{2}*ʿW

v.p. *ts*^{2}*ʿww* C 308/8 <   >

n. *ts*^{2}*ʿt* C 308/17, *ts*^{2}*ʿyt* Gl 1225/2 <   >

s^2*ʿy* → *S*^{2}*Wʿ*

S*^{2}*Bʿ

v. *hs*^{2}*bʿ* J 2848y/10, 13, J 2848ab [A] give in abundance | donner en abondance | أشبع، أعطى بكثرة

n. *s*^{2}*bʿ-m* C 967/4 [A] *in* abundance | *en* abondance | بوفرة، بكثرة، بشبع

S*^{2}*DW

n. *s*^{2}*dw* C 660/4, F 72/4 ?mountain | montagne | جبل ≠ cultivated land | terre cultivée | أرض مزروعة، أرض فلاحة?

n. *s*^{2}*dw* Rob Kānit 5/2 <   >

S*^{2}*Fʿ

n. *s*^{2}*fʿ* J 651/53 (—*/whfʿ/wṭwʿ/kl/s*^{2}*n'm*) ?conspiracy | conspiration | مؤامرة?

S*^{2}*FQ

n. *hs*^{2}*fq* satiate *with rain* ~ *booty* | rassasier *de pluie* ~ *de butin* | شفى الغلة (بالمطر ~ بالغنائم)

n. *s*^{2}*fq-m in* abundance | *en* abondance | بكثرة، بوفرة

a. *mhs*^{2}*fq-m* abundant *rain, crops* | *pluie* ~ *moisson* abondante | وفير (نعتاً لمطر ~ محصول)

S*^{2}*FR

n. *s*^{2}*fr* C 434/9, 13, C 633bis/3 labour-force, corvee | main-d'œuvre, corvée | عمّال سخرة

S*^{2}*FT

v. *s*^{2}*ft* [R] promise (*deity to worshipper or vice versa*) | promettre (*divinité à son adorateur ou vice versa*) | وعد (إلّهٌ عابداً أو العكس بالعكس)

n. *s*^{2}*ft* promise; vow; instruction, order | promesse; vœu; instruction, ordre | وعْد؛

تواطؤ (على عداوة)، توجيه أمْر، نذْر؛ NNAG 11/32 *inimical* plot | conjuration *hostile* | مؤامرة {JRy Mancie 271 n. 2}

†n. *ts²ft-n* Gr 41/3 (*wḏ'w*/—) < >†

S²ĠL → *HGL*

S²H

n.d. *s²hn* J 720/16 sheep | mouton | شاة; ?p.? *s²hw* C 694/1 ?sheep | mouton | شاة ≠ n.pr.?

S²HD

n. *s²hd* Rob Nağr 1/2 ?testimony | témoignage | شهادة?

†n. *s²hd* MAFY B. Zubayr 2/1 < >†

S²HR

v. *hs²hr* R 4369/1 ?[J] devote to public use | affecter à usage public | حبس على المنفعة العامة، خصص للمنفعة العامة?

n. *s²hr* J 651/19 (*bywm*/—*m*), C 83/3 (*b*—*m*) {sic Ja MMA 2.45} beginning of month | début du mois | هلال، مطلع شهر

n. *s²hr-m* Ry 613/4 ?*in* public | *en* public | جهاراً، علانيةً ≠ n.pr.?

n. *s²hr* C 713/2 < >

S²ḤK

n. *ms²ḥk* C 81/8 < >

S²ḤṬ

n. *s²wḥṭt* J 539/1, p. *s²wḥṭ* C 570/2, C 637/4, J 788+671/13 *linear measurement* = 5 *cubits* (*'mt*) | *mesure de longueur* = 5 *coudées* (*'mt*) | «شوحطة» (مقياس طول = ٥ أذرع بذراعهم) {Bau K meram 25}

S²KR

v. *s²kr* [M] defeat, vanquish | battre, vaincre | قهر، كسر; ZI 22 inflict *ill-treatment* | infliger *de mauvais traitements* | أوقع (إيذاء ~ سوء معاملة)

v. *s²tkr* E 18/8 [M] defeat, vanquish | battre, vaincre | كسِرَ، قهِرَ

v. *ts²kr* C 308/18 &c [M] be defeated | être battu, vaincu | انكسر، قهِر

n. *s²kr* ZI 22 (—/*s¹w'm*) ?*ill*-treatment | *mauvais* traitement | معاملة (سوء) ≠ *in*gratitude | *in*gratitude | (جحود ~ نكران) جميل?

S²LṮ

n. *s²lṯ*, *s²lṯt* (mostly an early form | forme surtout ancienne | شكل قديم على الغالب) three | trois | ثلاث، ثلاثة; *s²lṯy* thirty | trente | ثلاثون

n. *s²lṯ* one-third, third-part | tiers (1/3) | ثُلث، جزء من ثلاثة; 'thirding', *section of the tribe S¹m'y* | tiers, *section de la tribu ternaire de S¹m'y* | ثلث، (جزء من شعب «سمعي»)

→ *ṮLṮ*, *'ḏ*

S²LW

n. *s²lw-n* R 4784/2 < >

S²MS¹

n.f. *s²ms¹-n* J 649/33 the sun | le soleil | الشمس

n.f. *s²ms¹*, p. *ʾs²ms¹* [R] tutelary deity of clan or dynasty | divinité tutelaire d'un clan ~ d'une dynastie | (معبودٌ وليٌّ لعشيرة أو بيت حكم)

n. *s²ms¹* R 3902.142 votive object | objet votif | (شيْ يقدم وفاءً بنذر)

S²MT

n. *s²mt* C 411/8 &c malice | malice, malveillance | شماتة. شمات

S²Nʾ

n. *s²nʾ*, †p. *ʾs²nʾ* Ry 508/10† personal enemy, ill-wisher | ennemi *personnel*, personne malveillante | شانئ

S²NF

†n. *s²nf* C 540/15 (*t-b—*) side | côté | جانب†

S²NM

v. *s²nm* R 3966/8 (*y—n/.../hnʾt*) vouchsafe (deity) prosperity | accorder la prospérité (divinité) | منّ ~ أنعم (الإله برخاء عيش)

S²NN

n. *s²nn* C 548/12 (*—m/wdbs¹m*) curds, yoghourt | lait caillé, yoghourt | شنين، لبن مخيض، لبن حقين

S²NQ

n. *s²nq* F 124/9 (*dqhlm/w—m*) [S] ?associated community | communauté associée | جماعة ذات علاقة أو قربى، أولياء؟

n. *s²nqt* F 30/3⁺ (*bʿlmm/w—m*) [J] binding, constraining document | document contraignant | وثيقة ملزمة، وثيقة مقيِّدة

S²QR

v. *s²qr*, *hs²qr* [C] complete, finish | achever, terminer | أكمل، أتم

n. *s²qr*, *ts²qr* Gl 1209/3 [C] completion, finishing, topping off; summit | achèvement, terminaison, couronnement; sommet | إكمال، إتمام، رَفْع الى النهاية العليا؛ قمة، جزء أعلى

S²Rʿ

v. *s²rʿ* [C] erect, construct | ériger, construire | شيَّد، أنشأ، بنى؛ †F 74/2 equip *a building* with (2 acc) s.t. | munir de (acc) qqch un (acc) édifice | جهَّز (بناءً بشيْ)†

n. *s²rʿ* C 291/5,8, R 3910/6, *s²rʿt* J 555/4 [J] rights, dues | droits à payer | شرع. حقوق، مستحقات

n.p. *s²rʿ* E 12§3, *ʾs²rʿ* J 651/26 [M] stores, equipment | provisions, équipement | أدوات، لوازم، جهاز

†n.p. *s^2rʿt* Gar ŠY/A5 [C] ?gargoyle | gargouille | ?ميزاب، مزراب†

n. *s^2rʿ* C 308/9, *s^2rʿt* C 11/2 &c [A] ?irrigation/canal | irrigation/canal | سقاية / ?ساقية، شِرعة، شريعة

n. *ms^2rʿ* J 650/16 &c, *ms^2trʿ* C 308/7 (*ms^1tqyn/w—n*) [A] land *appropriated to private use* by *right of* irrigation | terre *qu'on s'est appropriée à usage particulier* par *droit d'*irrigation | أرض (صارت ملكاً خاصاً بحق) سقاية

S^2RG

n.p. *s^2rg* C 547/9 ?watercourse | cours ~ conduite *d'eau* | شَرْج، شَرِيج، مجرى ماء، ?مسيل ماء

$S^2RḤ$

v. *s^2rḥ* deliver, preserve | délivrer, préserver | حفظ، نجّى، (ف : شرح); E 12§1 [M] act on the defensive | se tenir sur la défensive | اتخذ موقف دفاع، دافع

v. *s^2trḥ* C 334/13 be saved, preserved in safety | être sauvé, être gardé sain et sauf | نجا، سَلِم; J 564/13 ?perform successfully | exécuter avec succès | ?أدى بنجاح، أنجح

n. *s^2rḥ* J 692/5, *s^2rḥt* NNAG 13+14/1 safety, deliverance | sécurité, délivrance | نجاة، سلامة

n. *s^2rḥt* C 350/8, J 658/12 [M] support column, protective force | colonne de soutien, force de protection | فريق مساند، قوة حماية; C 601/17 (*ʾs^1ṭ$rhmy/w$—hmy*) [J] *documentary* safeguard | garantie *documentaire* | ضمان ~ أمان (موثق بوثيقة)

S^2RK

v. *s^2rk* R 3951/5 [J] ?make a crop-sharing agreement | conclure un contrat de métayage | ?شارَكَ، عقد اتفاقَ مشاركةٍ في محصول

n. *s^2rk* R 3951/3, 4 [J] ?crop-sharing | métayage | ?مشاركة في محصول، (ف : شِرْك)

†n. *s^2rk* C 539/3 (*bn/—/lmrʾm/bbʾs¹m*) < >†

S^2RM

n. *ʾ$s^2rm[t]$-n* C 380/2 [A] ?outlet | exutoire, déversoir | ?شرم، منفذ ماء

S^2RQ

v. *s^2rq* J 649/33 rise (*star*) | se lever (*étoile*) | شرق ~ طلع (النجم)

n. *s^2rq* J 649/32 dawn | aurore | شروق، فجر

n. *ms^2rq*, *ms^2rqyt* J 629/27, Chelhod 14/3, p. *ms^2rqt* ST 1/11, J 576/7 east; eastern part | est; partie orientale | مشرق، شرق

a. *ms^2rqy* C 132/2, R 4663/3 on the eastern side *of* | du côté oriental *de* | مشرقي، شرقي

n.p. *ms^2rq* E 22§2 (*—hmw/w*ʿ*lthmw*) &c [A] ?slope exposed to sun | adret, versant exposé au soleil | ?مشرق، جانب معارض للشمس

S^2RS^1

n. *s^2rs^1* [C] foundation | fondations | أساس

v. *hs^{2}rs^1* R 3945/15 [M] extirpate | extirper | اجتثّ، استأصل، أباد

S^{2}RY I

v. *s^{2}ry* Gl 1366/4, v.inf. *hs^{2}ryn* C 313/3 save, protect | sauver, protéger | حفظ، نجّى، حمى

v.p. *ts^{2}ryw* NNAG 12/13 seek protection from *a deity* | demander la protection d'*une divinité* | طلب حماية (إلهٍ)، عاذ (بإله)

S^{2}RY II

v.imp.p. *w(l/-)ys^{2}trynn* {sic edd} Gar AY 7/6 abase | humilier | حقّر، أهان، أذلّ، أخزى

S^{2}ṢN

†v. *s^{2}ṣn* C 540/8+, C 541/111, Gar ŠY/A11 [AC] ?revet *a dam wall in stone* | parer de pierre *la levée de terre d'un barrage* | طوى ~ ضفر (جدارَ سدٍّ بحجارة) {Irv}?†

n.p. *ʾs^{2}ṣn* R 3958/3 (*—hw/wʾbʾrhw*) [AC] ?revetment wall | mur de parement | طَيّ. جدار مضفور?

S^{2}ṢṢ

a. *s^{2}ṣṣ* C 609/5, F 30/6, Gl 1533/8 [J] effective, operative | en vigueur, exécutoire | نافِذ، ساري المفعول

S^{2}ṢY

v.imp. *ys^{2}ṣyn* C 2/18, C 86/11, p. *ys^{2}ṣynn* C 313/4 bear malice *towards* (*b-*) *s.o.* | vouloir du mal *à* (*b-*) *qqn* | حمل ضغينة (على أحدٍ)

v.imp.p. *ys^{2}ṣynn* R 2877/2 < >

n. *s^{2}ṣy* J 747/18 (*—/s^{1}wʾm*) &c, *s^{2}ṣyt* C 411/8, C 429/5 malice | méchanceté, malveillance | حقد . ضغينة. → *S^{2}ẒY*

S^{2}Tʾ

v. *s^{2}tʾ* arise; occur | survenir; se produire | نشأ. حدث. جرى; NNAG 1/5 be cured *of malady* | être guéri *d'une maladie* | برئ (من مرض); †C 541/24, 28 begin | commencer | بدأ، شرع†

†v. *s^{2}tʾ* C 325/7 [C] build up | édifier | رفع†

v. *s^{2}tʾ* J 631/6, *hs^{2}tʾ* cause, bring about, initiate *hostilities &c* | causer ~ provoquer ~ commencer *des hostilités &c* | سبّب ~ أعقب ~ بدأ (قتالاً)

n. *s^{2}tʾ* J 643/5 *hostile* undertaking, initiative | entreprise ~ initiative *hostile* | مهمة ~ مبادرة (عدائية)

S^{2}TR

v. *s^{2}tr* destroy, shatter, deface *s.t.* | détruire ~ mettre en pièces ~ mutiler *qqch* | خرّب ~ كسّر ~ شوّه ~ عاب ~ شتر (شيئاً)

S^{2}Wʿ

v. *s^{2}wʿ*, d. *s^{2}wʿy* J 658/8, p. *s^{2}wʿw*, imp.p. *ys^{2}wʿnn* J 623/5, E 12§8, E 13§14 do service, perform due service obligations for *overlord &c* | accomplir un temps de service ~ des prestations obligatoires pour *un suzerain &c* | خدم (سيّدًا الخ)، أدّى فروض خدمة لِـ (سيدٍ الخ)

n. *s^2wʿ* C 563+956/2, p./coll. *s^2wʿ* J 631/14, *s^2ʿy* R 3951/4 [S] vassal, person performing service | vassal, personne accomplissant un temps de service | تابع . نصير. شخص قائم بخدمة

n. *s^2ʿt* R 4106/1, YMN 9/7, YMN 10/6 [S] community, following | communauté, partisans | شيعة . أنصار

†n. *s^2ʿt* C 6/1, C 542/1 [S] spouse, marital partner | épouse, conjoint | زوج. (ف : شاعة†)

S^2WB

n. *s^2wb-n* C 320/2 < >

S^2WF

v.inf. *s^2f* J 649/32 appear, break (*dawn*) | pointer (*aube*) | بدا ~ انشق (الفجر)

v. *s^2wf, s^2f* R 3991/6 look after, protect, defend *s.o.* | s'occuper de *qqn*; protéger ~ défendre *qqn* | رعى ~ حمى ~ وقى (أحدا)

v.inf. *s^2twfn* N 74/10 defend oneself | se défendre | حمى نفسه، دافع عن نفسه

n. *s^2wft* C 43/6 &c protection | protection | حماية، وقاية

S^2Yʿ

n. *s^2yʿ* C 548/3 garment, clothing | vêtement, habillement | ثوب. كساء

S^2YḤ

†n. *s^2yḥ* Gar ŠY/A4 completion | achèvement | إتمام، إكمال†

†a. *ʾs^2yḥ* C 540/64 complete | complet | تام. كامل†

S^2YM

v. *s^2ym, s^2m*, d. *s^2my* R 4708/1, Gl 1651A/2, d.f. *s^2mty* C 389/4, p. *s^2mw*, imp. *ys^2mn* J 611/16 set up, erect *s.t.*; perform *ceremony*; promise, give assurance of *s.t.*; appoint *s.o.* in command *over* (*bʿly*) *people*; appoint *s.o.* in charge of (acc) *s.t.* | dresser, ériger *qqch*; accomplir *une cérémonie*; promettre ~ donner la promesse formelle de *qqch*; nommer *qqn* à la tête *de* (*bʿly*) *personnes*; charger *qqn* de (acc) *qqch* | أقام، نصب (شيئاً)؛ أدّى (فريضة أو ركناً دينياً)؛ وعد، تعهد (بشيءٍ)؛ نصّب (أحداً) أميراً (على قوم)؛ أقام (أحداً) مسؤولاً عن (شيء); J 576/13 [M] post *a garrison* | garnir *une place forte* | وضع ~ نصب (حامية)

v. *ts^2ym* C 337/5, *ts^2m* Gl 1209/6 [R] appoint *s.o. to a cultic office* | nommer *qqn à une fonction cultuelle* | نصّب (أحداً في منصب ديني)

n. *s^2ym* [R] patron deity *of a s^2ʿb* | patron divin d'un *s^2ʿb* | الإله الحامي (لشعب)

n. *ms^2m*, p. *ms^2ym* Gl 1537/6, *ms^2mt*, *ms^2ymt* [A] cultivated area, field | surface cultivée, champ | أرض زراعية، حقل

S^{2}YN

v. *s^{2}yn* R 3991/7, J 578/34, *hs^{2}yn* J 620/6, *ts^{2}yn* AM 343/3 suffer *physical injury, incapacity, disfigurement* | être défiguré ~ atteint d'une blessure *physique* ~ d'une incapacité | عاني (اصابةً بدنيةً ~ عجزاً ~ ضعفاً ~ عاهة)

n. *ts^{2}yn* R 3991/7, Ashm 1957.17/7, AM 343/3, p. *ts^{2}ynt* J 578/34, J 620/5 *physical* injury, incapacity, disfigurement | blessure ~ incapacité ~ défiguration *physique* | اصابة، عجز، عاهة، تشوية

S^{2}ZB

n. *s^{2}zb* J 700/13, 14, p. *ʾs^{2}zb* ST 1/15 dagger | poignard | خنجر {Irv Hom 288, 292}

S^{2}ẒY

n. *s^{2}ẓy* R 4188/10, J 2118/11 malice | malveillance | ضغينة → *S^{2}ṢY*

S^3

S^{3}ʾD

n. *s^{3}ʾd* J 576/9, 10 ?cultivated area | superficie cultivée | ?أرض زراعية، رقعة مزروعة

s^{3}ʿ, s^{3}ʿt → *S^{3}ʿʿ*, **S^{3}Wʿ* II

S^{3}ʿʿ

?v.? *s^{3}ʿ* J 570/8 ?grow, flourish (*crops*) | pousser, prospérer (*cultures*) | نما ~ ازدهر ~ أشع (الزرع) ≠ → *KS^{3}ʿ*?

v.inf. *hs^{3}ʿʿ* N 19/4 make fruitful, increase *crops* | faire fructifier, accroître *les récoltes* | أخصب ~ زاد غلة

S^{3}ʿL

n.p. *s^{3}wʿlt-n* C 603b/3 < >

S^{3}BB

v.imp.p. *yts^{3}bbnn* J 631/32, inf. *ts^{3}bbn* J 631/34 [M] engage *with* (*bʿm*) *enemy* at close quarters | se mesurer en corps-à-corps *avec* (*bʿm*) *l'ennemi* | نازل ~ جالد (عدواً عن كثب)

s^{3}dn

n. *s^{3}dn* (*?s^{3}d-n?*) R 4176/4 < >

S^{3}DQ

n.p. *ʾs^{3}dq* Ry 533/9 small boat | petit bateau | قارب صغير، مركب صغير

S^{3}GD

†v. *s^{3}gd* Wellcome A 103664/b6 submit, humble oneself | se soumettre, s'humilier | †سجد، خضع، عنا

S^{3}H̱L

v. *s^{3}ẖl* C 376/1 [J] be bound / bind oneself | être lié / se lier | التزم، تقيّد; †Wellcome A 103664/b6 ?be subject | être assujetti | أذعن، خضع?†

n.?p.? *s^{3}ẖlt* J 2897/4 ?*oracular* decision | décision *oraculaire* | قرار ~ حكم (وحي)?

a. *s^{3}ẖl* [J] legally binding, effective | légalement obligatoire, exécutoire | مُلزِم، نافذ، ساري المفعول

S^{3}ḤB

†v. *s^{3}ḥb* R 4069/6 ?be swept away *by floods* | être emporté *par les torrents* | سُحِبَ، انجرف، سحبه السيلُ?†

S^{3}ḤM → *ʾs^{3}ḥmt*

S^{3}ḤR

n. *s^{3}ḥr* C 695/1, YM 383 talismanic stone | pierre magique | حجر سحري، حجر طِلَّسْم

S^{3}Lʾ

v. *s^{3}lʾ* C 516/3, Gl A 716/1, R 2740/4 [J] make over, hand over *s.t.* | transférer ~ remettre à *qqn* | سلّم، دفع (شيئاً)

n. *s^{3}lʾ* R 3945/3+, R 4963/2 tribute | tribut | جزية، ضريبة، خراج

n. *s^{3}lʾ-n* R 3951/2 [S] ?*tribute-paying class* | *classe sociale soumise au tribut* | (أهل ذمة، فئة تدفع جزية)?

S^{3}Lʿ

v. *s^{3}lʿ* C 211/2, J 2920b/3 [C] quarry *stone*, dig | extraire *des pierres* d'une carrière, creuser | قلع (حجارةً)، حفر {Mü Ḥāz 78}

S^{3}LB

v. *s^{3}lb* C 504/4 (*—t/bn/mbḥr*) ?draw water improperly | puiser de l'eau de manière malséante ~ contraire aux usages | استقى ماء بغير حق، سلب ماء {Bee CIAS I.88}?

S^{3}LF

n.p. *ms^{3}lft* YMN 10/2 {sic comm} ruination | ruine | انهيار

S^{3}LL

†v.p. *s^{3}llw* BR Yanbuq 47/7 plunder | piller | سلّ، سرق، نهب†

v.inf. *hs^{3}ln* J 576/7 [M] sack *a town* | saccager *une ville* | استباح ~ نهب ~ أباح ~ أنهب (بلدةً) → *WS^{3}L*

n. *s^{3}ll* C 289/13 < >

S^{3}MD

v.& n. *s^{3}mdn/s^{3}mdtn* C 289/12 < >

S^{3}MK

v. *s^{3}mk* go up, ascend | monter, gravir | صعدَ، ارتقى، (ف : سمكَ)

S^{3}ND

v. *s^{3}nd* N 74/7 set up | placer | أقام، نصبَ

n. *ms^{3}nd* inscription; inscribed votive tablet | inscription; tablette votive inscrite | نَقْش؛ لوح نذر عليه نقش

S^{3}NN

v. *ʾl/s*^{3}*n*, p. *ʾl/s*^{3}*nw* C 225/2 &c [J] be *not* permitted; be *il*legal | *ne pas* être permis; être *il*légal | (لم) يَجُز؛ (لم) يصحّ شرعاً

v. *hs*^{3}*nn* C 613/4 (*—/bʾṯwbt*) ?effectuate *transaction* | réaliser *une transaction commerciale* | عقدَ (صفقة)?

n. *s*^{3}*n* Mafy Yašīʿ 8/9 customary law | droit coutumier | سَنَن. سنّة. عُرف

n.p. *ts*^{3}*nnt* Gl 1142/10 [J] regulation | règlement | نظام مسنون

prep. *s*^{3}*n* E 32/18 &c, *b-s*^{3}*n* J 576/7, J 687/8 to, up to; next to, by | vers, jusqu'à; à côté de, auprès de | إلى. حتى

→ **S*^{1}*NN*

S^{3}NY

v.p. *s*^{3}*nyw* J 702/9 < >

s*^{3}*qt → *WS*^{3}*Q*

s*^{3}*rt

n. *s*^{3}*rt* C 287/1, J 2867/4, †Gl 1440/1, 7† [C] < > ?√?

S^{3}Wʿ I

v.inf. *s*^{3}*wʿ* R 4194/2 (*grbw/w—/wḥrr/wbʾr*), R 4194/3 (*bql/w—*) [A] ?plant *land* | planter *une terre* | زرع (أرضاً)?

n. *s*^{3}*wʿ-n* J 514 {sic photo} < >

***S^{3}Wʿ* II**

n. *s*^{3}*ʿt* R 3910/5 period, space of time | période, espace de temps | ساعة. مُدّة. فترة من الزمن

n. *s*^{3}*ʿt* C 563+956/5 (*w—n/ġwytm*) < >

S^{3}WB

v.imp. *ys*^{3}*wbn* R 3956/7 requite, recompense | récompenser | كافأ. جازى. ثوّب

→ *ṮWB*

S^{3}WD

n. *ms*^{3}*wd*, p. *ms*^{3}*wdt* J 2867/3, YMN 11/2 [C] hall; audience chamber; reception hall | salle; salle d'audience ~ de réception | قاعة؛ حجرة استقبال رسمي؛ مجلس {Bee Notes 11.195-7}

n.coll. *ms*^{3}*wd* R 4176/14 (*ʾqwl/w—/wqs*^{1}*d*), R 3945/5 (*ʾrʾs*^{1}*/—/ʾws*^{1}*n*) &c [S] *class of* ?landlords? | *classe de* ?propriétaires? | (فئة من) ؟ملاك أرض؟

n.p. *ms*^{3}*wdt* J 2115/3 (*ʾdm/w—/mlkn*) ?counsellor | conseiller | مستشار?

s^3*wwdt* → *ḏwwdt*

→ *WS*^{3}*D*

S^{3}WK

v. *s*^{3}*wk* R 3943/3, f.pass. *s*^{3}*wkt* R 3945/14 encompass, encircle *with a wall* | ceindre ~ entourer *d'un mur* | أحاط ~ طوّق (بسور أو جدار)

S^{3}WR

pp. *s^{3}wr* E 13§15, *ms^{3}wr* J 703/12 falsificator *of a document* | falsificateur *d'un document* | مزوِّر (وثيقة)

n. *ms^{3}wr* R 4781/1 [A] irrigation channel | rigole d'irrigation | ساقية

n.p. *ʾs^{3}wr* R 4176/13 < >

S^{3}YF

v. *s^{3}yf* F 120/13, J 702/15, *s^{3}f* J 702/14, J 570/5 < >

S^{3}YQ

n. *s^{3}yq* J 702/9 < >

Ṣ

ṢʿD

v. *ṣʿd* J 586/24 ?sic leg? [M] go up / bring up (*b-*) *troops* | monter / amener (*b-*) *des troupes* | صعد / جلب (جنداً)

ṣʿt → **ṢWʿ*

ṢBʾ

v. *ṣbʾ* J 576/6 (*y—w/bʿly*) [M] → *ḌBʾ*

ṢBʿ

n.f. *ʾṣbʿ* C 369/1 &c, p. *ʾṣbʿ* C 640/2 (*ʾṣbʿm/bn/ṯmny/—*) finger (= fractional part, e.g. one-eighth, one *n-th*) | doigt (exprime les termes d'une fraction, p. ex. un huitième, un n^e) | اصبع (= جزء من وحدة أكبر)

ṢBB

a. *ṣbb* R 4772/4 (*blṭm/rḏym/—m*) [J] ?paid out | payé | مدفوع {Irv Monetary 32 n. 4} ≠ minted | monnayé | ضرب ، مضروب ، مسكوك?

ṢBḤ

n. *ṣbḥ-n* C 652/4 east | est | الشرق، مطلع الصبح; J 649/34 (*kwkbn/ḏ—*) morning *star* | *étoile* du matin | (نجم) الصبح

v. *ṣbḥ* J 616/23 do *s.t.* in the morning | faire *qqch de grand* matin | أصبح ، فعل (شيئاً) في الصباح

n. *mṣbḥ* J 512/4 *votive object*, ?lamp? | *objet votif*, ?lampe? | (شيء وفاء بنذر)، ؟مصباح؟

ṢBN

v. *ṣbn* J 720/7 avoid, abstain from *doing s.t.* | éviter, s'abstenir de *faire qqch* | ~ امتنع أمسك عن (فعل شيء) {Höf Sühne 107}

ṢBS^1

†n. *ṣbs^1* Ry 534+Mafy Rayda 1/4 (*ḫmrhw/ʾln/…/—/s^{1}mhw*) ?reverence | révérence, crainte révérencieuse | تكريم، تبجيل {Mü Paulin Ausdr 79-80}?†

ṢBY **I**

n.coll. *ṣby* Ry 544/6 gazelles | gazelles | ظباء (جمع ظبي) → *ẒBY*

ṢBY **II**

n. *ṣby* C 907/3 < >

ṢDʾ

†n. *mṣd*ʾ Ry 362/1 &c [S] *a functionary* ?treasurer? | *titre de fonctionnaire* ?trésorier? | †(صاحب منصب) ؟خازن مال؟

ṢDĠ

n. *ṣdġ* J 721/4, R 4151/6, NNAG 12/12, 26 [R] *oracular* manifestation | manifestation *oraculaire* | برهان ~ آية ~ أمارة (وحي) {JRy Mancie 270}

ṢDQ

v. *ṣdq*, *hṣdq* Gl 1364/6, *ṣtdq* C 429/11 perform ~ fulfil *a duty*, *obligation*; maintain in proper order; duly bestow *s.t.* on *s.o.*; justify *s.o.* | s'acquitter d'un devoir ~ d'une obligation; maintenir en bon ordre; octroyer son dû à *qqn*; justifier *qqn* | صدّق ~ ادّى ~ وفّى (عهداً أو فريضة)؛ حفظ، صان؛ أصدق ~ أعطى (أحداً شيئاً)؛ عدّل ~ زكّى (أحدا)؛ Gl 1136/2 &c [J] claim proprietorial rights *over* (*b-*) *s.t.* | revendiquer des droits de propriété *sur* (*b-*) *qqch* | ادعى حقوق ملك (في شيء) {Rob-Ry al-Asâḥil p. 137}

n. *ṣdq* right; justice; justification; truth; *that which is* good, proper, satisfactory | droit; justice; justification; vérité; *ce qui est* bon ~ convenable ~ satisfaisant | حق؛ عدل؛ تزكية، تعديل، تصديق؛ حقيقة؛ ما هو حسن أو لائق أو مُرْضٍ

n. *mṣdq*, p. *mṣdqt* YMN 11/3 [J] title, documentary proof *of ownership* | titre ~ preuve documentaire *de propriété* | مصدقة، سند تمليك، بينة خطية (على ملكية)

****ṢFF***

n.p. *ṣft* J 2937/3 &c < > → **ẒFF*

ṢĠR

a. *ṣġr* C 599/6 small | petit | صغير

n. *ṣġr* Gar ISA 5/5 infancy | petite enfance, bas-âge | صِغَر، طفولة

†n.p. ʾ*ṣġrt* Ry 509/7 [S] lesser folk | menu peuple | †أصاغر، صغار الناس

†n. *ṣġrt* C 537+R 4919/3 ?< > ≠ n.pr.?†

ṢHR

†n. *ṣhr* C 541/60 [C] *building process* / *building material* | *opération de construction* / *matériau de construction* | (عملُ بناء / مادة بناء), ?lead | plomb | رصاص ≠ white cement | ciment blanc | †?صاروج، نَوْرَة

n. *ṣhr* F 90/2 (*mrtn/w*—[.]), R 4761/2 < >

ṢḤB

v. *ṣḥb* J 560/11 accompany, be attached to | accompagner, être affecté à | صَحِبَ

n.p. ʾ*ṣḥb* J 560/11, Ry 533/21 [M] ?*bedouin* auxiliaries | auxiliaires *bédouins* | ?أصحاب ~ جندٌ أعوانٌ (من الاعراب)

ṢḤF

v. *ṣḥf* C 314+954/9 write / draft *a document* | écrire ~ rédiger *un document* | كتبَ / حرّر (وثيقةً)

n. *ṣḥft* C 314+954/8, 11, YM 546/2 document | document | صحيفة، وثيقة

ṢḤḤ

v.imp. *yṣḥ* J 525/4 (*l—/bn/fqdhw*) be placated | être apaisé | رضي، طابت نفسه (?√*ṢḤW?*)

v.inf. *hṣḥḥn* Gl 1364/6 keep in good order | garder en bon état | حَفِظَ في حالة صحيحة

n. *ṣḥ*, *ṣḥḥ* NNAG 15/4 health; security; good order | santé; sécurité; bon état | صحة، سلامة بدن؛ أمن؛ حالة صحيحة

a. *ṣḥḥ* C 392/9 [R] sound, unblemished *victim* | *victime* saine sans tache | ~ صحيح بريء من العيب (نعتا لأضحية); p. *ṣḥḥn* J 644/9 intact, unharmed | intact, sans dommage | صحيح، سالم، غير منقوص

?**ṢḤW*? → *ṢḤḤ*

ṢLʾ

v. *tṣlʾ* Gl 1574/7 proclaim, notify | proclamer, notifier | أعلن، أبلغ، أشعر {JRy Sens de *ḏʾl* 345}

n. *tṣlʾ* Gl 1574/6 proclamation, notification | proclamation, notification | إعلان، بلاغ، إبلاغ، إشعار

ṢLḤ

†v. *ṣlḥ* F 74/12, C 537+R 4919/9 give prosperity | rendre prospère | أصلح، جعل في خيرٍ ونعمة†

†n. *ṣlḥ* C 538/2, Ist 7608bis/9, Gl 1194/10 peace; prosperity | paix; prospérité | صُلْح، سلْم؛ صلاح حال، حال صالحة†

†v. *hṣlḥ* R 4069/5, 9 {sic photo}, C 646/5 put in good order | aménager | أصلح، صيّر في حالة حسنة†

†n. *ṣlḥt* Gl 1440/5 < >†

†a. *ṣlḥ* Ry 520/8 (*wldm/—m*) healthy | sain | صالِح، صحيح الجسم†

ṢLL

v. *ṣll* Gr 3/3, p. *ṣllw* C 660/2, 3 [C] cover ?*with flat stones*? | couvrir ?*de pierres plates*? | غطّى ~ كسا (بصفائح من حجر) ≠ cover ?*with plaster*? | couvrir ?*de plâtre*? | طيّن (بملاط ~ طين)

n. *ṣll* C 40/3 (*—/wtḥẓt/s¹qf*) [C] covering ?*of flat stones*? | couverture ?*de pierres plates*? | كسوة (؟بصفائح من حجر؟) (ي : صلال) ≠ covering ?*of plaster*? | couverture ?*de plâtre*? | تغطية (؟بملاط ~ طين؟)

n. *ṣlt* DJE 12/2, 4, MAFY Ḥamida 5/2, †C 325/2† [C] ?paving | pavement | تبليط ≠ plastering | plâtrage | تمليط، تطيين؟

n. *ṣlt* R 4940/1 ?tomb | tombeau | قبر ≠ → *WṢL* ?

→ **ṢLW* I, *WṢL*, *ẒLL*

ṢLM

n. *ṣlm*, p. *ʾṣlm*, dimin. *ṣlym* R 4674/4 image, statue *of man* | image, statue *d'homme* | صورة رجل، تمثال رجل

n.f. *ṣlmt*, p. *ṣlmt* E 34 image, statue *of woman* | image ~ statue *de femme* | صورة امرأة، تمثال امرأة

→ *ẒLM* II

***ṢLW* I**

†n. *ṣlt* J 866 (*ys*^{1}*mʿn*/—*hmw*) [LW] prayer, supplication | prière, supplication | صلاة، دعاء، تضرع; B. Ašwal 1/3 ?prayer | prière | صلاة ≠ → *WṢL*?†

***ṢLW* II**

n. *ṣlwt* C 434/5 [C] ?façade/portico | façade/portique | واجهة؛ رواق?

n. *ṣlwt* C 553+554/1, 2 ?boundary stone | borne | حجر حَدّ?

†n.p. *ṣlw* C 540/79† <   >

→ *ṢLL*

ṢLY

n. *ṣly-n* J 618/11 <   >

ṣlyfʿ

n. *ṣlyfʿ* J 730/4 (*ṣlmn*/*ḏ*—*m*) *material of statue* | *matériau de statue* | (مادة يُصنَع منها تمثال)

ṢMʾ

n. *ṣmʾ* J 735/7 drought | sécheresse | جفاف، مَحْل → *ẒMʾ*

ṢMM* → *WṢM

ṢNʿ

v. *ṣnʿ* [M] fortify, occupy *a place* | fortifier ~ occuper *une place forte* | ~ حصّن احتَلّ (موضعاً); Gr 1/4 [C] ?reinforce | renforcer | رفد، قوّى، وثّق{Rob} ≠ construct | construire | بنى، شاد?

?v./n.? *ṣnʿ* R 4623/B1 ?work | travailler/ouvrage | صنع / عمل?

v. *hṣnʿ* J 585/6 keep *s.o.* shut up, under restraint | garder *qqn* enfermé | ~ حبس حصر (أحداً)، ضيّق على (أحد)

v. *tṣnʿ*, †*s*^{1}*tṣnʿ* C 621/8† fortify oneself, take up a defensive position | se retrancher, occuper une position défensive | تحصّن، اتّخذَ موقف دفاع

†n.p. *ʾṣnʿ* R 4158/6 [M] fortification | fortification | تحصين، حصن†

n. *mṣnʿt* C 155/2, †C 541/21, W. Sana/4†, p. *mṣnʿ* fortress, castle | forteresse, château | حصن، قلعة، مصنعة

n.p. *ṣnʿwy*- E 22§2 [A] ?artificially irrigated land | terre irriguée artificiellement | أرض تسقى بنظام ريّ?

ṢNQ

n. *ṣnq* Gl 1574/9 (*b—m/bbrtm*), C 963+962+978/6 [J] ?obligation to fulfil *contract* | obligation d'exécuter *un contrat* | التزام بالوفاء (بعقد) {Bee Marg 2.424}?

n.p. *ṣnwq* E 13§9 narrow lane *of town* | rue étroite *d'une ville* | زقاق ضيق، سكة ضيقة، زنقة (في مدينة) {Ghul}

n. *ṣnq-n* C 81/8 ?< > ≠ n.pr.?

n. *ṣnq* R 4773/2 < >

ṣql

ṣql Gar ŠY/A12: leg. *s¹fl*

ṢRʿ

n.d. *mṣrʿy*, p. *mṣrʿ* M. Māriya/5, *mṣrʿt* J 576/16, C 448+Hakir 1/4 [C] leaf of door; door; gate | battant de porte; porte; porte *de ville* | مصراع، غلق باب، دفة باب؛ باب؛ بوابة، بوّابة; R 4773/2 (*—y/wfnwt/mḥwl*) [A] ?sluice-gate | vanne | بوابة ساقية توزيع ماء {Ghul}?

ṢRB

n. *ṣrb* harvest; harvest season | moisson; saison de la moisson | صراب، حصاد، موسم حصاد; ZI 71 (*—/mryb*) crop-land | terre de culture | أرض زرع

n. *ṣrbt* M. Māriya/6, 10 ?cutting *of a road* | percement *d'une route* | شقّ (طريق) {Gar} ≠ mass labour, collective enterprise | main d'œuvre ~ entreprise collective | عمل جماعي، مشروع جماعي {Bee Marg 1.400}?

n. *mṣrb* [R] altar with spout | autel à dégorgeoir | مذبح ذو مزراب

***ṢRF* I**

n. *ṣrf* silver | argent (*métal*) | فضة خالصة، (ف : صريف); C 308/4 (*kl/ṭyb/w—/tnṭʿw/whqs³bn*), C 308/5 (*mʾt/s¹rwrm/—m*) ?*type of incense* | *sorte d'encens* | (نوع من البخور) ≠ silver | argent (*métal*) | فضة خالصة (ف : صريف)?

***ṢRF* II**

n. *ṣrf* C 291/1 ?expense | dépense | نفقة، مصروف?

ṢRḪ

v. *ṣrḫ* E 32/35 appeal for help to *s.o.* | lancer à *qqn* un appel à l'aide | صرخ ~ استغاث (بأحدٍ)، استصرخ ~ أستغاث (أحداً)

v.pass.impers. *ṣrḫ* J 665/40, *hṣrḫ* E 21§1 an alert was given | l'alerte fut donnée | وَقَع الصريخ، وقعت الاستغاثة

†n. *ṣrḫ* C 541/24, 42 [M] summons for mobilization | appel à la mobilisation | †صريخ، دعوة للتعبئة العسكرية

ṢRḤ

n. *ṣrḥ* Gl 1209/3, R 4767/3 {sic RES corr.} [C] ?*cult building* | *édifice du culte* | (بناء لعبادة)?

n. *ṣrḥt*, p. *ṣrḥt* YMN 11/3 [C] *feature of a house* | *élément d'une maison* | (جزء أو مرفق من بيت), ?upper part | partie supérieure | جزء علوي ≠ courtyard | cour | باحة، ساحة، فناء?

ṢRM

v. *ṣrm* Gl 1595/6 (*k*—) <   >

***ṢRR**

v. *hṣr* R 4176/7 [R] ?stay, stand *in a holy place* | demeurer ~ rester debout *dans un lieu sacré* | (أقام ~ وقف (في موضع عبادة ≠ → *ṢWR* III?

n. *mṣr-n* R 4176/6 <   >

ṢRW

v. *ṣrw* YMN 13/3 [C] cut *rock* | tailler *le roc* | (قطع ~ قلع (صخراً

→ *ṢRY* II

***ṢRY* I**

v. *ṣry*, imp. *yṣry-* R 4009/4, *yṣryn-* J 577/9, inf. *ṣry* protect *s.o.* | protéger *qqn* | حمى ~ حفظ (أحداً); give *favourable oracular* decision (*deity*) | donner une décision *oraculaire favorable* (*divinité*) | (أعطى (الإلٰه) قرارً (وحي موافقاً; *ḏ-ṣry-hw* [S] protector, patron | protecteur, patron | حامٍ، مجير، جارٌ

v. *hṣry* C 466/6, d. *hṣryy* N 75/5 obtain *oracular* decision | obtenir une décision *oraculaire* | (حصل على قرار (من وحي

v.p. *tṣryw* J 877/7, v.imp.d. *yṣtrynn* E 14§2, inf. *ṣtryn* J 616/9, 34 seek, claim protection/favourable oracle *from* (*bᶜm*) *s.o.* | demander ~ réclamer la protection ~ un oracle favorable *de* (*bᶜm*) | (طلب ~ سأل حماية / وحياً موافقاً (من إلٰه; inf. *tṣryn* J 577/9 guarantee protection *against* (*bᶜbr*) *s.o.* | garantir *à qqn* (acc) la protection *contre* (*bᶜbr*) *qqn* | (ضمن حماية (مِنْ ~ ضِدَّ أحدٍ

n. *ṣryt*, ?p.? *ṣry* R 3992/5, N 75/5 protection; favourable *oracular* declaration | protection; déclaration *oraculaire* favorable | حماية؛ إعلانٌ (وحيٍ) موافقٌ

***ṢRY* II**

v.imp.p. *yṣrynn* Ra 14/3, inf. *ṣryn* Ra 14/4 ?excavate *cistern* | creuser *une citerne* | (حفر (صهريجًا ~ حوضاً?

n. *mṣry* Ra 14/3, Gl A 731/8 ?cistern, reservoir | citerne, réservoir | صهريج، حوض?

→ *ṢRW*

***ṢW*ᶜ I**

n. *ṣwᶜ-m* C 343/13 ?termination of eponymous office | achèvement du mandat d'éponyme | ختام فترة منصب يؤرخ بعام صاحبه ≠ n.pr.?

***ṢW*ᶜ II**

n. *ṣᶜt* R 4626/2 (*mḥmtm*/*w*—*m*) [A] *type of irrigated land* | *sorte de terre irriguée* | (نوع من الارض المسقية) ≠ *irrigational installation* ?drainage channel? | *élément d'installation d'irrigation* ?rigole de drainage? | (إنشاء للري) ؟قناة تصريف، مجرى تصريف؟ {Höf SEG 8.12}? ?√?

ṢWB

n.p. *ṣwbt* [C] *feature associated with town walls* | *élément en relation avec des enceintes de villes* | (جزء بناء له علاقة بسور مدينة)

ṢWF

n. *ṣwf* C 40/3 [C] < >

***ṢWR* I**

n. *ṣwr* image | image | صورة، تمثال

***ṢWR* II**

n.p. *ṣwrt* C 308/6+, ZI 71 [A] ?*type of plantation* | *sorte de plantation* | (نوع من المغارس) ≠ *irrigational installation* | *sorte d'installation d'irrigation* | (نوع من إنشاءات للري)?

***ṢWR* III**

v. *ṣwr* Gl 1369/2 ?cut off, separate | couper, séparer | فصلَ، أبانَ?

v.inf. *hṣr* R 4176/6 [R] ?cut ~ clean *the hair* (*pilgrim*) | se couper ~ se nettoyer *la chevelure* (*pèlerin*) | قصَّ (الحاجُّ شعرَه)، أزال (الحاجُّ) الأذى (من شعره أو رأسه) {Ghul} ≠ → **ṢRR*?

ṢWY

v.imp.p. *yṣwynn* J 577/9 inform, signify to *s.o.* | faire savoir ~ signifier à *qqn* | أعلم، أنبأ (أحداً)

ṢYD

v. *ṣd*, *ṣyd* Ry 544/3, †p. *ṣydw* BR-Yanbuq 47/8†, imp. *yṣdn* C 571/3, 8 hunt | chasser *du gibier* | صاد، قنص

n. *ṣyd*, *ṣd* R 4176/7 hunt; game *which is hunted* | chasse; gibier *qui est chassé* | صيد، طريدة

n.coll. *ṣyd* N 15/2, †R 5085/9, Ry 509/9† [M] *category of troops* 'chasseurs' | *catégorie de personnel militaire, «chasseurs»* | (فئة من الجند)، قنّاصة

†n. *ṣydn-n* BR Yanbuq 1 ?huntsman | chasseur | صائد، صيّاد، قنّاص?†

ṢYḤ

v. *ṣyḥ* J 821A/3 (*ʾnḫl/wtbqlt/—/wbqln*), p. *ṣyḥ[w]* R 4920/2, inf. *ṣyḥ* R 4085/2, *ṣyḥn* Gr 3/2, C 158/2 [AC] lay out *plantations*; plan *construction* | disposer *des plantations*; dresser les plans *d'une construction* | خطّطَ (مواضع الغرس)؛ خطّط (البناء)

n. *mṣyḥ-m* R 4176/4 ?< > ≠ n.pr.?

ṢYR

v. *ṣyr* R 3945/7 (*—/ʾḏhbhw*) ?bring into cultivation | mettre en culture | استصلح للفلاحة، عمّر للزراعة?

v. *hṣr*, p. *hṣrw*, imp. *yhṣr*, *yhṣrn*, d. *yhṣry* J 629/8, p. *yhṣrw* [M] march, embark on a campaign | marcher, partir en campagne | سار، خرج في حملة

n. *mṣr*, p. *mṣyrt* [M] army, armed forces | armée, forces armées | جيش، قوة مسلحة

→ *MṢR*, **ṢRR*

ṣyt

n. *ṣyt* J 702/5 (*ls²rḥn*/—*hw*) < >

****ṢYW***

v.imp. *ys¹tṣyn* J 720/8 stink of, be contaminated with | puer, répandre une puanteur de *qqch*; être souillé par *qqch* | فاح منه صِنانٌ ~ نَتَنٌ (شيءٍ)؛ تلوّث (بشيء) {Höf Sühne 108}

T

t-

pron.rel. *t-* → *ḏ*

tʾw

v. *tʾw* R 3945/3 (*wdy*/*w*—/*zm*) ?collect (*water*) | se rassembler (*eau*) | تجمّع (ماءٌ)?

tʿm

n.d. *tʿmtn* NNAG 12/6, 24 twilight | crépuscule | شَفَقٌ

TBʿ

†n. *tbʿt* R 4069/8 ?completion, extension | achèvement, extension | إتمام، إكمال، زيادة ≠ n.pr.?†

?pp.? *mtbʿ-m* C 40/5 ?successive | successif | متتابع، متوالٍ {Bee Calendars 33} ≠ n.pr.?

TFṮ

n. *tfṯ* C 563+956/2 (*ʾkl*/*wms¹ ty*/*w*—/.../*bn*/*ʾwdwn*) by-products *of agriculture* (*e.g. straw &c*) | sous-produits *de l'agriculture* (*p. ex. paille*, *&c*) | فضلة منتوجات (زراعة (مثلاً : القش الخ) {Bee Notes 11.200}

thm

n. *b-thm-m* J 2861/5 &c < > ?√?

tḥt

prep. *tḥt*, *btḥt* C 405/10, *bn*/*tḥt*, *tḥty* C 973/6, Gl 1598/4, *btḥt-* Gl 1593/1, *bn*/*tḥty*, *tḥtn* beneath, below; on the authority of | en dessous de; par le pouvoir de | تحت؛ بموجب سلطةِ

n. *tḥty-n* R 3954/2, R 3955/3 [C] lower part / lower range *of loculi* | partie inférieure ~ rangée inférieure *de loculi funéraires* | جزء تحتي / سلسلة تحتية (من حجرات الدفن)

TLD

n. *tld-m* J 721/8 birth | naissance | ولادة

n.p. *ʾtld* F 3/7 [S] original, inherited property / *serf* born in the household |

propriété ancestrale ~ acquise par héritage / *serf* né dans la maison | مال تلاد.
موروث، مال قديم / (قِنٌّ) مولود في بيت أُسْرة
→ *GDM, WLD*

TLF

v. *tlf* J 700/14 perish | périr | تَلِفَ، هلكَ
v. *htlf* F 71/19, YM 390/6, [*h*]*tlf* Gl 1537/8{edd} destroy | détruire | أتلفَ. أهلك
n. *tlft* J 567/27, J 636/18, YM 394/12{edd} ruin, perishing | ruine, perte | تَلَفٌ.
هلاك

TLW

v.aux.imp. *ytlwn* C 588b/6, inf. *tlwn* NNAG 1/10 continue *to do s.t.* | continuer *à faire qqch* | والىَ ~ تابع (فعلَ شيء)
v.imp. *ytlwn* C 518/4 (*ʾrḍ*/—/*lmlk*/*s¹bʾ*) ?assign, make over *to s.o.* | assigner, transférer *à qqn* | وهب ~ نزل ~ تنازل (لأحد) ≠ be subject *to* | être assujetti *à* | خضع لـ، كان تابعا لـ {Bee St 1.96}?
v.imp.p. *ytlwnn* DJE 10/3 pursue, persecute | poursuivre, persécuter | طارد، تابع.
لاحق
v.imp. *ḏ-ytlwn-* J 851/6 < >
n. *tly* J 584/1 (—/*ʾfrs¹*), ZI 22, p. *ʾtlwt*, †*ʾtly* Ry 509/8† [S] *personnel connected with cavalry* | *personnel rattaché à la cavalerie* | (أفراد ذوو علاقة بالخيالة)
n. *tlt* C 62 (—/*hgrhmw*) {Gar AY Pl. XVIIIb}, C 373 (—/*nkl*) ?continuation, completion | continuation, achèvement | متابعة، موالاة، مواصلة، إتمام، إكمال?

TMR

†n.coll. *tmr* C 540/40+, C 541/121, 130 dates; ?date-wine? | dattes; ?vin de dattes? | تمر؛ ؟نبيذ تمر؟†

TRF

v. *trf* C 975/6 be residual, be left over | rester, subsister | فَضُل، بقي

TRḪ

v. *htrḫ* J 2834/1 trace *a boundary* | tracer *une limite* | خطّط (حَدًّا)

TRḤ

n. *trḥ* Ry 585/5 &c (*hnr-hw*/*b*—) ?redemption-price | prix de rachat | فدية {Lu, JRy, Höf SEG 12.15} ≠ robe *for image of deity* | vêtement *pour l'image d'une divinité* | ثوب (لتمثال إله)، طَرْحَة {Ghul} ≠ ibex | bouquetin | وعل {Gar Deux notes 97-100} ≠ holocaust | holocauste | محرقة، قربان محرقة {Mü}?

TS¹ʿ

n. *ts¹ʿ*, *ts¹ʿt* nine | neuf | تسعة ، تسع; *ts¹ʿy* ninety | quatre-vingt-dix | تسعون
a. *ts¹ʿ* ninth | neuvième (9ᵉ) | تاسع

****TWL***

n. *tl-* C 605bis/6 [A] ?young palms | jeunes palmiers | صغار النخل?

twrt

n.p. *twrt* Gl 1330/9 [A] *type of irrigational installation* | *sorte d'installation d'irrigation* | (نوع من منشآت الري)

Ṯ

ṮʾR

v. *ṯʾr* exact revenge on | exiger la vengeance ~ l'application du talion contre | ثأر ~ أدرك ثأره من

n. *ṯʾr* C 344/7, C 347/7 blood-revenge | talion, vendetta | ثأْر

ṮʿD

v. *ṯṯʿd* Gl 1138/4 [A] use (*b*-) *s.t.* for irrigation | utiliser (*b*-) *qqch* pour irriguer | استخدم ~ اتّخذ (شيئاً) للسقاية

v./n. *ṯʿd* C 518/3 <   >

n. *ṯʿd*, *ṯʿdt* C 318/4, *mṯʿd* C 611/2+, R 4815a/6+, YMN 13/6 <   >

n.p. *mṯʿd* YMN 10/3 (—/*wṣwbt*/*wgnʾt*) [C] *feature associated with town walls* | *élément en relation avec des enceintes de villes* | (جزء بناء ذو علاقة بأسوار المدن)

ṮʿY

n. *tṯʿyt* NNAG 5/20, NNAG 8/26, *tṯʿt* slander, calumny | calomnie, diffamation | سعاية، نميمة

ṮBR

v. *ṯbr* destroy, damage; rupture (*dam*); crush, put to rout *enemy* | détruire, endommager; se rompre (*barrage*); écraser ~ mettre en déroute *l'ennemi* | خرّب ~ أتلف ~ صدّع (سدًّا)؛ هزم ~ فلّ (عدوًّا)

†v. *hṯbr* R 4069/6 be ruined (*agricultural land*) | être ruinée (*terre agricole*) | خربت ~† تلفت (أرض زراعية)

n. *mṯbr*, †*mṯbrt* C 541/61† damage; rupture; rout | dégâts; rupture; déroute | خراب، تلف؛ تصدع؛ هزيمة

ṮBT

n. *ṯbt* Gl 1367 [A] ?tank, cistern | réservoir, citerne | ?حوض، صهريج

n.?p.? *ʾṯbt* C 468/2 <   >

ṮFʾ

n. *mhṯfʾ-m* Gl 1443 ?<   > ≠ neighbourhood | voisinage | جوار، منطقة مجاورة {Sol SEG 4.39}?

ṮFD

v. *ṯfd* C 168 <   >

ṮFL

v. *ṯfl* YMN 9/2 [A] clear, clean out *a watercourse* | dégager ~ nettoyer *une conduite d'eau* | نقّى ~ نظّف (مجرى ماء)

ṮFṬ

n. *ṯfṭ* Gl A 452/6 [J] legal decision | décision légale | قرار شرعي، حكم شرعي

ṮHB

v. *ṯhb* return *an answer* to (acc) *s.o.* | donner *une réponse* à (acc) *qqn* | ردَّ (جواباً) على (أحد) {JRy App Wiss al-Qaṭīf 511 n. 13; Bee Notes 10.413-4}

ṮKḤ

n. *mṯkḥ* stone tablet | plaque de pierre | لوح ~ صفيحة مِن حجر

ṮKM

n. *ṯkmt* J 2848L/3 &c (*b—hw*) &c ?first ≠ last? year of office as eponym | ?première ≠ dernière? année de fonction d'un éponyme | ؟أول ≠ آخر؟ عام في منصب يؤرخ بولاية صاحبه

n.coll. *ṯkmt* C 562/3 ([*k*]*brhmw*/*wʿmthmw*/*w—hmw*) [S] <   >

ṮLʿ

v. *hṯlʿ* [M] defeat, overthrow | infliger une défaite, vaincre définitivement | هزم، دحر، أسقط

ṮLL

v. *ṯll* R 3943/2, R 3945/13$^+$ [M] carry off *booty* | emporter *du butin* | ساق ~ شل ~ أخذ (غنيمة)

ṮLṮ

n. *ṯlṯ*, *ṯlṯt* (middle & late periods | périodes moyenne et récente | في الفترتين المتوسطة والمتأخرة) three | trois | ثلاث ، ثلاثة; *ṯlṯy*, *ṯlṯ-nhn* C 308/3, C 693/4 thirty | trente | ثلاثون

a. *ṯlṯ* third | troisième (3e) | ثالث

n. *ṯlṯ* one-third | tiers ($^1/_3$) | ثُلث، جزء من ثلاثة; 'thirding', *section of the tribe* $S^1m^ʿy$ | tiers, *section de la tribu ternaire de* $S^1m^ʿy$ | ثلث، (جزء من شعب «سمعي»)

→ *S²LṮ*

ṮMN

n. *ṯmny*, *ṯmnyt*, *ṯmn*, *ṯmnt* eight | huit | ثمانٍ، ثمانية; *ṯmnyy* Gl 799/6, E 13§9, †C 537+R 4919/1†, †*ṯmny* Ry 508/6† eighty | quatre-vingts | ثمانون

n. *ṯmn* C 73/8 *unit of measurement for grain* | *unité de mesure du grain* | (مكيال حَبّ)

ṮMR

v. *ṯmr* C 611/5, R 4815/5 produce *crops* (*land*) | fournir *des produits agricoles* (*terre*) | أثمرت (الأرض)

v. *hṯmr* C 610/3 be raised (*crops*) | être cultivés (*produits agricoles*) | أثمر (المحصول)

v. *tṯmr* Ry 522/2 [J] ?enjoy in usufruct | jouir *d'un bien* en usufruit | استغل بمقتضى حق انتفاع?

v. *tṯmr* C 603c/3 <   >

n.coll. *ṯmr*, p. *ʾṯmr* crops (*spec. cereals*) | cultures, récoltes (*surtout de céréales*) | ثمار (لا سيّما الحبوب)

a. *ṯmr* N 19/4 (*dṯʾn*/—*n*) fruitful, abundant *crop* | *récolte* fructueuse ~ abondante | ثَمِر ~ خصب ~ وافر (محصول)

ṮNY I

n. *ṯny*, f. *ṯnty* C 460/5, *ṯty*, †*ṯt* MAFY B. Zubayr 2/4† two | deux | اثنان، ثنتان، اثنتان

a. *ṯny*, f. *ṯnt* J 576/11 &c second | second | ثانٍ، ثانية; *ṯnyt-m* J 2848n/2 a second time | une seconde fois | ثانيةً، مرةً ثانيةً

ṯnyt C 603b/21 < >

v. *hṯny* R 3945/3 double *amount of tribute* | double *montant du tribut* | ثنّى (مقدار الجزية)

ṮNY II

n.coll. *ṯn-* J 702/12, *ṯny-* J 702/14 front-teeth | incisives | ثَنِيَّة، سن في مقدمة الفم

ṮQF

v. *hṯqf* C 350/13 ?express, declare | exprimer, déclarer | عبّر، صَرّح?

v. *s¹tṯqf* J 577/1, 7, J 643/20 [M] be appointed, assigned *to a post, mission* | être nommé *à un poste* ~ affecté *à une mission* | عُيِّن ~ نُدِب (إلى منصب أو مهمة)

ṮQR

v. *ṯqr* Gr 1/1 [AC] construct firmly *a cistern* | construire solidement *une citerne* | وَثَّق بناءَ (حوضٍ)

ṮRM

n.p. *ʾṯrm* Gl 1526/3 [A] sluice | écluse | بوابة ساقية توزيع ماء

ṮRY

n.p. *ʾṯry* C 601/8 [J] exaction, impost, tax | contribution, impôt, taxe | جباية، ضريبة ?(spec. on things numbered | surtout sur des choses qui se comptent | بخاصة على ما يُعَدُّ كالحيوانات {Ghul})?

ṯw

†prep./conj. *ṯw* C 541/68, Ry 507/9 up to / until | jusqu'à / jusqu'à ce que | حتّى†

ṮWB

v.†p. *ṯwb-* C 621/7†, inf. *ṯwbn* [C] repair | réparer | رمّم، أصلح; complete, execute *construction* | achever ~ réaliser *une construction* | أكمل ~ أنجز (بناءً)

v.imp. *yṯwbn*, *yṯbn* C 405/17, inf. *ṯwbn* J 703/4, C 546/9 [R] reward, recompense *worshipper* (*deity*) | récompenser *un adorateur* (*divinité*) | أثاب ~ ثَوَّبَ ~ جزَى (إلَهٌ) عابداً)

v. *hṯb*, p. *hṯbw*, imp. *yhṯb*, inf. *hṯbn* [J] decree, ordain; hand over, assign, render *to* (*l-*) *s.o.* | décréter, ordonner; remettre ~ attribuer *à* (*l-*) *qqn* | قرّر، أمر، رسم؛ سلّم ~ فوّض ~ حَوَّل (إلى أحد); (—/*tʾmnm*) record, testify *thanks*/*confidence* | exprimer ~ témoigner sa reconnaissance ~ sa confiance | دوّن ~ سجّل (شكراً / ثقةً)، أَشْهد على (شكر / ثقة); [C] repair; execute completely | réparer; exécuter entièrement | أصلح، أنجز; ST 1/15 [M] repulse | repousser | ردّ، ذاد، صدّ

v.inf. *s^1tṯwbn* C 291/7 ?seek recompense | demander une récompense | استثاب، طلب ثوابا?

n. *ṯwb* †Mafy B. Zubayr 2/3 [C] repair | réparation | إصلاح، ترميم†; C 546/10, C 547/13 reward | récompense | ثواب

n.p. *ʾṯwb* Gl 1547/2, 6, *ʾṯwbt* C 601/15, 16 &c [J] *commercial* transaction | transaction *commerciale* | صفقة ~ معاملة (تجارية)

n. *mṯbt* [J] decree, ordinance | décret, ordonnance | أمْر، قرار; J 631/16 reply, answer | réponse | رَدٌّ، جواب; J 643/14 *in* consideration *of* | *eu* égard *à* | نظرًا إلى، بموجب

n. *tṯwb* M. Māriya/9, 10 [C] execution, completion *of work ?by successive operations?* | exécution, achèvement *d'un ouvrage ?par opérations successives?* | ~ إنجاز إتمام (عمل ؟بعمليات متتابعة؟) {Bee Marg 1.399}

ṮWR

n. *ṯwr*, *ṯr*, p. *ʾṯwr* bull; bull-statuette | taureau; statuette de taureau | ثور، تمثالُ ثورٍ صغيرٌ

n. *ṯwr* C 562/7 < >

ṮYL

n. *ṯyl* C 323/3+ lava-flow | coulée de lave | سيل حمم بركانية {Mü-Wiss Lavastrom 117}

Ṭ

ṬʿM

v. *ṭʿm* J 730/7 give enjoyment of *crops* | donner la jouissance de *récoltes* | ~ أطعم رَزَق (أحداً محصولاً)

ṬBB

v.inf. *ṭbb* R 4176/9 teach, proclaim / judge | enseigner, proclamer / juger | عَلَّم، أعلن / حكمَ، قضَى

n.d. *ṭby* Gl 1733/2 (—/*wʿlmy*/*bhmy*/...) declaration, judgment | déclaration, jugement | بلاغ، قرار، حُكم

n. *ṭbt* Rḁ 10/2 field-strip | bande de terrain cultivé | قطعة مستطيلة من الأرض، (ف : طُبة، طبيبة)

ṬBẖ

†n. *ṭbẖ* C 541/122 meat | viande | لحم†

ṬBN

v. *ṭbn* J 541/3, *hṭbn* R 3946/4, 5 [J] claim proprietary rights *in land* | revendiquer des droits de propriété *sur une terre* | ادّعى حقوق ملكية (في أرض)، ادّعى (أرضاً)

n.p. *ṭbnt* C 399/5 [S] proprietor, landlord | propriétaire | مالك

ṬBY

n. *ṭbyt* E 32/8 (*ʿẓtm/w—m*) summons, requisition, command | sommation, requisition, ordre | أمر . طلب . استدعاء لحضور → *ṬBB*

ṬF

n. *ṭf-n* C 529/4, J 755/4 [LW] *votive* tablet, plaque | tablette ~ plaque *votive* | لوحة . صفيحة (وفاءً بنذر)

ṬHR

a.f. *ṭhr* C 532/6 & J 525/2 (*ġyr/—m*), C 523/5 (*ġr/—*), C 523/6 (*ġrṭhr* {sic photo}) [R] in a state of ritual purity | en état de pureté rituelle | طاهر

ṬḤN

n. *ṭḥn* R 3951/3, †C 540/39, 86† flour, meal | farine | طحين . دقيق

ṬLF

n. *ṭlf* R 3902bis.130/2 (*kll/—/ḥrt/nḫlhmy*) [A] ?embankment, revetment | berge, revêtement | ضفيرة . جدار طَيّ {Irv}?

ṬLW

v./n. *ṭlw* R 4922/2 (*ḏt/—hw*) < >

ṬLY I

n.d. *ṭlyn* C 464/9 yearling lamb | agneau d'un an | طَلِيّ ، خروف ابن عامِهِ

ṬLY II

n.p. *ʾṭly* C 429/5 ?calumny | calomnie | فِرية . نميمة ?

ṬMʾ

n. *ṭmʾ* R 3956/4 (*ʿṭf/—m*) [R] defilement, *s.t.* ritually impure | souillure, *qqch* de rituellement impur | نجاسة ، شيء نجس

v. *hṭmʾ* R 3956/4 {sic photo} defile, make *garment* impure | souiller ~ rendre impur *un vêtement* | نجّس ~ جعل (ثوباً) غير طاهر

ṬMḤ

a. *ṭmḥ* C 343/17, †C 540/9 (*wdyn/—n*)† upper *valley, fields* | *vallée* supérieure, *champ* supérieur | (وادٍ) أعلى ، (حقولٌ) عليا {Bee Notes 11.199}

n. *ṭmḥny-n* J 651/32 upstream direction | amont | ناحية أعلى السيل ، ناحية أعلى مجرى الماء {Bee Notes 11.199}

ṬNF

n. *ṭnf* J 635/4 (*—m/ṭybm*) *?aromatic* | *aromate* | (طِيب) ≠ *quantity / object in gold* | *quantité / objet d'or* | (مقدار / شيء من ذهب) {Ghul}?

ṬNY

v. *ṭny* C 667/2 set up, erect *image* | dresser ~ ériger *une statue* | نَصَبَ ~ أقام (تمثالاً)

ṬRD

v. *ṭrd* J 660/11 chase *a fugitive* | donner la chasse à *un fugitif* | طرد ~ طارد (طريداً)

n.p. *ṭryd* J 576/16 swift horse | cheval rapide | فرس طراد، فرس سريع الجري

n. *mṭrd* C 547/3, 7 ?ritual hunt | chasse rituelle | طرد، قنص ≠ animals of the chase | gibier | طرائد، صيد مطرود ≠ regular celebration *of pilgrimage* | célébration rituelle d'*un pèlerinage* | (حجّ) مُطَّرِد (في موعده المضروب ومكانه الثابت) {Ghul}?

†n. *mṭrd* Gl 1440/5, p. *mṭrdt* Gl 1440/6 < >

ṬWʿ

†v. *hṭʿ* C 541/21 obey | obéir | †أطاع

v.inf. *ṭṭʿn* → *NṬʿ*

v.p. *s^1ṭṭʿw* C 401/8 < >

n. *ṭwʿ* subjection *to enemy* | sujétion *à un ennemi* | طاعة ~ خضوع ~ إخضاع (لعدوٍّ)

ṬWL

v.imp. *yhṭln* C 605/6 extend, stretch | s'étendre | †طال، امتدّ

†n. *ṭl-m* C 541/107 length | longueur | †طول

n. *mṭwl* C 608/1, p. *mṭwlt* J 2867/4 [C] < >

ṭwr → *MṬR*

****ṬWY***

n. *ṭyt* C 308/7 [A] stone-lined well | puits à revêtement de pierre | طَوِيّة، بئر مطويّة بحجارة

ṬYB

v. *ṭb-* C 516/13 < >

v.p. *hṭbw* J 616/19 be well-disposed *towards* (*l-*) *s.o.* | être bien disposé *envers* (*l-*) *qqn* | رضي، طابت نفسه (عن أحد)

n./a. *ṭyb* ?incense / sweet-smelling | encens / odorant | طيب ≠ fine gold | or *fin* | ذهب خالص، ذهب طيّب {Ghul}?

W

w

partic. *w-* and; but; or | et; mais; ou | و (للعطف)، فـ؛ لكن؛ أو; *w-*... *w-*... *w-* including ... and ... and | *à savoir* aussi bien *ceci*, que *cela* et encore *cela* | (أي) كلّ من ... و ... و; while, when | lorsque, quand | (واو الحال); (introductory to a text | introduit un texte) | (واو استئنافية) {Bee Gram §52:7}); (introducing predicate or apodosis | introduit un prédicat ou une apodose) | فـ (توطئة لخبر أو لجواب شرط) {Bee Gram §52:4, 5})

WʿB

†v. *wʿb* R 4069/10 completely finish *a job* | terminer entièrement *un ouvrage* | †فرغ من (عمل)، أتمّ ~ أكمل ~ أوعب (عملاً)

†v.p. *hwʿbw* C 325/3, C 540/30, inf. *hwʿbn* R 5085/6 carry out, execute *a task*, *an order* | s'acquitter d'*une tâche*, exécuter *un ordre* | †أنجز ~ نفّذ ~ أوعب (عملاً أو أمراً)

†n. *wʿb* F 74/2, R 4069/10 completion *of job* | achèvement *d'un ouvrage* | ~ إكمالٌ
فراغٌ من (عملٍ)†

WʿD

v. *wʿd* J 577/9 promise *that* (*k*-) | promettre *que* (*k*-) | وَعَدَ (أن)

†v. *hwʿd* C 541/61 fix an appointment, a stated time | donner rendez-vous, prendre date | واعَدَ، ضرب موعداً†

n. *mwʿd* J 577/10, C 541/95 promise / appointed time | promesse / moment convenu | وعد / موعد، أجل مضروب

n. *mʿd* C 315/11, R 4370A, R 4477 promise, declaration | promesse, déclaration | وعد، عهد; C 548/1 festival | fête | عيد → *ʿDD*

n. *mʿdt* C 262/3 < >

WʿL

n. *wʿl* Naqīl Kuḥl/3, BR M. Bayḥān 1/5, p. *ʾwʿl* mountain-goat, ibex | bouquetin | وعل

WʿẒ

n. *wʿẓ-m* Gl 1379/6 ?[J] legal claim, demand | titre légal, revendication légale | ادعاء بحق، مطالبة {Bee Notes 11.204} ≠ → *ʿẒM*?

n. *ʿẓt* E 32/8, †C 541/56⁺† demand, summons, call | demande, sommation, appel | استدعاء، طلب حضور

WBD

v.imp. *ywbd* Hakir 2/3 ?cut into rock | tailler dans le roc | حفرَ في صخر، شقَّ في صخر?

****WBL* I**

v.imp. *ybln* Gl 1572/6 (—/*kʾbd*/*bn*/*ẓbyn*/*ʾlmqh*) ? < > ≠ prescribe taxes due *to deity* | prescrire des taxes dues *à une divinité* | فَرَضَ ضرائب (لإ لَه) {Höf SEG 8.38}?

n./v. *wbl*- C 946/1 < >

***WBL* II**

v. *s¹tbl* C 343/16 (*hrgw*/*w—n*) [M] ?despoil | dépouiller | سلب?

n. *hwblt* J 576/10, C 289/15 animals taken as booty | animaux pris comme butin | بهائم تُساق غنيمة

****WDʿ***

n. *dʿt* J 615/9 (*s¹qy*/*w*—) &c [A] crops grown without artificial irrigation | cultures ne nécessitant pas d'irrigation artificielle | زروعٌ تَنْبتُ بدون سقاية، زروعٌ بعليّة {JRy Him 4.515-6}

WDD

v.p. *s¹twddw* Rob Umm Laylā 1/4, imp. *ys¹twddn* Ra 14/5, inf. *s¹twddn* Rob Maš 1/1 consent, agree, come to an agreement | consentir, convenir, tomber d'accord | وافق، رضي، تراضى

n. *mwd* [S] 'friend' *of ruler* (title in archaic texts) | «ami» *du souverain* (titre de l'époque archaïque) | «محبٌ» ~ «صديقٌ» (حاكمٍ)؛ (لقب في الفترة الأولى)

WDN

v. *wdn* R 3958/2, ?C 290/3? [A] prepare *fields* for flood-irrigation | préparer *les champs* pour l'irrigation par inondation | أعدَّ (حقولاً) للريّ غمرًا بالماء. ودّن (أرضاً) {Irv}

v.imp.p. *yhdnw* ZI 71 [A] fertilize | rendre fertile | خَصَّب

v. *s¹twdn* R 3945/2 [A] be flood-irrigated | être irrigué par inondation | سُقِيَ غمراً بالماء

WDQ

v. *wdq* J 619/7, J 651/20, †f. *wdqt* Gl 1440/4† fall, collapse | tomber, s'écrouler | انهار، وقع، سقط; YM 440/8 befall (*ʿl*) *s.o.* | arriver à (*ʿl*) *qqn* | وقعَ. جرى (لأحدٍ)

n. *wdqt* J 651/12, *dqt* J 619/7 fall, collapse, ruin | chute, écroulement, ruine | سقوط. انهيار. انهدام

n. *wdqt-m* C 396/9 < >

WDṮ

v.f. *wdṯt* MAFY B. Kulāb 1/3 [A] spring a leak (*well*) | se mettre à fuir (*puits*) | سَرِبَت (البئر). ظهرَ في (البئر) موضع تسرب ماء

WDW/WDY

v. *wdy* R 3945/3 flow | couler | سال. (ف : ودى)

v. *wdy* C 462/2 < >

v.imp.p. *ydynn* R 4626/2 ?water *a place* | arroser *un endroit* | سقى (موضعا) ≠ → *DYN*?

n. *wdy-n*, p. *ʾwdyt* J 616/26, *ʾwdw* C 563+956/2 (—*n/wms¹qyn*) wadi | wādī | وادٍ

WḎʾ → *WZʾ*

WḌʾ

v. *wḍʾ*, imp. *yḍʾn*, f. *tḍʾn* R 3945/2 come out, go out, issue | sortir | خرجَ، ظهرَ، برزَ، صدرَ; C 570/6 pass *between* (*byn*) | passer *entre* (*byn*) | جرى ~ مرّ (بَيْنَ); J 557 (—*/bʾḏn/ʾlmqh*) ?acquit oneself *of obligation* | s'acquitter *d'une obligation* | أبرأ نفسه (من التزام)?; YMN 10/2, 3 (—*/wẖdʿ*) be destroyed | être détruit | تَلِفَ، خَرِبَ

v.imp. *ywḍʾn* C 603b/29 < >

v.p. *hwḍʾw* RB B. Bakr 1/4 ?drive out | faire sortir, expulser, chasser | طرد، أخرج ≠ destroy | détruire | أتلف، خرّب?; imp. *yhwḍʾn* C 615/5 (—*/fnwtm*) [A] lead *subsidiary canal* off *main canal* | faire dériver *un canal secondaire* du *canal principal* | أخرج (ساقية صغرى من ساقية كبرى); Ra 42/5 [J] ?be proclaimed outlaw | être mis hors-la-loi | جُعِل طريداً ~ منافرًا {Bee Notes 10.419}?; inf. *hwḍʾn* R 4176/6 drive out, take out, lead out | expulser, faire sortir (*du gibier*) | طرد، اخرج، ساق

v.inf. *tḍʾn* C 321/2 (—*/nfs¹hw*) ?dedicate | dédier | وهب، نذر?

v. *s¹twḍʾ* Ra 42/4, 6 ?attempt to go out | tenter de sortir | حاول الخروج، سعى أن يخرج {Bee Notes 10.419}?; imp. *ys¹tḍʾn* C 546/8 ?elicit / be issued (*oracle*) | susciter / être proclamé (*oracle*) | استخلص (جوابَ وحي) / صدر (جوابُ وحي)?

pp. *wḍʾ-m* C 548/2 going out | sortant | خارج

n. *hwḍʾ-m* Ry 443/1 drawing off water | prélèvement *d'eau* | أَخْذ ~ استخراج (ماء)

n. *mwḍʾ* C 603b/24 ?expenses, outgoings | dépenses, débours | خَرْج، مصروفات، كلفة?

WḌʿ

v. *wḍʿ*, imp. *yḍʿ* J 489A/9 humiliate *s.o.* | humilier *qqn* | واضَع ~ وضعَ ~ وضَّع ~ أذلَّ (أحداً)

v.imp. *yḍʿn* C 612/2 & C 522/3 {Bee Textual 27-9} (—/ʿ*ynm*) < >

†v.p. *wḍʿw* C 541/70 begin, set about (*l-*) *a task* | entamer ~ se mettre à (*l-*) *une tâche* | بدأ ~ شرع (في عمل)†

v.inf. *hwḍʿ* J 652/24 be stationed, be resident | être en poste, résider | نزل، أقام {Baf *Tārīḫ* 147}

tḍʿn → *NḌʿ*

?n.p.? *wḍʿt* DJE 10/3 (—/*s¹myn*) ?founder, creator | fondateur, créateur | بارئ، خالق {Bee St 1.95}?

?a.? *wḍʿn* J 647/14 ?unveiled *woman* | *femme* non voilée | برزة، (امرأة) واضع ~ سافرة ~ لا تتحجب {Bee Notes 9.195}?

WḌN

n. *mwḍn* C 408/12 {MoMi Sab p. 213} (—*hmw*/*ġymn*) residence | résidence | مسكن، موطن → *WṬN*

WFʾ

v. *hwfʾ* J 555/4 [M] furnish *supplies* | livrer *des fournitures* | زوّد، أعطى زادًا

n. *mwfʾ* J 555/4 [M] *military* supplies | fournitures *militaires* | عتاد ~ زادُ (جندٍ)

WFD

v. *wfd* C 516/19 (—/*fys²n*/*mmd*), C 971/2 < >

v.imp. *yfd* ?R 4781/2? [A] ?cultivate | cultiver | فلح، زرع {Bau Jazyk 49}? → **FYD*

v.imp. *yfd-n* C 612/2 < >

v.imp. *yhwfd* C 610/3 [A] plant | planter | زرعَ، غرسَ

n. *tfd* C 516/18, R 2740/8 < >

***WFR* I**

v. *hwfr* R 4767/4, YM 375/4, imp.p. *l-hwfrnn* J 669/14 [R] perform pilgrimage, celebrate feast | accomplir un pèlerinage, célébrer une fête | أدّى حجاً، احتفل بعيد

v.inf. *tfr* R 4176/7 ?perform pilgrimage | accomplir un pèlerinage | أدّى حجًّا ≠ → *NFR*?

n. *mwfrt* YM 375/5 pilgrimage | pèlerinage | حجّ {JRy Him 5.218}

WFR **II**

v.d. *tfry* NNAG 11/17 &c, imp.d. *ytfrnn* NNAG 11/18 &c, inf. *tfrn* Ry 522/2 [A] cultivate / be cultivated | cultiver / être cultivé | فَلَح، زَرَع / فُلِح، زُرِعَ

n. *mwfr* C 506/3, *mfr* Gl 1142/5, C 546/2 cultivated land *belonging to a town* | terre de culture *appartenant à une ville* | أرض زراعية (تابعة لمدينة)، ريف (مدينة)

WFṬ

v. *wfṭ* R 3943/3, R 3945/3+ burn | brûler | أحرق

n. *mwfṭ* R 3945/16 burning | embrasement, incendie | احراق

WFY

v.p. *wfyw* J 729/11, imp. *yfy-* R 3909/5, *yfyn* R 3910/6, *ywfyn* C 380/2 &c, inf. *wfyn* F 30/2, J 647/15 [J] pay *a debt*; fulfil *an obligation* | acquitter *une dette*; s'acquitter *d'une obligation* | وفّى ~ أدّى ~ سدّد (ديناً)؛ وفّى ~ ادّى ~ أنجز (التزاماً)

v.pass.f. *wfyt* C 334/13 be saved | être sauvé | نُجِّيَ، سُلِّمَ; imp.f. *twfyn* R 3959/3 [J] be legally safeguarded | être légalement garanti | وُفِّي، كان مضموناً شرعًا

v. *hwfy*, *hfy* C 343/14, 16, J 752/11, p. *hwfyw*, imp. *yhwfyn*, inf. *hwfyn*, *hfyn* J 752/14 grant, bestow *s.t.* on *s.o.*; offer; gratify *s.o. with* (*b-*) *s.t.*; save, protect | offrir; accorder ~ octroyer *qqch* à *qqn*; gratifier *qqn de* (*b-*) *qqch*; sauver, protéger | ~ مَنَح أعطى (أحداً شيئاً)؛ قدّم؛ أرضى؛ نجّى، حمى

v.p. *twfyw* Gl 1573/3, inf. *twfyn* Gl A 452/5 < >

v. *s¹twfy*, f. *s¹twfyt* F 71/7, Sh 18§3, d. *s¹twfyy* Condé 3/4, imp.p. *ys¹twfynn* C 599/4, inf. *s¹twfyn* protect, safeguard *s.o.*; accomplish, bring *s.t.* to a successful conclusion; derive profit *from* (*b-*), have advantage of *s.t.* | protéger ~ sauvegarder *qqn*; accomplir, amener *qqch* à une heureuse conclusion; tirer profit *de* (*b-*), profiter de *qqch* | حمى ~ وقى (أحداً)؛ أنْجَزَ ~ أنْجَحَ (عملَ شيءٍ)؛ أحرز كسباً (من شيء)، انتفع (بشيء)

n. *wfy* safety; success; well-being | sécurité; succès; bien-être | نجاة، سلامة؛ نجاح، فَلاح؛ عافية، خير

WGL

n. *mwgl* [C] alabaster | albâtre | رخام طري، نهاء، الابستر {Gar Note 2.296}

WGR **I**

v. *wgr* C 581/7 (—/*bythmw*) ?[S] enter into *a marital* alliance with *a family* | s'allier *à une famille* par une union *matrimoniale* | حالف (عشيرة بزواج) {Bee Temp Mar 22}?

WGR **II**

v.imp. *yw(g)rn* Rob Maš 1/10 be stoned | être lapidé | رُجِمَ {Mü Asa Misz 68}

WHB

v. *whb*, imp. *yhb* C 320/1, *yhbn* R 3910/5, Gr 4/2 give, grant, hand over, transfer | donner, concéder, transmettre, céder | وَهَبَ

v.imp.p. *ythbnn* Gl 1573/3 receive | recevoir | اتّهب، تقبّل

n. *hbt* J 750/7 gift | don | هِبَة

n.p. *mwhbt* C 37/6, 7, C 289/8 gift, donation, grant | don, donation, concession | موهبة، عطيّة، منحة

WHR

[.]*twhr* R 4920/3 < >

WHT

n.p. *mwht* C 604/2⁺ [A] ?winepress | pressoir | معصرة خمر ≠ low-lying field | champ en contrebas | حقل منخفض?

WẖR

v.inf. *wẖr* C 604/3 < >

WḤB

v.p. *hwḥbw* C 291/8, imp. *yhwḥbn* C 291/9 (*ḏ—/whrʾbn*), R 3910/7 (*ḏyhrʾbn/w—*) ?come to an agreement | se mettre d'accord | اتفق، توصل الى اتفاق?

v. *s¹twḥb* Gar AY 6/3 {Bron AION 41(1981).163} ?claim *money* | réclamer *de l'argent* | ادّعى (مالاً)، طالَب بـ (مالٍ)?

WḤD

n. *k-wḥd* C 308/12 together, in unison | ensemble, à l'unisson | معاً، يداً واحدةً

WKB

v. *wkb* receive, gain, get; find, encounter *s.o.* | recevoir, gagner, obtenir; trouver ~ rencontrer *qqn* | تلقّى، نالَ، أحرز؛ وجد، لقي (أحداً); pass. E 13§11 be carried out (*mission*) | être accomplie (*mission*) | جرى ~ نُفِّذَ ~ تمّ (بعث أو مهمة); E App B 3/15 be appointed *as* | être nommé à *telle fonction* | عُيِّنَ، نُصِّبَ; imp.p. *ykbnn* J 576/8⁺ [M] ?make contact with *enemy* | établir le contact avec *l'ennemi* | لقي ~ لاقى (عدوًّا) {Bee} ≠ force back *enemy* | repousser *l'ennemi* | ردّ ~ دحر (عدوًّا) {JRy}?

v. *hwkb* NNAG 12/15 give, grant *s.o. to* (*l-*) *s.o.* | donner, concéder *qqch à* (*l-*) *qqn* | أعطى ~ وهب (شيئاً لأحد); C 407/21, imp.p. *yhwkbnn* J 576/14 [M] meet, encounter (acc/*b-*) *enemy* | rencontrer (acc/*b-*) *l'ennemi* | لقي ~ واجه ~ جابه (عدوًّا); inf. *hwkbn* J 660/11 [M] despatch troops *after* (*bʾṯr*) *s.o.* | envoyer des troupes *sur les traces* (*bʾṯr*) *de qqn* | أرسل جنداً (في أثر أحد)

v.imp. *yhwkbn* C 603b/18, C 609/4 ?[J]? < >

v.inf. *s¹twkbn* J 560/10 seek out *s.o.* | aller trouver *qqn* | طلب (أحداً)

n. *wkb* C 398/11, YM 451/2 < >

n. *mykbt* J 702/16 grant of favour / of oracle | octroi d'une faveur / d'un oracle | إعطاء فضل / إعطاء جواب وحي

n. *mhwkb* C 308/5 [A] ?plantation | plantation | مزرعة، مَغْرس ≠ conduit | conduite *d'eau* | قناة، سَرَب?

→ *kbt*

WKḤ

n. *wkḥy-m* ST 1/15 ?*in* utter rout | *en* complète déroute | أشدّ هزيمةٍ?

WKL

v. *wkl* R 4922/4 {Gar Note 1.436} ?entrust | confier | وَكَل. عَهِدَ?

v. *twkl* C 528/5, s^1*twkl* [R] seek favour ($b^{c}m$; J 611/15 *l*-; ZI 20+acc) *from deity by vowing an offering* | demander la faveur ($b^{c}m$; J 611/15 *l*-; ZI 20+acc) *d'une divinité en promettant une offrande* | سأل فضلاً (من إلّه بأن نذر قرباناً); J 2856/1 (—*w*/*ws*^{1} *tḥrn*) [J] gain approval | être approuvé | لقي قبولاً. لقي موافقة

n. *hwklt* ZI 28 (*hyt*/—*n*) &c, p. *hwkl* J 568/13 (*hnt*/—*n*) &c *divine* favour | faveur *divine* | فَضْلٌ (من إلّه)

n. *mwkl* C 81/6, N 27/4 votive offering | offrande votive | قربان نذر

WKN

v.inf. *hwknn* C 19/9, R 4233/7 grant, bestow (*deity*) *favour* on *s.o.* | accorder ~ octroyer une faveur à *qqn* (*divinité*) | مَنّ ~ تفضل (إلّهٌ بفضل على أحد)

***WKY* I**

v.p. *hwkyw* Iṣt 7630/3 {sic leg., Höf SEG 8.33 n. 68} [C] construct *house* | construire *une maison* | بنى (بيتاً)

***WKY* II**

n. *wky-m* J 576/16 [M] ?difficulty, straits | difficultés, situation difficile | ضائقة. شِدّة {Bee Notes 12.56}?

WLD

v. *wld*, f. *wldt*, imp. *yldn*, f. *tldn*, inf. *wld* J 664/6, bear/beget *child*, offspring; be born | mettre au monde ~ engendrer *un enfant* ~ *une progéniture*; naître | / ولدَتْ وَلَدَ (ولدًا ~ عِقبا)؛ وُلِدَ

v. *hwld* ZI 28, imp. *yhwldn* C 131/4, ZI 28, inf. *hwld*[*n*] C 350/14 be born | naître | وُلِدَ

n. *wld*, p. ʾ*wld*, ʾ*lwd* child, offspring | enfant, progéniture | ولد، عقب; (—/*ngs*^{2}*yn*) [calque Geez] son *of the Negus* | [calque du guèze] fils *du Négus* | ولد [حبشي منقول] (النجاشي)

n.coll. *wld* children, offspring | enfants, progéniture | وَلَد، وِلْد، وُلْد : أولاد، أعقاب; (—/ʾ*lmqh*, —/ʿ*m*) [S] nationals, adherents *of national deity* | nationaux, adeptes *d'un dieu national* | أولاد ~ أتباع (إلّهِ قوم)، رجال القوم

n. *mwld* J 2109/9 birth | naissance | مولد، ميلاد

→ *GDM*, *TLD*

WLY

n.coll. *wlyt* Rob Umm Laylā 1/3 [S] protected persons, clients *of a clan* | personnes protégées, clients *d'un clan* | موالي (عشيرة)

→ *TLY*

WQF

v. *wqf* C 81/2 affix *s.t. to* (*l-*) *s.t.* | attacher ~ fixer *qqch à* (*l-*) *qqch* | ثَبَّت (شيئاً الى شيء)

n. *tqfn* Gl 1628/3 determination, fixing | détermination, fixation | تثبيت ، إقرار

n. *mwqf* Ra 28/1 base | base | مقرّ ، مستقَرّ

WQH

v. *wqh*, f. *yqht* N 74/6, imp. *yqhn* command | ordonner | أَمَرَ

n. *qh*, *qht* order, command; authority | ordre, commandement; pouvoir | أَمْر؛ سلطة

†n. *qh* R 4069/10, C 325/3, 9 job, work, assigned task | ouvrage, travail, tâche imposée | †عمل ، مهمة ، فرض

v.p. *tqhw* Rob Maš 1/1 accept ~ conform to *a regulation* | accepter ~ se conformer à *un règlement* | تقبل (نظامًا)

v. †*tqh* Ist 7608bis/4, C 540/29 &c, p. *tqhw* C 541/105 complete *a task* | achever *une tâche* | †أَتمّ (عملاً أو مهمة)

†n. *tqh* C 540/66 completion *of task* | achèvement *d'une tâche* | إتمام ~ إنجاز (عمل أو مهمة)†

WQL

†v.p. *hwqlw* C 540/68 ?be worried, anxious about *s.t.* | être préoccupé ~ inquiet de *qqch* | †?اهتم ~ اغتم ~ قلق (لشيء)

WQM

v.p. *wqmw* Gar ISA 5/4, inf. *wqm* J 652/20 (*nqm/w*—) be / render submissive | être soumis / rendre docile | ذلّ / أذل

WQN

n. *mwqnt* Gl 1537/3 *votive object* | *objet votif* | (شيء وفاء بنذر), ?relief carving | relief sculpté | ?حفر بارز، نحت ناتئ

n. *mwqnt* C 542/6 ?< > ≠ cistern | citerne | حوض ، صهريج {Mü} ≠ sunken field | champ en contrebas | حوض زراعة ، حقل غائر {Irv}?

WQR

n. *wqr* C 438/1, C 601/14, C 947/4 stone; inscribed stone | pierre; pierre inscrite | حجر؛ حجر فيه نقش

n.p. *mwqrt* YMN 13/5 [C] rock-boring | forage dans le roc | ثقب صخر، نقب صخر

WRʿ

v. *hwrʿ* E 13§6, Gl 1376/6, p. *hwrʿw* C 353/16 [M] intimidate, overawe; check, repulse | intimider, impressionner; arrêter, repousser | أرهب ، أخاف؛ رَدّ ، صدّ ، كبح

****WRB***

n. *mrb* J 702/12 decay | carie *dentaire* | تَلَف ، نَخَر ، فساد ، (ف : ورب) {Mü Asa Misz 69}

WRD

v. *wrd*, imp. *yrdn* go down to *a place*; fall (*rain*) | descendre en *un lieu*; tomber (*pluie*) | ورد، نزل (إلى مكان)؛ نزل (مطر); R 3946/3 be downstream | être en aval | كان المجرى ~ عند أسفل الوادي; Gl 1658/3 [A] dig *a well* deep | creuser profondément *un puits* | عمّق حفرَ (بئر)، حفر (بئراً) عميقة; p. *yrdnn* C 609/6 (—/*wyfʿ*/*hmw*/*ʾs*^{1}*ṭrn*) [J] be valid | être valide | كان وارداً، كان نافذاً صحيحاً; inf. *wrd* BR M. Bayḥān 5/9 [M] fall *upon* (*b-*) *enemy* | tomber sur (*b-*) *l'ennemi* | نازل ~ واقع (عدوًّا)

v. *hwrd* C 375/2, †R 4158/4† [M] bring *troops* into the field | amener *des troupes* sur le champ de bataille | أنزل ~ أحضر (جنداً) إلى الميدان

v.p. *twrdw* J 665/18 [M] join battle | engager le combat | توارد الى القتال

v.inf. *trdn* C 604/3 [A] <   > ?√?

n. *wrd* MoMi Sab no. 76/4 (—/*ḏnmn*) *rain*-fall | chute *de pluie* | نزول (مطر)

n.d. *wrd-nhn* C 549/2 ?slave | esclave *masculin* | عبد {Mü apud Wiss Gesch 2.172}?

WRḪ

n. *wrḫ*, p. *ʾwrḫ* month | mois | شهر; date | date | تاريخ {JRy Him 5.207 n. 12}

WRK

n.f. *wrk* R 4142/6 hip, thigh | hanche, cuisse | ورك {Bee St 2.23-4}

WRQ

n. *wrq* Ra 69/3 (—/*ʾrḍn*) &c vegetable crops; vegetable plot | produits maraîchers; potager | ثمار بقول؛ مغرس بقول

n. *wrq* Gar AY 6/2 (*blṭm*/—) {Bron AION 41 (1981). 163} gold | d'or, en or | ذهب; Gr 14/1 (*ṯlṯy*/—*m*) gold coin | pièce d'or | وَرِق، قطعة نقد من ذهب

n. *wrq* R 3946/7 ?<   > ≠ n.pr.?

WRṮ

v. *hwrṯ* C 516/27, R 3951/5 <   >

v.d. *twrṯy* C 37/3 inherit *s.t.* from (2 acc) *s.o.* | hériter *qqch* (acc) de (acc) *qqn* | ورث (شيئاً) من (أحد)

n.f. *wrṯt* C 95/2, m.p. *ʾwrṯ* C 95/5 [S] overlord/lady *by right of inheritance* | suzerain/suzeraine *par droit de succession* | وارث / وارثة، سيد / سيدة (بحق الوراثة)

WRW

v.p. *wrww* R 3945/13 [M] attack | attaquer | هاجم، هجم

n. *wrwtn* C 320/2 <   >

wry → ***HWR***

WS^{1}***ʿ***

v.imp. *yws*^{1}*ʿn* R 4351/1 [A] amply supply *with water* | pourvoir abondamment *d'eau* | أوسع (مكاناً ماءً)

†v.p. *ws*^{1}*ʿw* Ry 507/7 ?<   > ≠ → *WS*^{3}*ʿ*?†

WS¹M

n. *s¹mt* C 553+554/2 line, mark, sign | ligne, marque, signe | وسم، سِمَة، علامة; Gar ISA 5/8 *oracular* sign, omen | signe *oraculaire*, présage | سِمَة، أمارة (وحي)

mws¹m Gar ŠY/A7: leg. *b-ws¹ṭ*

****WS¹N***

n. *s¹nt* J 567/6, R 3929/5 sleep | sommeil | سِنَة، وَسَن

WS¹Ṭ

n. *ws¹ṭ*, *mws¹ṭ* C 308/10, *ys¹ṭ* N 74/2⁺ middle, midst | milieu, intérieur | وسط; *b-ws¹ṭ* within, inside; during | dans, à l'intérieur de; durant | وسط، في داخل؛ أثناء

WS¹Y

v.p. *hws¹yw* J 647/25, *hws¹y-* J 647/26 assign *a job* to *s.o.*, commission *s.o.* to *job* | assigner *une tâche* à *qqn*; charger *qqn* d'*une tâche* | خصّ (أحدًا بعمل)، عهد إلى (أحد بعمل)

v.p. *tws¹yw* Gl 1533/12 ?give mutual *financial* support | s'assister mutuellement *au point de vue financier* | ?تواسَوا ~ تآسوا ~ تعاونوا (في مال)

n. *s¹yt* J 647/25⁺ work, job, assignment | ouvrage, tâche, mission | عمل، مهمة، فريضة

WS²ʿ

v. *hws²ʿ*, inf. *hws²ʿn* grant favour to *s.o.* | accorder une faveur à *qqn* | أوسع ~ أعطى (أحدًا) فضلاً

v. *s¹tws²ʿ* J 700/7 seek favour from *s.o.* | demander la faveur de *qqn* | طلب فضلاً من (أحد); J 700/10 be asked for favour | recevoir une demande de faveur | سئل فضلاً

n. *ws²ʿn* favour | faveur | فضل

WS³ʿ

v. *ws³ʿ* R 4646/1 [J] decree, ordain | décréter, ordonner | أمر، قضى، حكم

†v. *ws³ʿ* Ry 506/7 ?give guarantees to *s.o.* | donner des garanties à *qqn* | أعطى ضمانًا (إلى أحد) {GRy} ≠ negotiate with | négocier avec | فاوض {Bee Mureighan 392} ≠ make proclamation to | faire une proclamation à | أعلن إلى {Pir Invective 34}?

v. *hws³ʿ* Gl 1138/7 give sufficient *water* | donner suffisamment *d'eau* | أعطى نصيبًا كافيًا (من الماء)

v.p. *tws³ʿw* J 649/30, inf. *tws³ʿ* J 646/7, *tws³ʿn* J 649/29 [M] engage *enemy* | attaquer *l'ennemi* | نازل ~ عارك (عدوًا); [J] get the better of *legal adversary* | triompher d'un *adversaire judiciaire* | غلب (خصما في دعوى قضائية)

n. *ts³ʿ-n* Gl 1628/3 directive | directive | أمر، توجيه

→ *WS¹ʿ*, *S³Wʿ* II

****WS³D***

n. *ms³d* J 669/6, 12 base, plinth *of statue* | base ~ socle *de statue* | قاعدة ~ وساد (تمثال) {Bee Notes 12.65}

WS^{3}F

v. *ws^{3}f*, imp. *ys^{3}f* R 3946/4+, Ist 7630/3, *ys^{3}fn*, inf. *ws^{3}f* increase; add members (*spec. children*) to *a social group* | augmenter; ajouter des membres (*surtout des enfants*) à *un groupe social* | زاد، أضاف أفرادًا (لا سيما أولادا) الى (فئة اجتماعية)

?n.? *ws^{3}f* R 4123/2 ?colleague | collègue | ?صاحب، زميل

WS^{3}L

v.imp.p. *yhs^{3}lnn* J 669/13, 24 [R] make a propitiatory offering | faire une offrande propitiatoire | قدم قربانَ وسيلة، توسل بقربان {Irv Hom 285 n. 55}

n. *mws^{3}lt* Gl 1743/1 [R] propitiatory offering | offrande propitiatoire | قربان توسّل، قربان وسيلة

WS^{3}Q

v.inf. hws^{3}qn J 557 [C] fill in *a wall* | emplir *un mur fourré de son blocage intérieur* | ملأ ~ طمّ ~ ردم ~ سطم (جدارًا)

n. *s^{3}qt* C 581/8 pregnancy | grossesse | حَمْل، حَبَل {Bee Temp Mar 22}

v.imp. *ys^{3}q* R 4689/4, inf. *ws^{3}q* Gl 1653 < >

n./v. *ws^{3}q* R 4635/6 < >

n. *ws^{3}qt* C 131/3 < >

WS^{3}Y

v. *ws^{3}y* J 737/2, 3 comfort | réconforter | سلّى، آسى

WṢ^{c}

v.f. *twṣ^{c}t* C 365/5 < >

WṢḤ

†v. *wṣḥ* C 540/7, C 541/24+ reach, come to | atteindre, se monter à | †وصل، بلغ

WṢL

v. *hwṣl*, p. *hwṣlw*, imp.p. *yhwṣlnn* Gl 1177/9, inf. *hwṣln* F 3/8 proceed *to* (*l*-), arrive *at* (^{c}*dy*) *a place* | se rendre *à* (*l*-) ~ arriver *à* (^{c}*dy*) *tel endroit* | سار ~ وصل (إلى مكان); [M̱] join, rejoin (acc) *a unit* | se joindre à ~ rejoindre (acc) *une unité* | التحق بـ (وحدة)، عاود (وحدة); [J] adhere *to* (*l*-) *an instruction*, comply *with an order* | obéir *à* (*l*-) *des instructions*, se conformer *à un ordre* | تمسك (بتوجيه)، امتثل (لأمر)

n. *ṣlt* C 575/3, Sh 17§1, ?R 4940/1? gift | don | صِلَة، عطية

†n. *ṣlt* B. Ašwal 1/3 (*b—/s^{2c}bhw*) ?assistance, cooperation | assistance, coopération | صِلَة، عون، تواصل، تعاون {Bee Marg 1.394} ≠ → *ṢLW* I?

→ *ṢLL*, *ṢLW* I

****WṢM***

v.imp. *yṣmn* C 972 disgrace | déshonorer | وصم، عاب، أخزى

WṢT

v. *hwṣt*, imp. *yhwṣtn* decree, ordain *s.t.* | décréter ~ ordonner *qqch* | قضى ~ أمرَ ~

(بشيء) حكَمَ; appoint *s.o. to position of authority* | nommer *qqn à un poste de responsabilités* | (أحدًا في منصب سلطة) نصّب; R 3945/1 &c (*—/kl/gwm*) [S] organize *social groups* | organiser *des groupes sociaux* | (فئات مجتمع) نظّم

n. *mwṣt*, *mṣt* R 4176/9, p. *mwṣtt* J 831/2 [J] decree | décret | أَمْر، حُكْم; [M] mission, undertaking | mission, entreprise | بَعْث، مهمة

WTḎ

n. *mwtḏ* R 4029/1 < >

WTF

†v. *wtf* Ry 510/3 (*—/ḏn/ms¹ndn*), J 1028/12, J 1030/5 place on record | consigner | قيّد، دوّن†

n. *wtf* [J] grant, concession (*spec. of land*); concessionary document | cession ~ concession (*surtout de terres*); acte de concession | منحة (لا سيما أرضاً)، وثيقة مِنحة، وثيقة تنازل

WTM

v. *hwtm* C 947/4 (*[...]ḏn/wqrn/—/h[...]*) < >

WTN

a. *mhwtn-m* J 627/12, J 628/13 [A] continuous *rain* | *pluie* continue | (مطر) دائم ~ واتن

wtnw Gar ŠY/A8: leg. *wzʾw*

WTW

v.p. *hwtw-* J 560/14 bring back | ramener | ردّ، أرجع → *ʾTW*

***WṮB* I**

v.imp.p. *yṯbnn* Ist 7626/2, Gl A 452/4, inf. *wṯb* J 720/8 sit; reside, settle, occupy *land* | être assis; résider dans, coloniser, occuper *une terre* | قَعَد، جلَسَ، وثَبَ (حميرية قديمة)؛ حَلّ ~ احتلّ (أرضا); imp. *yṯbn* R 4782/3 (*—/bʿm/s²ʿbn*) ?take one's place *in the community* | prendre sa place *dans la communauté* | ?احتلّ مكانه (في جماعة)

v./n. *hwṯb* C 624, R 4499 < >

n. *hwṯbt* C 625 ?founding, laying foundations | fondations, pose des fondations | ?تأسيس، وضع أساس

n. *ṯbt* R 4089/1, R 4531/1, Gr 3/1 [C] shrine | sanctuaire | معبد، مقام → *ṮBT*

n. *mwṯb* seat, residence; shrine | siège, résidence; sanctuaire | مقر، مسكن؛ معبد

n.coll. *mwṯbt* J 575/5 sedentary folk | sédentaires | حضر، أهل حاضرة

n. *twṯb* J 2867/4 [C] *building operation / constructional feature* | *opération de construction / élément de construction* | (عملية بناء / جزء من بناء)

***WṮB* II**

v. *twṯb* J 725/8 (*zḫn/wʾṯ[ʾr]/—hw/wṯʾrhw*) inflict *wound* on, commit an assault on *s.o.* | infliger *une blessure* à ~ se livrer à une agression contre *qqn* | أصاب (أحدًا

(أحد) اقترف اعتداء على ،(بجرح ; *twṯb-* BR M. Bayḥān 5/7, inf. *ṯṯbn* BR M. Bayḥān 5/6 (*lrṣd*/*w*—) [M] ambush | tendre une embuscade | ترصد، تربص بـ، كَمنَ لِـ

WṮM

v. *twṯm* R 4779/1 < >

n. *wṯmt* Gl 1142/7 open country | rase campagne | أرض خلاء {Bee Taʾlab 155}

WṮN

v. *wṯn*, *twṯn* Ry 366/2 delimit, set bounds | délimiter, mettre les bornes | حدّد، وضع حدودًا

n. *wṯn*, p. *ʾwṯn* stela; boundary stone, boundary mark; boundary, frontier | stèle; borne, démarcation; limite, frontière | نَصْب، حجر حَدّ، علامة حد؛ حدّ

n. *twṯn* C 610/2 delimitation | démarcation | تحديد، تخطيط حدود

n. *myṯn* C 671/4 monument | monument | نُصْب

WṮQ

v. *wṯq* J 2870/2 entrust | confier | ائتمن

v. *hwṯq* C 600/4, *hṯq* R 4176/13 {sic photo}, imp. *yhwṯqn* F 55/5 [J] guarantee (*b*-) *s.t.* | garantir (*b*-) *qqch* | ضمِنَ (شيئًا)

v.inf. *s¹twṯq* C 291/4 ?guarantee | garantir | ضمن، تعهد بـ?

n.p. *ʾwṯq* hostage | otage | رهينة

WṮR

v. *wṯr* J 576/12, J 629/28, imp.p. *yṯrw* J 577/15 [M] destroy *buildings* | détruire *des bâtiments* | هدّم ~ دمر (أبنية); fill in *wells* | combler *des puits* | طمر (آبارًا)

v. *hwṯr* [C] lay foundations, groundwork | poser les fondations ~ la base | وضع أساسًا

n.p. *ʾwṯr* R 4351/3 ?low ground | terre basse | أرض منخفضة?

n. *mwṯr* [C] foundation; lower part, lower storey *of building* | fondations; partie inférieure ~ étage inférieur *d'un bâtiment* | أساس؛ جزء أسفل ~ طبقة سفلى (من بناء)

n. *ṯrt* C 608/1, C 448+Ḥakir 1/3 < >

WṮF

?n.? *wṯft* Mafy B. Zubayr 4/5 < >

WṮN

n. *mwṭn* ?field | champ | ميدان; [M] field *of battle* | champ *de bataille* | ~ ميدان موطن (معركة); [R] temple | temple | معبد، هيكل? → *WḌN*

n. *mwṭn* C 343/17 < >

WYN

n. *wyn*, *yyn* Ist 7630/5, p. *ʾwyn* NNAG 13+14/3 {JRy Inscr Nami 103}, *ʾywn* R 4194/3 &c [A] vineyard | vignoble | كرم عنب

WZʾ

v. *wzʾ* Mafy B. Zubayr 2/1 (*—/krfhmw*) ?[C] reinforce | renforcer | متّن، قوّى، وثّق?

v.aux. *wzʾ*, p. *wzʾw*, imp. *yzʾ*, *yzʾn*, *l-zʾn*, *yz*(!) C 335/4, *yḏʾn* Rob Réserve de Mārib 2/7, p. *yzʾnn* do *s.t.* again, furthermore, in addition, in future | faire *qqch* de nouveau ~ en outre ~ en plus ~ à l'avenir | دام ~ عاد ~ رجع (يفعل شيئا)

v.p. *hwzʾw* N 28/5, inf. *hwzʾn* Gr 3/2 [C] ?enlarge | agrandir | كبّر . وسّع?

→ *LYZ*

WZʿ

n. *wzʿ* [S] *title of tribal and military commander* | *titre de chef tribal ~ militaire* | وازع (لقب قائد قبلي أو عسكري)

†n. *zʿ* Ist 7608bis/9 {sic} control | contrôle | سيطرة†

Y

YʾB

v. *yʾb* C 523/5 {sic photo} (*—/bʾksʹwthw*) [R] bring defilement *on* | souiller (*b-*) *qqch* | أصاب بنجاسة

YBSʹ

v. *ybsʹ* J 735/6, 7, Mafy B. Kulāb 2/3 dry up (*well*, *land*) | se dessécher (*puits ~ terre*) | نشفت، نضبت (البئر)، جفت، يبست (الأرض)

n. *ybsʹ* (*bḥrm/w—m*) ?land (*opposed to sea*) | terre (*par opposition à mer*) | اليابس، اليابسة (عكس البحر) ≠ arid area | région aride | أرض جافة، أرض قاحلة?

YD

n.f. *yd*, d. *ydy*, *yd* C 369/2 (*ʾṣbʿm/bn/ṯty/yd*), p. †*ʾydw-* C 907/2, *ʾyd* C 541/51, 79† hand | main | يد; fealty, loyalty | allégeance, loyalisme | طاعة، ولاء، عهد; [J] *fractional* part-ownership *of land, canal &c* | part *fractionnaire* de copropriété *d'une terre ~ d'un canal &c* | يَدٌ ~ سهم ~ حِصّة (في قطعة أرض){Bee Notes 12.65}; R 4085/5 ?work-force, labour-force | main d'œuvre | يدٌ عاملة، جماعة عمال?; J 700/14 (*bn/ydyhw*) ?in front of *him*, immediately, on the spot | devant *lui*, immédiatement, sur-le-champ | بين يديه، أمامه، في الفور{Bee Add Irv Hom 292}?

YDʿ

v. *hydʿ* J 584/9 make known to, inform *s.o.* | faire connaître à ~ informer *qqn* | أعلم، خبّر (أحدًا)

v. *sʹtydʿ*, f. *sʹty/dʿt*(!) ZI 24, *sʹtdʿt* F 87/7, inf. *sʹtydʿn* seek *oracular* knowledge from; seek favour from *s.o.* | demander à *qqn* de connaître l'oracle; demander la faveur de *qqn* | استعلم (إلَهًا جوابَ وحي)؛ طلب معروفًا من (أحد)

n.?p.? *mydʿ* NNAG 15/17, 23, J 567/18 *divine* favour | faveur *divine* | معروف ~ فضل (إلهي)

→ *dʿ*

ydh

v.imp. *ydh-hw* N 45/1 <   >

YFʿ

v. *yfʿ*, imp. *yyfʿn* NNAG 4/7 &c, *yfʿn* C 88/5, C 376/15, inf. *yfʿ* C 609/6, R 4768/3 go up to, approach *place/person* | se rendre *quelque part* ~ *chez qqn*; s'approcher *d'un endroit* ~ *de qqn* | شارف ~ دانى (أحدًا / مكانًا)، صعد (مكانًا); C 429/6 rise up, oppose | s'opposer, se révolter | ثار، عصى، قاوم; †C 541/116 take (*l-*) *a task* in hand | prendre en charge (*l-*) *une tâche* | †تولى ~ أخذ على عاتقه (عملاً); J 618/18 rise, spring (*stream*) | jaillir, prendre sa source (*cours d'eau*) | نَبَعَ (جدولٌ); [J] be *formally* made known, proclaimed | être annoncé ~ proclamé *officiellement* | جرى تبليغه ~ جرى اعلانه (رسميًا); J 750/8 [R] be manifested (*divine power*) | se manifester (*puissance divine*) | تجلّى (إلَـهٌ أو قوةٌ إلَهية)

v. *yfʿ* J 619/10, F 120/13, v.f. *hyfʿt* N 74/3 announce, make known | annoncer, faire connaître | أعلن، أذاع

v. *yfʿ* Gl 1598/2 erect | ériger | أقام، رفع

v.inf. *tyfʿn* C 314+954/12 *dynastic* accession | accession *au trône* | اعتلاء سلطة، تبوء مكانة

v. *s^1tyfʿ* Gl 1574/13 (*ḥgn/—/lhmw/bms¹ʾlhw*) &c declare (*deity*) His will | proclamer sa volonté (*divinité*) | جلّى (إلّه) إرادته

†v. *s^1tyfʿ* C 597/9 <   >†

†pp. *mtyfʿ-m* R 5094/5 ?claimant | requérant | مطالب، متطاول، مُدَّعٍ?†

YHR

v.inf. *hyhr* C 408/11, J 564/7, *hyhrn* C 82/5, J 668/13 win success, glory, renown | récolter du succès ~ de la gloire ~ de la renommée | أحرز نجاحا ~ مجدا ~ شهرة

n. *yhr* J 616/29 glory, renown | gloire, renommée | مجد، شهرة

YMN

v.imp. *yhymnn* C 432/6 ?be southward | être au sud | أيمن، تيامن، كان في اتجاه الجنوب?

n. *ymn* C 535/8, Rob 1/4 right hand | main droite | يد يمنى

n. *ymnt* south | sud | الجنوب

a.f. *ymnyt-n* GRy Graff p. 561 southern | du sud | جنوبي

YQH → WQH

YQṬ

v. *yqṭ* Ist 7630/4 [C] hollow out, excavate, dig | creuser *le sol* | حفر، نقب

YQẒ

n. *myqẓ* distress, affliction | détresse, affliction | شدة ، بلاء ، بلوى

YS¹R

v. *ys¹r*, *hys¹r* send, despatch | envoyer, dépêcher | أرسل ، بعث ، أنفذ

n. *mys¹r-n* Gr 41/3 <   >

YS¹Ṭ → *WS¹Ṭ*

YṮN → *WṮN*

YWM

n. *ywm*, *ym*, p. *ʾywm*, *ymt*, *ywmn* Ra 42/12 day; time | jour; moment | يوم ; *day of* battle | *jour d'une* bataille | يوم ، معركة {JRy Him 3.242}

conj. *ywm*, *ym* when; because | lorsque; parce que | يومَ ، حينَ ، إذ ؛ لأنّ

YYN → *WYN*

Z

z

pron.rel. *z-* RB B. Bakr 1/3, †R 5085/1, R 5043 &c†, f. *zt* Rob Réserve de Mārib 2/6 which; of | qui, que; de | الذي ؛ ذو → *ḏ*

†a.dem.m.s. *zn* BR Yanbuq 47/7 this | ce | هذا† → *ḏ*

ZʾD

v.inf. *s¹tzʾdn* C 291/4 (*s¹twṯqn/w—*) [J] ?offer security | cautionner | قدم ضمانة ، قدم كفالة؟

n. *zʾd* R 3910/7 (*yhrʾs²n/—m*), F 55/5 (*kl/—m/lḏyhwṯqnhw*), C 291/10, Rob Kānit 4/4, 5 [J] rent-charge, revenue | loyer, rentes | أجرة دائمة ~ أجرة مرتبة (على أرض) ، ريع ، خراج ، غلة

n. *zʾd* J 2867/6 (*bmlʾ/w—/ʿṯtr*) ?goodwill | bienveillance | رِضًى ≠ order | ordre, commandement | أمر؟

n. *zʾdʾ*(!) {reading suspect | lecture suspecte | قراءة مشكوك فيها} J 750/7 ?payment, fulfilment *of vow* | paiement, accomplissement *d'un vœu* | تسديد ؛ وفاء (نذر) {Bee Misf 228}?

ZʾK

v.inf. *zʾk* J 720/16 [R] make a sin-offering | faire une offrande pour le péché | قرّب قربانَ خطيئة {Höf Sühne 111}

zʾt

n. *zʾt* J 578/41, J 763/5 constraint, difficulty, oppression | contrainte, difficulté, oppression | تضييق ، شدة ، قهر

Zʿ M

n. *zʿm* C 396/7, N 74/4, 8, p. *ʾzʿm* N 74/5 declaration | déclaration | زعم، قول، إعلان

ZBD I

v. *zbd* BR M. Bayḥān 5/7, 10 [M] raid, maraud | faire une razzia, marauder | تسلل، أغار

n.d. *ẓbd-nhn* BR M. Bayḥān 5/9 [M] marauding party | bande de maraudeurs | جماعة متسللين، جماعة مغيرين

ZBD II

n.?p.? *zbd* C 308/17 ?gift | don | ?هِبة، عطِيّة

ZBR

v. *zbr* C 287/1, 3 erect a construction | ériger une construction | بنى، أقام بناء

ZFF

n. *mzf* R 3943/5, R 3946/6, p. *mzff* R 3943/5, 6 [A] ?outflow channel *of dam* | chenal d'écoulement *d'un barrage* | ?مجرى الماء الخارج (من سدّ)

ZHD

n.p. *ʾzhd* C 601/8 (—/*wʾṯry*) [J] tax ?*on agricultural produce*? | taxe ?*sur les produits agricoles*? | ?ضريبة، خراج (؟على محصول زراعة؟)

ZḪN

v. *zḫn* be wounded | être blessé | جُرِح، أصابته جراح، أُصيب

n. *zḫnt*, p. *zḫn* wound | blessure | جُرْح

a.p. *zḫynt* E 13§9, *zḫn* J 577/1 wounded | blessé | جريح

zḥ → *NZḤ*

****ZKW***

†n. *zkt* Ry 403/3, B. Ašwal 1/2, Gar AY 9d/7 (—/*rḥmnn*) [LW] *God's* grace | grâce *de Dieu* | †نعمة، فضل

****ZLL***

n. *zlt* Alfieri 1/1 [R] votive plaque | plaque votive | لوح تقدمة (وفاء بنذر) {Bee Notes 11.198}; C 40/4 &c [A] ?drainage platform | plate-forme d'écoulement | مصطبة ?تصريف ~ مزلة ~ مزلقة (ماء)

n.p. *ʾzlt* J 2869/3 [C] < >

****ZMM***

n. *zm* R 3945/2, 3 [A] water-supply | alimentation en eau | موارد مائية، ماء متوفّر

ZRF

†n.?d.? *zrftn* C 621/8 party, troop *of men* | détachement, troupe *d'hommes* | زرافة، †فرقة، كوكبة (رجال)

ZRR

v. *zrr* R 4781/3, imp.p. *yzrrw* ZI 71 ?[J] raise/establish claims to *s.t. against* (*bʿly*) *s.o.* | faire valoir ~ établir des droits à *qqch à l'encontre de* (*bʿly*) *qqn* | أثار / أثبت ادعاء (بشيء على أحد) ≠ restrict *water*-supply | mettre des entraves à l'alimentation *en eau* | عاق ~ قيّد ~ حدّد توريد (ماء) ≠ border on | être limitrophe de, jouxter | تاخم {Bee Notes 11.205}?

****ZWL***

†v.p. *zlw* C 540/28 complete, finish | compléter, achever | †أتمّ، أنجز

ZWR/ZYR

n.p. *zwyr-n* Gl 1330/7 [A] ?water-distributor | distributeur d'eau | ?موزّع ماء

ZYY

n.p. *ʾzyy* Gr 3/5, †C 540/12⁺ † [C] ?*iron* clamp, reinforcement plate | crochet ~ plaque d'armature *en fer* | قوامط، ملازم (من حديد)؛ الواح تقوية، صفائح تمتين {Bee St 1.93}?

Ẓ

ẒʿN

v. *ẓʿn* C 547/4, J 575/4 move, shift, decamp | se déplacer, changer de position, décamper | ظعن، رحل

ẒBB

n. *ẓbb* YM 544/3 [A] ?catchment area | zone de captage | ?منطقة مسايل أمطار

ẒBN

v.imp. *yẓbn* Gl 1574/15 → *ṢBN*

ẒBR

n. *ẓbr* F 3/6 (*byt/w—/wrbʿ*), F 76/5 [S] *social grouping, community* | *groupement social, communauté* | (فرقة أو فئة من المجتمع)

ẓbr C 608/8 < >

ẒBY

a.f. *ẓbyt* R 4142/4 young *she-camel* | jeune *chamelle* | (ناقة) فتيّة

****ẒFF***

n. *ẓf* J 2918e/3 &c, p. *ẓft* J 2931/3, J 2949/4 < > → **ṢFF*

ẒHR

v. *hẓhr* C 376/12, 14 [J] testify, witness, certify | attester, certifier | ظهّر، شهد على، أشهد على، شهد بـ، صدّق على

n. *ẓhr* [J] document, certificate | document, acte | ظهير، وثيقة، شهادة

n. *b-ẓhr* R 3945/16 *on the* back *of*, upon | *sur le* dos *de*, sur | (بـ)ظهر، (على) ظهر، على

ẒKK

n.p. *mẓkkt* F 61/2, R 4085/2 {sic} [A] ?sluice | écluse | بوّابة ساقية توزيع ماء {Irv}?

ẒLʿ

v. *ẓlʿ* C 548/4^{+} [J] be fined, pay a fine | être mis à l'amende, payer une amende | غُرِّمَ، دفع غرامة

n. *ẓlʿ* C 546/4, C 548/9 [J] fine | amende | غرامة

ẒLF

v. *ẓlf* R 4176/2 ?graze *cattle* | faire paître *du bétail* | رعى. أرعى (ماشية)?

v. *ẓtlf* C 546/(4), 7 < >

ẒLL

n. *ẓll*, d. *ẓlly* C 663/1 [C] *kind of covered structure* | *sorte de structure couverte* | (نوع من بناء مغطّى أو مظلل) ?tomb | tombeau | قبر?

n. *ẓlt* C 717/1, †C 925/1 {sic photo}† [C] ?tomb | tombeau | قبر?

n. †*mẓll-n* Gar ŠY/A9†, *mẓllt* C 648/3, YMN 10/2, *mhẓll* C 660/2 [C] covered structure | structure couverte | مظلة. بناء مظلل

n. *mẓl* MAFY Yašīʿ 6/2 < >

v. *hẓl* VL 25/3 {sic photo}, d. *hẓly* C 287/2, p. *hẓlw* C 287/1, Rob Kāniṭ 16/1, inf. *hẓln* C 287/11 [C] ?construct a *ẓll*/*mẓll* | construire un *ẓll*/*mẓll* | بنى مظلة?

→ *ṢLL*

***ẒLM* I**

n. *ẓlm* R 4815/a2, c8 &c darkness; west | obscurité; ouest | ظلام؛ مغرب، غرب

n. *ẓlm* ZI 22 oppression, injustice | oppression, injustice | ظلم

a. *ẓlm* R 3945/15 ?black | noir | أسود، حالك {CoRoss 160} ≠ n.pr. {Rho}?

***ẒLM* II**

n. *ẓlm* J 688/3 image, statue *of man* | image, statue *d'homme* | مثال، تمثال

→ *ṢLM*

ẒMʾ

v. *ẓmʾ* J 750/6, J 2110/6 suffer thirst | souffrir de la soif | ظمئ، عطش

n. *ẓmʾ* E 13§11 thirst | soif | ظمأ، عطش → *ṢMʾ*

ẒRB

v. *ẓrb* F 76/1 {sic} &c [J] hand over, transfer *property* | remettre ~ transférer *des biens* | سلم، نقل، حوّل (أملاكا)

n. *ẓrb*, p. *ʾẓrb* R 3966/3, 9 [J] proprietary right; *landed* property | droit de propriété; propriété *foncière* | حق تملك؛ أملاك (عقارية)

ẒRF

v. *hẓrf* R 4194/4 [A] ?set in order | mettre en ordre | رتب، نظم?; J 2147/7 {sic photo, Gar Note 2.299} [R] ?offer incense | faire une offrande d'encens | قرب بخورا {Mü Frankincense 128}?

ẒWR

n. *ẓwr* R 3946/5, *ẓr* R 4176/15, †C 540/11† &c rock; bedrock; ?foundation? | rocher; roche vive; ?fondations? | صخر، صفا؛ ؟أساس؟

v. *ẓwr-* C 353/8, d. *ẓwry-* J 578/26, p. *ẓwrw* J 629/27 &c, imp.p. *yẓwrw* J 577/8, inf. *ẓwrn* E 32/29, 33 [M] invest, besiege | investir, assiéger | حصر، حاصر، ضيّق على

ẓym

ẓym R 4054/2 <   >

ẒYW/ẒYY

v. *ẓyw* F 120/16 <   >

a. *ẓy* YM 441/9, f. *ẓyt* C 504/6 clean, *ritually* pure | *rituellement* pur | نظيف، طاهر (لعبادة) {Bee CIAS I.88}

?n.? *ẓyt-hw* Gr 28/3 <   > ?√?

قائمة المصادر العربية

يوسف محمد عبد الله : مدونة النقوش اليمنية القديمة. نقوش جديدة، مجلة دراسات يمنية : العدد الثاني، (مارس ١٩٧٩) ص ٤٧-٧٥

-- : -- مجلة دراسات يمنية : العدد الثالث (اكتوبر ١٩٧٩) ص ٢٩-٦٤

محمد عبد القادر بافقيه : تاريخ اليمن القديم. بيروت ١٩٧٣

-- وكريستيان روبان : من نقوش محرم بلقيس. ريدان، المجلد الأول (١٩٧٨) ص ١١-٥٦

زيد بن علي عنان : تاريخ حضارة اليمن القديم، القاهرة ١٣٩٦ هـ (= ١٩٧٦ م)

مطهر علي الإرياني : في تاريخ اليمن : شرح وتعليق على نقوش لم تنشر، ٣٤ نقشا من مجموعة القاضي علي عبد الله الكهالي. القاهرة ١٩٧٣

خليل يحيى نامي : نشر نقوش سامية من جنوب بلاد العرب وشرحها. القاهرة ١٩٣٤

-- : نقوش عربية جنوبية، مجلة كلية الآداب ٩/١ (١٩٤٧) ص ١-٣، لوحات ١-٤

-- : المجموعة الثانية، مجلة كلية الآداب ١٦/٢ (١٩٥٤) ص ٢١-٤٣، لوحات ١-٤

-- : المجموعة الثالثة، مجلة كليه الآداب ٢٠/١ (١٩٥٨) ص ٥٥-٦٣

-- : المجموعة الرابعة، حولية كلية الآداب ٢٢/٢ (١٩٦٠) ص ٥٣-٦٣، لوحات ١-٤

-- : المجموعة الخامسة، حولية كلية الآداب ٢٣/١ (١٩٦١) ص ١-٩، لوحة واحدة

-- : المجموعة السادسة، حولية كلية الآداب ٢٤/١ (١٩٦٢) ص ١-٨، لوحات ١-٤

أحمد حسين شرف الدين : تاريخ اليمن الثقافي، الجزء الثالث. القاهرة ١٩٦٧

انظر أيضا	→	see also
أو (انظر ص ١١)؛ قبل رقم السطر في النص	/	or (see p. XIII); *before line number of text*
قاصر على فترة التوحيد	††	only in the monotheistic period
تفسيران متعارضان يمنع أحدهما الآخر	≠	*mutually exclusive interpretations*
تقسيم فرعي للنص من اختيار الناشر	§	editor's subdivision of a text
و (العاطفة	&	and
الخ	&c	etcetera
مادة فعل. جذر كلمة	√	root
بمعنى؛ أي	=	in the sense of; identical to
موضع شك	? ?	dubious
تصحيح في النص؛ فاعل مألوف لفعل	( )	textual emendation; typical subject of verb
اعادة تركيب نص	[ ]	textual restoration
ملاحظات المؤلفين	{ }	remarks by authors of articles or editors of texts
غامض. مبهم	< >	obscure
علامة تحل محل الكلمة موضع النظر في الشاهد	—	*replaces the head-word of an entry in a quotation*
في ثنايا الصيغة المستشهد بها؛ تقسم عناصرها؛ في نهاية صيغة مستشهد بها : تحل محل الضمير المتصل	-	*in the interior of a cited form, divides its constituent elements; at the end of a cited form, replaces an affix pronoun*
تدل على خيار بين لفظين يشكّلان جزءًا من معنى أطول	~	*signifies a choice between two terms forming only part of a longer gloss*
لفظ مطابق من العربية الفصحى	(ف)	Classical Arabic usage of the same root
لفظ مطابق من اليمنية الدارجة	(ي)	Modern Yemeni usage of the same root
لفظة سبئية بحروف عربية	« »	transliterations of Sabaic words in Arabic script

ينبغي أن يقرأ	leg	to be read as
لفظة دخيلة	[LW]	loan-word
مذكر	m	masculine
سياق حربي	[M]	military context
اسم ؛ ملاحظة	n	noun; note
نفي . منفي	neg	negative
عدد	no	number
مرفوع	nom	nominative
جمع ؛ صفحة	p	plural; page
أداة . حرف	partic	particle
مبني للمجهول	pass	passive
مثلا	p. ex.	
تحقيري . مبتذل	pejor	pejorative
شخص (المتكلم أو المخاطب أو الغائب)	pers	person
صيغة اسم فاعل أو مفعول	pp	participle
حرف جر	prep	preposition
شيء ما	qqch	
شخص ما	qqn	
سياق ديني	[R]	religious context
اسم موصول	rel	relative
مفرد	s	singular
سياق كيان اجتماعي	[S]	social structure context
سبئي	Sab	Sabaic
كذا	sic	thus!
أحد	s.o.	someone
لاسيما . خاصة	spec	specially
شيء ما	s.t.	something
في مادّة	s.v.	under heading
متعدٍّ	tr	transitive
فعل	v	verb
أفعال	vv	verbs
(مستعمل) مع ؛ (يربط جزئين من نصّ واحد)	+	(used) with; *links two portions of the same text*
في النص نفسه شاهد آخر على الأقل	±	at least one more citation in same text
مادة الفعل الكاملة ليس عليها شاهد	*	root unattested in full form
صيغة مستغربة، صيغة شاذه	(!)	abnormal form

الاختصارات النحوية والاصطلاحية

صفة	a	adjective
سياق زراعة / ري	[A]	agricultural/irrigational context
نكرة	abs	absolute
منصوب	acc	accusative
عن. حول. عند الكلام على	ad	on
ظرف زمان أو مكان	adv	adverb
مساعدة	aux	auxiliary
للتعدية	caus	causative
قارن. انظر	cf	compare
سياق بناء أو انشاء	[C]	constructional context
اسم جمع	coll	collective
تعليق. تعقيب	comm	commentary
حرف عطف	conj	conjunction
مضاف. في حالة اضافة	constr	construct
تصويب	corr	corrigendum
مثنى	d	dual
اسم اشارة	dem	demonstrative
تصغير	dimin	diminutive
مؤلفو هذا المعجم	edd	present editors
مثلا	e.g.	for example
مؤنث	f	feminine
مجرور. مضاف اليه	gen	genitive
في الموضع نفسه. كالسابق	ibid	in the same place
مضارع. فعل غير تام	imp	imperfect
أمر	imperat	imperative
فاعله ضمير الشأن	impers	impersonal
غير متصرف. مبني	indecl	indeclinable
مصدر	inf	infinitive
لازم	intr	intransitive
سياق شرعي أو اداري	[J]	juridical or administrative context

والنقطة (؛) فتميز بين شروح تحدد معاني مختلفة لكلمة سبئية متعددة الدلالات، وعلى القارىء أن يجد المعنى الملائم للسياق. أما رمز = فقد استعمل للتمييز بين تفسيرات متباينة تباينا اساسيا نقترحها شرحا للكلمة في سياق واحد. ولكن لم تجر محاولة لحصر جميع التفسيرات التي اقترحت في أوقات ومناسبات مختلفة شرحا لكلمة واحدة بينها، فبعض هذه التفسيرات غير مقبول في حد ذاته وبعضها ثبت خطؤه في ضوء بينات لاحقة.

واستعملت الفاصلة المائلة (/) للأغراض التالية :

أ) مع معان زوجية متعارضة مثل ملك / ملكة،

ب) حيث يصعب القطع بحقيقة كلمة سبئية (مثلا هل هي اسم أو فعل)،

ج) في حالات قليلة بين معان ليست من قرب الصلة والترادف بحيث تسمح باستعمال الفاصلة، ولكنها مع ذلك معان يمكن أن يختار بينها.

أما الفاصلة المتموجة (~) فلها دلالة أعم : فهي تحلّ محلَّ الفاصلة المائلة ومحلّ الفاصلة العاديّة حيث لا ينطبق الاختيار أو الاستبدال إلّا على جزء من المعنى.

أما في اختيار الألفاظ العربية التي استعملت في تحديد معاني الكلمات السبئية وبيان الزيادات الايضاحية فقد جرى العمل بما يلي :

١) التزمت الألفاظ العربية الأساسية الشائعة الاستعمال اليوم في مختلف الأقطار العربية، قدر ما يستطيع الانسان أن يحكم على ذلك.

٢) استعملت بعض الألفاظ الفصحى المهجورة أو شبه المهجورة وكذلك بعض الألفاظ اليمنية الدارجة اليوم اذا كانت اللفظة الفصحى أو اليمنية العامة هي عين الكلمة السبئية اشتقاقا أو لفظا وكان ذلك يعين في تحديد معنى الكلمة السبئية تحديدا واضحا يزيل وهما أو غموضا سابقا في معنى اللفظة. أما مقارنة جميع الألفاظ الفصحى، شائعة كانت أو غير شائعة اليوم، وكذلك مقارنة جميع الألفاظ اليمنية العامية فليس موضعه هنا. فهذه الألفاظ، ولا سيما اليمنية العامية، يجب جمعها وحصرها ويجب الاطمئنان الى معانيها بالمشاهدة والخبرة، وقديما قال الأزهري صاحب تهذيب اللغة تعليقا على وهم وهمه الليث صاحب الخليل بن أحمد : «غلط الليث ... انما يعرف هذا من شاهده وثافنه، فأما من يعتبر الألفاظ ولا مشاهدة له فانه يخطىء من حيث لا يعلم». وانا لنرجو أن يتسع الاهتمام بهذه الالفاظ اليمنية العامية لا سيما على يد النبهاء من علماء اليمن الذين يستطيعون ضبط المعاني بالنشأة والخبرة والمشاهدة، ويحسنون بعد ذلك المقارنة والمطابقة.

أما الضمائر والأدوات التي لا يمكن ردها الى أصول ثلاثية فكتبت رؤوس مداخلها بحرف صغير، وقد اتبع ذلك في احالة بعض صور الكلمات التي لا يتيسر ردها الى أصل ثلاثي بعينه.

الشواهد : لا تعطى شواهد وافية للكلمات والصيغ الشائعة، أي ما ورد في اكثر من ثلاث حالات. واذا وردت صيغة واحدة مرتين في نص واحد استشهد بالحالتين، لكن اذا زاد الورود عن مرتين ذكر رقم السطر مع المرة الأولى واتبع ذلك بعلامة +. ورقم السطر الذي نورده هو رقم السطر الذي يرد فيه أول حروف الكلمة.

ولا يذكر تصريف الكلمات اذا كان أصلها صحيحا غير معتل. ولكننا اوردنا جميع الصيغ التي عليها شواهد اذا كانت صيغها الصرفية تسقط من الرسم حرفا من أصول المادة في المعتل بالواو والياء والمضعف وما ابتدأ بنون. ووجود شرطة بعد اسم أو فعل يدل على أن الصورة الواردة فيها ضمير متصل، أما بعد ضمير أو اداة فتدل الشرطة على أن الكلمة تكتب عادة جزءا متصلا بالكلمة التالية لها دون خط فاصل. وكذلك استعملت الشرطة لتمييز م التميم و ن التعريف.

واستعضنا عن الكلمة التي هي موضع الشرح بخط (–) يحل محلها في السياق.

أما الخنجران †† فقد استعملا لاحتواء النصوص التي ترجع الى عصر التوحيد وكذلك الصيغ والمعاني التي تختص بها تلك الفترة.

المعاني : لا بد عند اعطاء معنى لكلمة غير معروفة أن يستقيم المعنى مع السياق الذي ترد فيه. وبعض النصوص التي بين أيدينا أصابها من التلف، او يحيط بمعناها من الغموض، ما يجعل من العسير في هذه الحالة أن نحدس بمعنى مقبول يشرح كلمة نادرة ترد في مثل ذلك النص. وقد أدخلنا مثل هذه الكلمة انتظارا لما قد يأتي به المستقبل من شواهد قد تيسر شرح معناها، ولكن جعلنا مكان المعنى لها هذه العلامة ‹ ›.

ومن الأهمية في الغاية القصوى أن يتنبه القارىء الى علامات الاستفهام التي تضاف الى معان قد تكون مقبولة الى حد ما على ضوء البينة الحاضرة ولكن ينبغي أن لا يعتبر معناها مقطوعا به. فاذا ما وردت كلمة من هذا النمط في سياق جديد كان من الضروري اعادة النظر في السياق المعروف من قبل، لا أن يعتقد القارىء أن الشرح المقترح يمكن اتخاذه أساسا للتحقق من المعنى في السياق الجديد.

وكثير من المصطلحات الفنية لا يمكن ترجمته أصلا ولا يمكن شرحه الا بمدلولات تقريبية. ولذلك أشير الى الكلمات الاصطلاحية برموز موضوعة بين قوسين مربعين تدل على السياق العام لذلك المصطلح.

وفي القسمين الانجليزي والفرنسي من معاني الكلمات استعمل الحرف اللاتيني القائم لتحديد المعنى الفعلي للكلمة التي يراد ترجمتها، واستعمل الحرف المائل للزيادات الايضاحية المستقاة من السياق (وجعل اللفظ الذي يكون عادة مفعولا مألوفا لفعل ما بين قوسين مدورين).

أما في القسم العربي فاستعمل للمعنى الفعلي للكلمة التي يراد شرحها كلمات طبعت قائمة بذواتها، ووضع غير ذلك من زيادات ايضاحية ومفعولات مألوفة بين قوسين مدورين.

واستعملت الفاصلة (،) للفصل بين معان متعددة تصلح لتوضيح مقصود الشارح من شرح الكلمة رغم أن الكلمة السبئية الأولى كانت لا بد قاصرة في سياقها على معنى واحد. أما الفاصلة

مقدمة

المجال : كانت أدلتنا عند اعتبار نقش من النقوش سبئيا مبنية جزئيا على اعتبارات لغوية، ومبنية جزئيا كذلك على المكان الذي نعرف أن النقش جاء منه أو وجد فيه، وعلى نوع الخط وطرازه، وغير ذلك. ولم نعتبر من السبئية النقوش التي تستعمل فيها س في سفعل بدل ه في هفعل السبئية، وكذلك تستعمل فيها س في الضمائر بدل ه. أما نقوش الأحساء وقرية الفاو والنقوش المتقدمة زمنا من اثيوبيا فتبدو أنها بلغات لا يمكن تصنيفها سبئية. وأدخلنا بعض النقوش من نجران والمناطق المجاورة على اعتبار أن هذه النصوص (مهما كانت لغة القوم المحلية) قد تقوم شاهدا على استعمال السبئية لغة للكتابة الرسمية أو الرفيعة الشأن، كما كانت الآرامية تستعمل عند الأنباط. ولما كنا نعلم أنه لم يكتب بطريقة «خط الحراث» شيء من النقوش المعينية فقد اعتبرنا نقش YM 546، المكتوب بطريقة «خط الحراث»، سبئيا، و اعتبرنا تصنيف بيستون له في CIAS I. 9-10 معينيا أمرا فيه شك كبير. واستثنينا كذلك أواخر نقش زيد عنان رقم ١١، ذلك أنه حتى كلمتي ا ي ل م / ذ ه ب م بلغة سبئية، أما بعد ذلك فهو ليس بالسبئية، وفعلنا مثل ذلك بنقش أو اثنين من نقوش الشرجان (مثل VL 24) لاعتبارات مماثلة.

ولم نشمل أسماء الأعلام، ولكننا حيث خامرنا شك، أحيانا، في أن كلمة من الكلمات اسم علم أَوْ لا أشرنا الى امكان كون الكلمة اسم علم بالرمز .n.pr. وأغفلنا الكلمات التي تقوم شواهدها على تصحيح للنص أو اكمال للنقص فيه على يد محقق النص أو ناشره الا في حالات قليلة حيث تبدو إعادة تركيب الكلمة أمرا موثوقا، وعندها رمزنا الى تصحيح الكلمة بعلامتي ( ) والى اكمال نقصها بعلامتي [ ]. ومن ناحية أخرى ربّما أدخلنا قراءة رأيناها صحيحة أو آثرناها وارتضيناها ودللنا على ذلك بعبارة {sic} (أي كذا) أو بعبارة {sic edd} (أي كذا في نظر المؤلفين)، أو أشرنا إلى ما سبق نشره من مناقشة لعبارة النص موضع النظر. وفعلنا ذلك في نوعين من الحالات هما :

أ) الحالات التي لا بدّ فيها من تصحيح عبارة النص المنشورة على أساس صورة شمسية أو مجسم مضغوط أو بينة أخرى (سواء أكانت متوفرة للناشر الأصلي أم توفرت فيما بعد).

ب) الكلمات التي فيها حرف فيه اشكال أو ابهام ورأى ناشر النص ضرورة اقتراح قراءة يختارها هو، ولكننا لا نرتضيها. وأكثر ما يكون الاشكال أو الابهام في التفريق بين ج و ل اللذين ربما قد يصبحان في النصوص المتوسطة والمتأخرة متطابقين يتعذر التمييز بينهما[1].

وقد ألحقنا علامة تعجب (!) بعد الصيغ التي نوردها ولكن تبدو لنا اما خاطئة واما مستغربة.

رؤوس مداخل المواد: اذا كان رأس المدخل لا تظهر فيه جميع الحروف الأصلية في اشتقاق المادة وضعت نجمة عند ذلك الرأس.

(1) من الامثلة على ذلك نقش Gr 3/1. في النص المنشور نجد ل ع و ر م على حين أننا نعتقد أن ج ع و ر م هي القراءة الصحيحة، أو هي على الأقل أقرب الى الصواب واذا لم يجد الناظر في المعجم كلمة تحت صيغة فعليه أن ينظرها تحت الصيغة الأخرى.

المحتويات

توطئة ٥
ترتيب الحروف ومقابلتها ٦
المحتويات ٧
المقدمة ٩
الاختصارات النحوية والاصطلاحية ١٣
قائمة المصادر العربية ١٧

القسم الانجليزي / الفرنسي

رموز النقوش المستشهد بها XX
اختصارات الاشارة إلى المؤلفين المستشهد بهم XXVI
كشاف توافق رموز النقوش XXX
اختصارات المراجع XXXIII
المراجع XXXIV
المعجم 1-173

ترتيب الحروف ومقابلتها

ʾ
ʿ
b
d
ḏ
ḍ
f
g
ġ
h
ẖ
ḥ
k
l
m

n
q
r
s^1
s^2
s^3
ṣ
t
ṯ
ṭ
w
y
z
ẓ

توطئة

استجابة لرغبة تبدّت أثناء انعقاد الندوة العالمية للحضارة اليمنية في عدن عام ١٩٧٥ أخذ مؤلفو هذا الكتاب على عاتقهم أن يتعاونوا على سَدّ حاجة مُلحّة يُعاني منها دارسو الحضارة اليمنية القديمة كمايعاني منها المشتغلون بالدراسات السامية العامة، وذلك بأن يصنّفوا معجمًا للغة السبئية.

وقد وصف ا.ف.ل. بيستون مجمل خطة هذا المعجم في مقال نشره في المجلد الأول من مجلّة «ريدان» عام ١٩٧٨، ص ٢٣-٢٦ (من القسم الافرنجي) باسم «مشروع معجم لغة النقوش اليمنية». ودأب المؤلفون منذ ١٩٧٥ على الالتقاء ثلاث مرات كل عام، وتناوبت لقاءاتهم اربد ولوفان وماربورج واكسفورد. وقد استوعب المعجم جميع المادّة العلمية ذات العلاقة حتى نهاية عام ١٩٨١، كما أحاط، في حالات قليلة، بمقالات نشرت أو كانت مهيأة للنشر عام ١٩٨٢.

وقدمت جامعة صنعاء منحة سخيّة لدعم نشر هذا المعجم، إضافة الى هبة قدمها مركز الدراسات اليمنية في صنعاء من منحة مؤسسة فورد إليه. وقد يسّر ذلك كلّه تحديدَ سعر لبيع المعجم بقيمة أدنى من كلفة إنتاجه، ويودّ المؤلفون أن يثنوا على ذلك خير الثناء.

ولم يتلق المؤلفون، ولن يتلقوا، أجرًا أو جزاءً من مال. ولكن لابدّ لهم أن يقدموا الشكر، أفرادًا وجماعة، إلى الصندوق الوطني البلجيكي للبحث العلمي، وهيئة البحوث الألمانية، وجامعة اليرموك، على منح ومؤازرة مادية سدت بعض نفقات السفر التي تحملوها في لقاءاتهم ثلاث مرات كل عام. ويشكر المؤلفون أيضا مرشح الدكتوراة كريستوف شوفرت من ماربورج على مساعدته في تصنيف قائمة الاختصارات وغير ذلك.

منشورات جامعة صنعاء ج . ع . ي

ا . ف . ل . بيستون   جاك ريكمانز   محمود الغول   والتر مولر

المُعْجَمُ السَّبَئِيُّ

(بالإنجليزيّة والفرنسيّة والعربيّة)

دار نشريات بيترز
لوڤان الجديدة

مكتبة لبنان
بيروت

١٩٨٢

المُعجم السَّبئي

(بالإنجليزيّة والفرنسيّة والعربيّة)